Folke Tegetthoff

Wie man in 3 Sekunden glücklich wird

Handbuch zur Verwirklichung von Träumen

Folke Tegetthoff

Wie man in 3 Sekunden glücklich wird

Sie wollen – dieses Mal *tatsächlich* – ihre Träume verwirklichen?

Sie wollen – schon immer, seit Ihrer Kindheit – „Märchen wahr werden lassen"?

Sie wollen dies möglichst schnell und auf einfache Art und Weise erlernen, denn erstens haben Sie keine Zeit, zweitens wird die Zeit immer knapper und drittens kann es morgen dafür zu spät sein.

Deshalb Ihr Entschluss, damit jetzt und heute zu beginnen.

Gratuliere: Mit dem Kauf dieses Buches ist der erste und wichtigste Schritt gesetzt!

Sie befinden sich nun bereits auf dem Weg. Lauern in der Startrampe. Und das Ziel liegt nur 3 Sekunden entfernt!

Lektion 1

Sie sind in meine Falle getappt.

Sind mir auf den Leim gegangen.

Haben sich von einem griffigen Titel in die Irre führen lassen.

Haben sie allen Ernstes geglaubt, ich wüsste, wie man in 3 Sekunden ein Märchen wahr werden lässt, wie man glücklich wird, all seine Träume verwirklicht?

Dann bräuchte ich ja nicht ein ganzes Buch zu schreiben, sondern würde stattdessen irgendwo am Strand liegen und an einem Mojito nippen.

Haben Sie schon einmal darüber nachgedacht, wer die wahren Nutznießer dieser Tausenden von Ratgebern, Handbüchern und Glücksverheißungsmaschinen sind? Nicht die Millionen von Lesern, sondern die Autoren dieser Werke.

Vergessen Sie also BITTE die erste Seite dieses Buches – was dort steht, stimmt ganz einfach nicht.

Fühlen Sie sich nun betrogen, so erhalten Sie gerne Ihr Geld zurück. Natürlich nur, wenn Sie jetzt, an dieser Stelle, das Buch zuklappen und keine Zeile weiterlesen ...

Wollen Sie jedoch noch nicht aufgeben und es mit mir versuchen, verspreche ich Ihnen, dass Sie nichts, aber auch gar nichts Neues auf den kommenden Seiten lesen werden.

Denn alles, was ich tun kann: Ich kann Sie ERINNERN.

Erinnern an etwas, das Sie bereits in sich tragen und das die Grundvoraussetzung für die Verwirklichung von Träumen, für das Erleben eines wahren Märchens und das Erreichen eines Glücksgefühles in nur 3 Sekunden darstellt!

Also beginnen wir nochmals mit Lektion 1, o.k.?

> Seien Sie sich bewusst, dass Sie *alle* Werkzeuge zum Glück bereits in sich tragen! Skeptisch? Klingt zu einfach? Dafür zahlen Sie keine € 12.95? Gut, dann denken Sie doch mal darüber nach, *wer* Ihnen ständig das Gegenteil einreden will: Ihre Umgebung, die Gesellschaft (wie Sie sich zu verhalten haben, um glücklich zu sein), die Wirtschaft (was Sie zu kaufen haben, um …), die Religionen (woran Sie zu glauben haben, um …), Autoren wie ich (die Ihnen Bücher wie dieses andrehen wollen, um …), kurz *alle*, die von *Ihrer* Sehnsucht nach Glück profitieren!!!

Lektion 1 – Jetzt geht's los: mit Erfolg!

(Diesmal wirklich, jetzt meine ich es ernst, nun hört sich der Spaß auf, nun gehen wir gemeinsam den Weg zum Glück!)

Beginnen wir von vorn und betrachten unser Zusammenkommen ganz nüchtern: Es gibt einen konkreten Grund, der uns (übrigens: Da wir nun eine gemeinsame Zeit miteinander verbringen werden, darf ich Du sagen? Danke!), dich und mich, an dieser Stelle bereits verbindet: Es ist ERFOLG. Klingt seltsam, ich weiß, aber Erfolg ist eine der wesentlichsten Antriebsfedern unseres Lebens. Denn Erfolg bedeutet zunächst einmal nichts anderes als „ein Ziel erreichen“. Aber um ein Ziel erreichen zu können, muss man sich auf den Weg machen, muss man in Bewegung sein.

Auch du hattest ein Ziel vor Augen, als du vom Titel dieses Buches, dem Klappentext angesprochen wurdest: Du hofftest, damit dem großen Ziel eines jeden Menschen, nämlich glücklich zu sein, vielleicht ein kleines Stück näher zu kommen. Hast du dieses Ziel bereits erreicht, wird als Nächstes auf deiner Liste stehen, dieses Glück zu erhalten und es um weitere Facetten zu bereichern. Und das Lesen meines Buches ist – zunächst ein Weg ins Ungewisse. Aber es ist ein „Sich auf den Weg machen“.

Auch meine Motivation, als ich mich am 5. Jänner 2012 in Piran an meinen Schreibtisch gesetzt habe und auf die erste Seite des Manuskriptes den Titel dieses Buches schrieb, war einzig und allein, damit „erfolgreich“ zu sein (und damit meine ich nicht,

100.000 verkaufte Exemplare, sondern meine Gedanken und Gefühle in die richtigen verständlichen Worte zu kleiden).

Einer der grundlegenden Werte wahren Erfolges besteht darin, sich immer wieder neu zu motivieren, immer wieder ein neues Ziel im Auge zu haben. Stillstand, verweilen, sich suhlen im Erfolg des Erreichten, darauf sind wir nicht programmiert. Von ganz klein auf, ja von unseren ersten Tagen an, wollen wir mit allem, was wir tun, erfolgreich sein.

Das Neugeborene, gerade ein paar Tage alt, drängt schon nach „Erfolg“: Es will wahrgenommen werden. Will in den Augen der Mutter Liebe, Zuneigung und Anerkennung lesen. Und es setzt bereits alle seine Mittel ein, um diesen Erfolg zu haben. Seine Körpersprache ist klar und deutlich, es lächelt und schreit, um so sein Ziel zu erreichen: Aufmerksamkeit zu bekommen.

Kannst du dich an das Gesicht eines Kleinkindes, ungefähr ein Jahr alt, erinnern, wenn es zum allerersten Mal allein auf seinen Beinen steht? Welch ein Triumph in seinem Gesicht – und die ganze Umgebung jubelt ihm zu. Und sobald es stehen kann, will es gehen. Und nach dem Gehen kommt das Laufen. Und mit dem Laufen kommt das Stürzen – so funktioniert unser Leben. So war es bei dir und so war es bei mir. Wir sind geradezu programmiert darauf, immer neue Erfolge zu erreichen.

Sobald unser bewusstes Denken einsetzt, wird Erfolg in höchstem Maße individuell und bedeutet für jeden etwas anderes. Einziges Ziel des Babys ist es, wahrgenommen und geliebt zu werden – ein Ziel, das wir niemals mehr aus den Augen verlieren werden und das uns in jedem Augenblick unseres Lebens begleiten wird! Aber mit zunehmendem Alter richten sich unsere Erfolgsbemühungen nicht mehr nur auf uns selbst, obwohl dies immer die Hauptmotivation bleiben wird, sondern richten sich durch unser Sozialverhalten auch auf äußere Ziele: vom Sieg „unserer" SportlerInnen bis hin zu unserem Beitrag, die Welt zu verbessern, indem wir uns in Projekten engagieren, indem wir spenden und die Bemühungen anderer Erfolgshungriger unterstützen, in Afrika Brunnen zu bauen. Aber egal ob eigen- oder gemeinnützig: In allem, was wir tun, wollen wir – und zwar im positivsten Sinn des Gedankens – erfolgreich sein, also das uns selbst gesteckte oder von anderen verordnete Ziel erreichen.

Diese Konditionierung auf Erfolg hat jedoch von Beginn an etwas in seinem Schlepptau, das uns in fast ebensolchem Maße prägt. Jedoch ist uns kaum bewusst, wie sehr es unser gesamtes Verhalten beeinflusst.

Die ersten Anzeichen von Körpersprache beim Neugeborenen sind noch unbewusst gesetzt. Doch durch die durch seine Signale hervorgerufenen Reaktionen der Mutter bzw. seiner Umgebung lernt es schnell, sehr schnell, seine Mittel bewusst einzusetzen, und lernt es schnell, sehr schnell, entsprechende Reaktionen zu erwarten – mit dem Streben nach Erfolg kommt also auch unsere ERWARTUNG auf.

> Sei dir bewusst, dass du in *allem*, was *du* tust, den Erfolg suchst – denn du willst ein Ziel erreichen! Von ganz kleinen alltäglichen Zielen, wie zum Beispiel in der Früh aufstehen, um zur Arbeit zu gehen, bis zu ganz großen, wie zum Beispiel Liebe. Dieser Wille, das Angestrebte auch wirklich zu erreichen, ist eine wichtige Antriebsfeder, um sich

umsichtig, konsequent, diszipliniert, sorgfältig, qualitätsvoll seinen Zielen zu nähern (... ja, ich weiß, alles Eigenschaften, die ziemlich nerven können, aber die wir bei Tätigkeiten, die wir gern verrichten, ohne Mühen und Probleme entwickeln).

Lektion 2

Lektionen?! – Meine Kinder haben gesagt, die Überschrift „Lektion“ klingt komplett bescheuert. Ich will doch niemandem eine „Lektion“ erteilen, vor allem, wenn ich wenige Seiten vorher geschrieben habe, ich will nur „erinnern“ ... Gute Kinder, was?! Sie haben völlig recht – also:

Erinnerung Nr. 2
Wie Erwartungen unser Leben prägen

In dem Augenblick, wo wir uns auf den Weg machen – welcher Weg es auch immer sein mag – imaginiert unsere Fantasie ein Bild des möglichen Zieles. Dieses Bild kann bereits sehr klar oder noch sehr verschwommen sein. In jedem Fall dient es der Motivation, es suggeriert uns ein Erreichen, es treibt uns an und lässt uns hoffen – wir bauen eine ERWARTUNG auf!

Da unsere Ziele, die Wege, die wir beschreiten, die Erfolge, die wir zu erlangen trachten, in immer größerem Ausmaß unseren Alltag bestimmen, bestimmen auch Erwartungen immer mehr unser Leben. Die bestimmenden Ziele unserer Vorfahren waren, Nahrung zu finden und sich zu vermehren. Schauen wir uns im Gegenzug einen ganz normalen Menschen des 21. Jahrhunderts an, dann erkennen wir, wie sehr wir mit unseren Zielen und unseren Erwartungen beschäftigt sind. Und wir erkennen, wie sehr gerade Erwartungen uns auf unserem Weg behindern.

Denn die Fantasie malt ein Bild, das von unseren Erkenntnissen und Erfahrungen geprägt ist. Als du zum ersten Mal mit meinem Buch konfrontiert wurdest, mit seinem Titel, dem Umschlag, in einer Buchhandlung oder in Form einer Rezension in einer Zeitung, muss dich irgendetwas angesprochen haben, sonst hättest du es ja nicht wahrgenommen und hättest dich in Folge nicht auf den Weg gemacht. Dieses „etwas" war eine Erwartung! In Bruchteilen von Sekunden entstand in deinem Unterbewusstsein ein Bild, das dich und das, was du vom Titel, von der Gestalt des Buches, vom Autor erwartest, in Einklang brachten. Und anschließend wird daran gearbeitet, diese Erwartung zu realisieren: Du greifst zum Buch, kaufst es und erreichst ein erstes Erfolgserlebnis: Erwartung erfüllt. Oder die Erwartung wird noch hinausgezögert, weil du das Buch erst besorgen musst.

Erfüllte Erwartungen sind nicht das Problem, sie erzeugen Energie und bereichern unseren Alltag mit positiven Erlebnissen.

Das Problem sind die durch die steigenden Bedürfnisse hervorgerufenen materiellen und seelischen Wünsche – Erwartungen, die durch die massiv zunehmende Reizüberflutung immer häufiger auftreten, aber unerfüllt bleiben müssen.

Wenn wir uns auf den Weg machen – das kann sein, indem wir unserem Kind eine Geschichte vorlesen und erwarten, dass das Kind aufmerksam zuhört, oder wir treffen uns mit Freunden zu einem Spaziergang und erwarten, dass es ein erfreulicher, lustiger werden wird, von dem wir heil wieder zurückkehren, oder wir wenden uns dem Partner zu und erwarten, dass er unsere

Zuneigung erwidert – wenn wir uns also auf den Weg machen, folgen wir egoistisch dem Pfad, den unsere Vorstellungskraft uns gelegt hat, um uns Sicherheit zu geben bzw. uns Sicherheit zu suggerieren: Erwartungen kalkulieren in den allermeisten Fällen den Gegenpart in diesem Spiel – das Kind, die Wanderung, den Partner – nicht oder nur in geringem Maße ein. Wir hoffen, dass der von uns entworfene Plan greift, dass wir am Ende des Weges erfolgreich sind – wenn sich unsere Erwartung erfüllt hat: Das Kind hört zu, wir verabschieden uns mit „Das war aber schön!“, wir küssen uns. (Erwartung ist ein von mir bestimmter Weg, der mich im Mittelpunkt sieht, während Hoffnung dem Gegenpart in diesem Spiel einen Freiraum zur Erfüllung lässt ...)

Das dies so funktioniert, wurde mir, einem Menschen, der extrem von seinen Erwartungen geprägt wird (die Fantasie eines Märchendichters lässt grüßen!), durch eine profane, ja geradezu lächerlich wirkende Geschichte deutlich vor Augen geführt, und diese Geschichte war letztlich ausschlaggebend, mich mit diesem Thema überhaupt zu beschäftigen.

Schon während meiner ersten beiden Indientourneen im Frühjahr und Herbst 2005 wollte ich unbedingt das Taj Mahal, diesen unglaublich schönen, schneeweißen Gebäudekomplex in Agra, gebaut als Beweis von Liebe, besuchen. Aber mein straffer Zeitplan ließ es nicht zu. Als man mich 2006 wieder zu Gastspielen nach Indien einlud, ließ ich einen Besuch in Agra sogar vertraglich festlegen – noch einmal wollte ich auf diesen einzigartigen Blick nicht verzichten!

Normalerweise bereite ich mich minimal auf eine Reise vor, da ich lieber der Spontaneität folge. Aber diesmal las ich schon Monate vor meiner Abreise Artikel, Berichte und Beschreibungen über das Taj Mahal. Ich wusste bis ins kleinste Detail Bescheid: Von der Reise vom Bahnhof in Delhi bis zur Ankunft in Agra. Dann die Taxifahrt (der Preis darf 400 Rupien auf keinen Fall übersteigen!) zum Beginn des weitläufigen Parks, wo man in eine Pferdedroschke umzusteigen hat (aus Umweltschutzgründen, wie man von indischer Seite stolz betont, um den Marmor des Gebäudes zu schonen. Eine, angesichts der dort herrschenden unvorstellbaren Luftverpestung, seltsam bis lächerlich anmutende Erklärung, die an naiver Liebenswürdigkeit kaum zu überbieten ist ...). Den Preis der Kutschenfahrt, die mich direkt zum Eingangsbereich bringen würde, recherchierte ich natürlich auch. „Bitte gehen Sie zu den dort befindlichen Kassastellen mit den Schildern FOREIGNERS“ – aha. Der Eintrittspreis beträgt 25 US-Dollar. Nach der Kontrolle geht es eine Allee entlang (es war nirgendwo beschrieben, welche Art von Bäumen die Allee säumen ...), an deren Ende man nach rechts abbiegt und nun direkt vor einem monumentalen Eingangstor steht, das „schon manche für das Taj Mahal hielten und enttäuscht waren“, wie es in einem Führer beschrieben steht. Nach einer weiteren strengen Kontrolle tritt man durch das Tor und nach dem nächsten Schritt hebt sich endlich der Vorhang und man blickt auf das wahrscheinlich schönste Gebäude der Welt!

Ich hatte eine enorme Erwartungshaltung aufgebaut – frag mich nicht warum, aber so war es! Meine beiden ersten Gastspieltage waren nur lästiger Ballast. Ich war aufgeregt wie schon lange nicht mehr, konnte kaum einschlafen, wollte, was völliges Unverständnis seitens des indischen Fahrers hervorrief, schon zwei Stunden vor Abfahrt des Zuges am Bahnhof sein, um ihn nur ja nicht zu verpassen. Ich hatte dieses Gebäude so verinnerlicht, dass es am Beginn der Fahrt nach Agra eigentlich kein Gebäude mehr war, sondern ein wunderschönes Mädchen, das ich, jugendlicher Liebhaber, zum ersten Mal treffen sollte. (Meine Frau wendet an dieser Stelle ein, dass ich unbedingt erzählen müsse, dass ich damals *ohne* sie in Indien war und wahrscheinlich, so *ihre* Interpretation, die nicht zu erfüllende Sehnsucht nach *ihr* durch die Sehnsucht nach dem Taj Mahal ersetzte. O.k. – eine wunderschöne Erklärung, lassen wir die mal so stehen ...)

Endlich saß ich im Zug. Wir fuhren überpünktlich ab (wenn man die üblichen Verhältnisse in diesem, von mir über alle Maßen geliebten Land kennt, ein wirkliches Wunder!), erreichten auf die Minute Agra, ich stieg aus und dann lief alles wie an einem Fließband ab. Das Fließband war meine Vorstellungskraft, die schon alle Bahnen gelegt hatte, und am Rande des Bandes standen alle bereit, meine Erwartung zu erfüllen: der Taxifahrer, die Pferdedroschke, die Kassa (wo ich sah, warum man sich am Schalter für *Foreigners* anzustellen hat: erstens, weil an der Kassa für *Indians* bereits Hunderte warteten und sich drängten und schubsten, während ich nach zwei Minuten das Tor passierte; und zweitens, weil für Einheimische der Eintritt 25 Rupien kostet, also rund 20 Cent, während Ausländer 25 US-Dollar zu bezahlen haben – richtig so!), die Allee, die – jetzt sah ich es mit eigenen Augen – aus Pinien bestand. Das Fließband wurde immer langsamer, je näher ich meiner Geliebten kam. Ich wollte diese letzten Schritte genießen, auskosten, mir bewusst machen, dass ich diesen Augenblick niemals mehr erleben werde. Das Fließband kam vor dem monumentalen Eingangstor fast völlig zum Stillstand, wie in Zeitlupe überschritt ich die Schwelle, der letzte Kartenkontrolleur, gekleidet wie ein Soldat, muss mich für nicht ganz normal gehalten haben wegen meines verklärten, abwesenden Blickes und der seltsam langsamen Handbewegung, mit der ich ihm meine Eintrittskarte reichte. Kaum konnte ich noch einen Fuß vor den anderen setzen, mein Bewegungsablauf schien eingefroren. Ich trat durch das letzte Tor, ich schloss die Augen, sofort erschien auf der Lidprojektionsleinwand das Bild des Taj Mahal. Mein letzter Gedanke war: „Wenn du nun gleich deine Augen öffnest, hast du es tatsächlich, ganz echt, vor dir. Du sitzt sozusagen mit Madonna an einem Tisch und sie greift nach dir, ja, genau diese Madonna, die du sonst nur als Pünktchen auf der Bühne siehst, oder auf dem Bildschirm. Jetzt steht das schönste Gebäude vor dir und es trennt dich nur mehr ein Augenaufschlag von ihm. Mach sie auf – jetzt!“ Ich schwöre es: *Das* dachte ich mir. Ja, es klingt seltsam, es klingt schwachsinnig, es mag exaltiert klingen, aber so war es, so wahr mir Gott helfe.

Ich öffnete meine Augen. Und – ich sah nichts. NICHTS. Außer Nebel. Ich sah rund um mich herum schemenhaft Gestalten, offensichtlich Inder, durch eine dicke Nebelsuppe tapsen. Ich sah, wie ich später bei meinen Recherchen herausfinden sollte, das in wissenschaftlichen Texten beschriebene Agra-Nebel-Phänomen. Es handelt sich dabei um das unerklärliche urplötzliche Auftreten dichtesten Nebels. Und zwar tritt dieser Phänomennebel partiell auf, das heißt: vor dem monumentalen Eingangstor blauer Himmel, nach dem monumentalen Eingangstor undurchdringliches Grau. Aber damit wollte ich mich nicht zufrieden geben: Nach monatelangem Einlesen, nach der ganzen

Reise, nach 25 Dollar wollte ich nicht aufgeben. In einer Mischung aus Verwirrung, Enttäuschung, oder besser: enttäuschter Liebe (das wunderschöne Mädchen war nicht da, Madonna war nicht da), fügte ich mich in den Menschenstrom, der wohl wusste, wo das schönste Gebäude der Welt zu finden war, stolperte über Randsteine von Wasserbecken, stieß gegen Mistkübel, bis ich endlich gegen einen weißen Stein rannte, Hautfleckchen des Wunders von Indien! Nun stand ich davor, erblickte einen Ausschnitt und kramte in meinen Erinnerungen nach dem Ganzen. Das partout nicht erscheinen wollte. Es war wie weggeblasen. Wie nie da gewesen. Eine unbändige Wut erfasste mich, wie ich später, in der Reflexion, erkannte. Die Wut über eine nicht eingetretene Erwartung. Ich verfluchte das Taj Mahal, verfluchte Indien, verfluchte den Nebel (von dem Phänomen wusste ich in diesem Moment ja noch nichts) und – wie auf einem sich verlangsamenden Fließband wurde mir bewusst, dass meine Erwartung das Problem war. Ich stand vor einer grauen Steinwand in der Mitte des indischen Reiches und plötzlich zog, wie ein neuer, anderer Nebel, das Übel meiner völlig überzogenen Erwartungen herauf. Inmitten dieser dämmernden Selbsterkenntnis (hier und jetzt?!, dachte ich noch) geschah plötzlich der zweite Teil des Phänomens, der mir wie ein Wunder erschien: Schlagartig, als würde jemand mit dem Finger schnipsen, verschwand der Nebel, binnen drei nervöser Augenschläge war der Himmel blitzblau. Ich torkelte zurück, rückwärts torkelte ich, um nur ja nicht den Blick von dem wie aus einem Zauberhut hervorgezogenen schönsten Gebäude der Welt zu nehmen, bis ich in einer Entfernung zu ihm stand, aus der ich es als Ganzes wahrnehmen konnte. Die Tränen schossen mir in die Augen, es war so überwältigend, so unfassbar, unsagbar, unerträglich schön, dass ich weinen musste. Schon drehten sich die ersten Inder nach mir um, einer kam heran, umfasste mich an den Schultern und sagte: „I did the same when I saw it for the first time, never mind, Sir!“ Wahrscheinlich würde mein jämmerlicher Anblick, gebannt auf verwackelten Schnappschüssen, in zahlreichen indischen Freundesrunden herumgereicht werden, anerkennend nickend, was ein indisches Gebäude mit einem Ausländer anzurichten imstande ist. Aber keiner meiner unbekannten indischen Freunde würde ahnen, warum ich so gerührt war. Nicht des Gebäudes, sondern der Lektion wegen, die es mir erteilt hatte: Erwartungen folgen stets dem Prinzip der Dualität. Es gibt niemals nur die Erwartung, es muss immer auch jemanden oder etwas geben, der oder das diese Erwartung zu erfüllen hat. Dein Kind, ein Weg, dein Partner oder – das schönste Gebäude der Welt! Taj lehrte mich, auf unbarmherzige Art und Weise: Habe keine Erwartungen. Nimm alles so, wie es auf dich zukommt. Lass deine Fantasie nur bis zu einer bestimmten Grenze gehen, dorthin, wo der Weg beginnt. Lass sie nicht den ganzen Weg vorzeichnen, denn der Weg hält – womöglich – ein gänzlich anderes Abenteuer für dich bereit. Wenn du den vorgezeichneten gehst, wirst du zwangsläufig Enttäuschungen erleben. Wenn du aber unvoreingenommen dahinwanderst, wirst du denselben Abenteuern, die dich sonst enttäuscht hätten, wenn nicht mit Freude, dann zumindest mit Aufmerksamkeit und Offenheit begegnen. Ich schwöre es: *Das* dachte ich mir. Ja, es klingt seltsam, es klingt schwachsinnig, es mag exaltiert klingen, aber so war es, so wahr mir Gott helfe.

Ich stand vor dem schönsten Gebäude der Welt und murmelte nun: Danke, Taj. Du hast mich eine wichtige

Erkenntnis gelehrt. Nicht *ich* kann Erwartungen erfüllen, sondern nur *du*, mein Gegenpart auf dem Weg. Der Baum, der am Horizont auftaucht. Der Mensch, der plötzlich um die Ecke biegt. Ein Windhauch, der einen Geruch heranbringt und der meine Nase in eine andere Richtung als die des Weges lenkt. Du, Taj, hast mir, zugegeben für 25 Dollar ziemlich knallhart, zu erkennen gegeben, dass *du* entscheidest, wann du bereit bist, mir deine Schönheit zu offenbaren, und es nicht darum geht, wann ich es für richtig halte, sie mir zu nehmen. Aufsaugen. Madonnas Hand nehmen. Das wunderschöne Mädchen in die Arme nehmen. Dich, Taj Mahal, aufsaugen und MITnehmen. Aber nicht mit mir, hast du dir gedacht, als ich so eingenommen von meinen Erwartungen, so unglaublich selbstsicher durch das Tor trat. Du riefst ganz einfach deinen Verbündeten, den Nebel, dich zu verhüllen, so lange, bis du mich demütig am Boden wähntest und mit einem Fingerschnipsen (das war es also, ich wusste es ja!) den Vorhang zurückzogst, das Handtuch fallen ließt und dich mir, nackt, in deiner ganzen Schönheit präsentiertest. Was für eine Lektion!

Rund um mich herum klickten tausende Verschlüsse, wurden in diesem Augenblick Tausende von Bildern gespeichert und in mir machte es auch *klick*. Nur einmal. Und es erschien ein großes, ein gewaltiges Bild, auf dem ich mich sah, wie neugeboren. Daneben eine Haut, aus der ich vor Sekunden, oder waren es Stunden, ich wusste es nicht mehr, geschlüpft war. Die Haut war runzelig und war übersät mit allen diesen Vorstellungen, wie etwas auszusehen, wie es zu funktionieren hat: meine Frau, meine Kinder, meine Karriere. Das Essen, das mir serviert wird, und der Film, den ich mir ansehe. Natürlich wusste ich in diesem Augenblick auch, dass, wenn Taj Mahal hinter mir liegt, wahrscheinlich schon bei Verlassen des Parks wieder die ersten Erwartungsflecken auf meiner neugeborenen Haut auftauchen würden. Aber es ging um die Erkenntnis, die Erkenntnis, wie ich, wie man funktioniert.

Als ich den Wärter, der aussah wie ein Soldat, überschwänglich freudig grüßte, ihm zu seiner völligen Verwirrung einen 100-Rupie-Schein in die Hand drückte; als ich vor mich hinlachend in die Pferdedroschke stieg, dann in das Taxi, dann in den Zug; als ich in Delhi auf den Bahnsteig trat, war ich glücklich. So richtig glücklich. Wie lange hatte dieser Augenblick gedauert, zwischen dem Lichten des Nebels und meiner Erkenntnis über das Wesen von Erwartungen? Es waren 3 Sekunden gewesen ...

> Sei dir bewusst, dass wir mit Erwartungen sehr sorgsam umzugehen haben: Denn einerseits sind sie es, die uns vorantreiben, indem sie uns das Ziel mit Hilfe unserer Fantasie vor Augen führen. Andererseits behindern sie uns, indem sie uns verführen, *unsere* Vorstellung vom Ziel mit dem, was wir dort *tatsächlich* vorfinden, zu verwechseln – was unweigerlich zur Enttäuschung führt.

Erinnerung Nr. 3
Das Erkennen von Augenblicken ist das Ziel!

Wir wollen erfolgreich sein. Wir machen uns auf den Weg, ein Ziel zu erreichen. Es ist unserer fantastischen Fähigkeit der Vorstellung zu verdanken, dass wir nicht blind losstolpern müssen, sondern sich vor unserem inneren Auge ein Weg auftut, der klar gezeichnet sein kann, der uns aber ebenso oft nur wie ein schwacher Lichtstrahl erscheint, der in einem weit entfernten, kaum sichtbaren Punkt am Horizont endet. Und ständig und ohne Unterlass kommen wir an Kreuzungspunkte, die für uns entscheidend sind. In den allermeisten Fällen noch ohne eine Ahnung davon, welche Bedeutung der nächste Schritt für uns haben wird. Denn erst im Rückblick können wir uns der Tragweite bewusst werden, ist es uns möglich, die Spuren eines Weges zu verfolgen.

So ist es für mich ein großartiges Erlebnis, die Geburtsstunde dieses Buches, den entscheidenden Kreuzungspunkt auf die Stunde genau festmachen zu können.

Es war der 16. Juni 2005, gegen 10 Uhr 30. Ich stand seit ungefähr 20 Minuten auf der Bühne einer Universität in Kalifornien. Rund 250 Studenten und Professoren vor mir. Ich erzählte, wie schon so oft zuvor, über meine Arbeit mit dem Märchen, über mein Festival, über die Wichtigkeit von Fantasie und Kreativität für unseren Alltag. Plötzlich, und es war wirklich „plötzlich", das heißt aus heiterem Himmel, ohne jeglichen

Gedanken einer Vorwarnung, wurde meine Erwartung, also der vorgegebene Weg „Ich erzähle – Menschen hören mir zu – Menschen applaudieren" jäh unterbrochen: Aus meinem Mund kamen die mir bekannten Worte, aber in meinem Kopf gab es eine Explosion! Ich dachte einen einfachen, simplen Satz, der mich – noch ahnte ich nichts davon – eine völlig andere, neue Richtung würde einschlagen lassen. Ich dachte: Die Menschen, die in diesem Augenblick vor mir sitzen, sehen mich als im Mittelpunkt stehend, sehen mich als den „Star", der groß angekündigt wurde, der ein gutes Honorar erhält, sehen mich als den aktiven Part und sich selbst als passiven. Und ich dachte weiter: Aber so ist es nicht. Verdammt, so ist es nicht!, hämmerte es in meinem Kopf. Denn nicht du bist in diesem Augenblick der wichtige, sondern die Menschen, die vor dir sitzen, sind die eigentlich wichtigen, sind die eigentlichen Stars in diesem Spiel. Denn wenn sie dir nicht zuhören, ist all deine Rede umsonst. Völlig umsonst. Null und nichtig. Zero. Aus meinem Mund drangen unaufhörlich Sätze, wohlformuliert, wohlüberlegt, wohl wissend um ihren Erfolg. Parallel dazu hielt die Explosion an, wuchs mit der Wiederholung dieses Satzes immer mehr der Gedanke: Deine Rede ist völlig umsonst, wenn nicht jemand da ist, der *zuhört*. Unmerkbar für das Publikum beendete ich schweißgebadet und mit letzter Kraft die Vorstellung und wollte nichts als in mein Hotel, um diesen Gedanken, diesen simplen Satz, der – schon begann ich es zu ahnen – mein Leben verändern sollte, aus der Explosion hervorzuholen, ihn ganz still neben mich zu legen, ihn zu betrachten, wie Eltern nach der Explosion der Geburt ihr soeben zur Welt Gekommenes ganz still in ihre Arme nehmen und angesichts dieses Wunders schweigen. Plötzlich lag dieser Satz neben mir, der nicht mehr und nicht weniger bedeutete, als dass ich all die Jahre, immerhin 26, die ich auf Bühnen in aller Welt stand, immerhin knapp 4000-mal – dass ich all die Jahre dieses Bild der Wertigkeiten verkehrt herum gesehen hatte. Als würden in einem Museum Tausende von Menschen ein Bild betrachten, es mit „Ahs" und „Ohs" bestaunen, und nach 26 Jahren steht der Künstler zufällig vor seinem Werk und sagt: „Ups, das hängt ja verkehrt herum!" Wie das Neugeborene, das seine Zehen und Finger vorsichtig entdeckt, begann ich diesen Gedanken zu zerlegen, ihn auf seine Bedeutung hin zu untersuchen, um spät nachts an diesem 16. Juni 2005 vor mich hin zu murmeln: Das Zuhören ist das Entscheidende. Nicht die Rede. Und ich legte den Satz wie eine Schablone über alle nur erdenklichen Formen des Alltags, über die Form der Partnerschaft, der Schule, der Wirtschaft, der Religion und der Politik, ich legte ihn über Kinder und alte Menschen, über Frauen und Männer, ja selbst über Tiere und Pflanzen, und erkannte: Er passt. Dieser so einfache, simple Satz legte sich über allen Alltag, legte sich in dieser Nacht unaufhaltsam über mein Leben. Als ich am 17. Juni in irgendeinem Hotel im Westen der USA erwachte, fühlte ich mich wie ein Entdecker neuen Landes. So müssen sich Payer und Weyprecht in der Eiseskälte des Franz-Josef-Landes gefühlt haben. Armstrong, als er den letzten Schritt von der Leiter auf die Oberfläche des Mondes setzte. Vettel, als er in Abu Dhabi über die Ziellinie raste und wusste, dass er den Olymp erreicht hatte. Ich sah aus dem Fenster auf den ruhig daliegenden Ozean und sagte laut: „Jede Rede ist völlig umsonst, wenn niemand da ist, der zuhört."

Spricht man diese elf Worte in normaler Geschwindigkeit, dauert der Satz ... 3 Sekunden!

> Sei dir bewusst, dass nicht *du* der wichtige Teil eines Gespräches bist, sondern dein Gegenüber, das bereit sein muss, dir zuzuhören.

Erinnerung Nr. 4
Von der Basis eines jeden Erfolges

Wie kann ich mein Versprechen einlösen? In meinem „Handbuch zur Verwirklichung von Träumen“ stelle ich dir, lieber Leser, in Aussicht, „in nur 3 Sekunden ein Märchen, welches auch immer, wahr werden zu lassen“ – wie kann ich ein solch verwegenes Versprechen einlösen?

Ich werfe als Allererstes deine (möglichen) Erwartungen über den Haufen und sage dir: Sorry, es wird keine Rezepte geben in diesem Buch! Die Zahl der „Lebenshilfe-Bücher“ (und auf den ersten Blick ist meines, mit einem solch geradezu provokanten Titel, für dich auch so eines ...) ist gigantisch und sie alle beziehen ihren (Verkaufs-)Erfolg daraus, dass sich der Käufer natürlich Rezepte erwartet. Wir sind eine Gesellschaft von Rezeptsüchtigen geworden. Wir wollen für alles ein möglichst einfaches, schnell wirkendes Rezept. Wie ich glücklich werde, wie ich meine Kinder richtig erziehe und wie den Hund. Yoga im Wochenendseminar und Rhetorik in zwölf Stunden. Von allem ein bisschen und nichts ganz. Das wurde zum Lebensprinzip erhoben.

Alles, was ich nun tun kann: Ich kann dich ERINNERN. Denn ich sage: Wir wissen *alles,* mit Hilfe unserer Intuition, mit Hilfe unserer Vorstellungskraft und unserem Streben nach Erfolg. Und ich möchte dich erinnern an das, was du bereits in dir trägst und das, irgendwann, irgendwo auf deinem Weg im Nebel verschwunden ist – aber *es ist da.*

Nehmen wir als Beispiel dafür unser erstes, hier beschriebenes Thema: Erfolg. Es wäre unmöglich (und unverantwortlich), dem Leser eine Auflistung von Rezepten vorzulegen unter dem Motto: Irgendetwas Passendes wird für ihn schon dabei sein. Denn es müsste so viele Rezepte geben wie Menschen, die ein solches Buch lesen. Und wiederum für jeden unterschiedlichen Weg zu jedem einzelnen Erfolg eine eigene Empfehlung.

Ich sage: Allen Erfolgen, und zwar ohne Ausnahme, ist eine Sache gemein, eine Basis. Diese Basis ist eine so einfache, dass ich lange gebraucht habe, daran zu glauben, dass sich darauf wirklich *alles* stützen soll. Und ich nichts anderes zu tun habe, als dich daran zu erinnern ...

> Sei dir bewusst, dass es die ganz einfachen, trivialen Erfolge sind, die zum Erreichen des „großen Zieles", Glück, führen. Und entdecke durch diese Erkenntnis, wie viele Ziele du täglich eigentlich erreichst ...

Seit dem 17. Juni 2005 beschäftige ich mich intensiv mit ZUHÖREN. Im Zuge meiner Auseinandersetzung ging ich der Frage nach, was denn eigentlich passiert, wenn ich auf die Bühne komme und erzähle. Ich begann mich zu beobachten, versuchte möglichst neutral meine Gedanken, Gefühle, Regungen zu betrachten und wahrzunehmen. Dabei fiel mir auf, dass ich mich, einem Ritual gleich, immer, bei jedem Auftritt, mit demselben Bild motivierte. Einem Bild, das mir nicht bewusst war, das ich nicht „erfunden", das heißt, nicht konstruiert hatte. Es war einfach da gewesen, muss *in mir* gewesen sein und wurde in dem Augenblick angeknipst, in dem ich mich auf den Weg zur Bühne machte. Bewusst wurde es mir erst durch die Beobachtung meiner selbst.

Ich trete also auf die Bühne mit dem Bewusstsein, wie faszinierend es doch ist, dass in diesem Moment, an diesem Tag und an diesem Ort ich und ein bunt zusammengewürfelter Haufen von Menschen unterschiedlichster Altersgruppen, verschiedenster sozialer Schichten und Bildungsniveaus gemeinsam ein fantastisches Spiel fortsetzen werden, das bereits vor Zehntausenden von Jahren von den ersten Menschen auf diesem Planeten begonnen wurde. Wie von allein und ohne dass ich es steuern könnte, setzt in dieser Sekunde – jedes Mal – ein Kribbeln in meinem Bauch ein, ein Kribbeln, wie es entsteht, wenn man sich eines außergewöhnlichen Augenblicks bewusst wird: Man sieht zum ersten Mal einen Menschen, der einen in seinen Bann zieht. Man hat eine Leistung erbracht und genießt den Triumph des Erfolges. Man sieht über dem Meer den Mond aufsteigen. Das Kribbeln sagt: Dieses Spiel, das du nun aufs Neue beginnst, hat nichts von seiner Kraft, nichts von seinem Zauber, nichts von seiner Faszination verloren. Du und die Menschen, die vor dir sitzen, spielen dieses Spiel nahezu auf die gleiche Art und Weise wie unsere Vorfahren, die in den Wäldern Afrikas lebten. Und ich denke mir an dieser Stelle – jedes Mal, so meine Beobachtung – unfassbar! Ist das nicht einfach unfassbar. Wir ahnen nichts davon, weil wir so im Sog unseres 21.-Jahrhundert-Alltags gefangen sind, aber in diesem Augenblick – und wieder startet das Kribbeln neu – sind wir tief, ganz tief in unseren Erinnerungen, sind wir ganz ursprüngliche Menschen, wie unsere Vorfahren, deren einziges Ziel aus dem Kampf um das Überleben und die Erhaltung ihres Volkes bestand. Dieses Spiel heißt *Erzäh-*

len und Zuhören. Heißt miteinander Reden. Und ist nichts anderes als die Basis unseres Zusammenlebens auf Erden. Darauf, und nur und ausschließlich darauf, baut *alles* auf. Seit Beginn der Menschheit. Jedes Mal, wenn wir in Beziehung mit jemandem treten, wenn wir das Wort, verbal oder nonverbal, an jemanden richten, wenn wir hoffen, dass unsere Botschaft, wie immer sie auch aussehen mag – ein profanes „Wie geht's?" oder ein schwerwiegendes „Liebst du mich?" –, vom Gegenüber empfangen wird, wird dieses ganz ursprünglich Menschliche in uns aktiviert: dieses Spiel.

Es unterliegt der intuitiven Sehnsucht nach Zuhören, die die Menschen, die nun vor mir sitzen, hierhergebracht hat. Genauso ist es *deine* intuitive Sehnsucht, zu hören, zu lesen, was ein anderer zu sagen hat. Etwas, aus dem wir vielleicht neue Schlüsse ziehen können, etwas, das uns an der Wegkreuzung, an der wir gerade stehen, eine Lichtspur, und sei sie noch so schwach, in das Dunkel unserer Gedanken, unserer Wirrnisse legt.

Ich stehe auf der Bühne, sehe die Menschen und denke mir: Diese Menschen haben eine Sehnsucht. Sie sind hier, um zu hören und zu fühlen, was ein anderer zu sagen hat, deshalb und nur deshalb sitzen sie nun vor mir. Sie bekommen keinen Gutschein für eine Heizdecke, noch werden sie in politischer Bildung oder dem Geheimnis Schwarzer Löcher unterwiesen. Sie wissen, dass ich kein Kabarettist bin, und sie wissen auch, dass es keine lieblichen Märchen geben wird. Sie wollen lediglich einem Menschen zuhören. Und ich, das wurde mir in der Selbstbeobachtung deutlich, stehe dort, weil auch mich eine Sehnsucht antreibt, die Sehnsucht, jemanden zu finden, der mir zuhört. Die Erfüllung dieser Sehnsucht ist es, die mich ganz ruhig werden lässt, die in mir eine große Zufriedenheit auslöst. Nun fühle ich mich wie am Ende einer Meditation, völlig gelassen, bereit für das Spiel, das uns von unserem ersten bis zu unserem letzten Atemzug begleitet und durch das wir erst das Wesen des Menschseins zum Ausdruck bringen können. Das Spiel von Erzählen und Zuhören.

Dieses Spiel des miteinander Redens in Gang zu setzen, kann Jahre dauern. Es kann aber auch in einem einzigen Augenblick geschehen: Ich wende mich einem Gegenüber zu, ich signalisiere Bereitschaft, mich auf den Weg zu machen. Du wirst mir Recht geben: Nicht immer, aber wenn man es wirklich will, ist der Beginn dieses Spiels in 3 Sekunden locker zu schaffen!

> Sei dir bewusst, dass *jede* Kommunikation ein jahrtausendealtes Spiel in Gang setzt, das eines der wesentlichen Aspekte unseres Menschseins verkörpert. Das Spiel von Erzählen und Zuhören …

Erinnerung Nr. 5
Was sind die Voraussetzungen für das „Zuhören"?

Wer sich in der Früh seinem Partner zuwendet, um ein kratziges „Guten Morgen" zu murmeln, wer sich mit dem ersten Sonnenstrahl im Gebet seinem Gott zuwendet, wer versucht, seinen Mitarbeitern ein neues Konzept zu erklären, macht sich auf den Weg – alle drei auf sehr unterschiedliche Wege, aber sie alle starten das Spiel und sie alle wollen damit erfolgreich sein.

Diese drei Beispiele, die auf den ersten Blick nichts miteinander zu tun haben, sind durch einen gemeinsamen Nenner, das Spiel, miteinander verbunden. Und am Beginn dieses Spiels steht ein ZUHÖREN. Denn bevor ich mich auf den Weg mache, muss ich ja ein Ziel, irgendeines, im Auge haben. Niemand stolpert einfach blind darauf los. Es ist „etwas" da, das ich, bevor ich eine Handlung setze, gehört im Sinne von „wahrgenommen" haben muss.

Woraus setzt sich Zuhören nun zusammen, und was drücke ich damit aus?

Wenn ich zuhöre, signalisiere ich als Erstes: „Ich nehme mir Zeit."

Mit unserer Geburt beginnt unsere persönliche Zeitrechnung. Wenn wir nach der Ruhephase der Nacht einen neuen Tag beginnen, starten damit jedes Mal wieder neue Zeiteinheiten, die in Summe unser Leben ausmachen.

Um zuhören zu können, müssen wir uns also als wichtigste Grundvoraussetzung dazu „Zeit nehmen". Wir müssen uns aus dem unaufhaltsamen Lauf Zeit herausnehmen, als würden wir in der Mitte eines Flusses stehen und mit einer Kelle Wasser schöpfen. Denn nur wenn ich mir Zeit nehme, kann ich fokussieren, kann ich aus dem vielen, das mich umgibt – die tausenden Signale, die auf mich im Wachzustand einwirken –, meine Konzentration auf das eine richten. Auf das Gegenüber, dem ich mich zuwende. Erste Phase: Ich schenke meinem Ziel Zeit.

Wenn ich mir für jemanden oder für etwas Zeit nehme, dann erfordert dies Aufmerksamkeit. Ich richte mein Interesse auf diese eine Handlung. Damit ist auch ein Gefühl von Achtung verbunden. Nichts anderes in diesem Tsunami von Eindrücken, die mir das Leben bietet, ist so wichtig wie das, dem ich in diesem Moment zuhöre (wie immer dieses Zuhören auch geartet ist). Alle visuellen und akustischen Eindrücke reduzieren sich auf einen einzigen Punkt: das Gegenüber. Es wird zum Zentrum, gleich einer Königin, der man huldigt, indem alles verharrt, alles verstummt, wenn sie den Raum betritt.

Jetzt, wo ich dies so erzähle, klingt es ein wenig lächerlich und aufgesetzt, aber stellen wir uns unser Leben als ein dahinrasendes Fließband vor, neben dem wir nicht nur stehen, es betrachten und uns ständig Dinge davon herunternehmen, sondern auf dem wir uns auch selbst wiederfinden, auf dem wir uns selbst rasend durch die Welt bewegen und selbst davon „heruntergenommen“ werden. Verlangsamen wir seine Geschwindigkeit, bis fast zum Stillstand, so erleben wir mit einem Mal alles ganz intensiv, ganz reduziert: Wir sehen sowohl die Umgebung des Fließbandes, so wir uns gerade darauf befinden, als auch das darauf Transportierte, so wir uns gerade davor befinden, ganz deutlich. Wir können uns darauf konzentrieren, uns Zeit nehmen, Aufmerksamkeit geben, be-achten.

Der Akt des Zuhörens ist ein für uns so selbstverständlicher, ist eine solche Fließbandarbeit geworden, dass es seltsam anmutet, wenn jemand davon erzählt, als wäre es ein wunderschönes, aufregendes Märchen. Aber halten wir inne, erkennen wir seinen wahren, edlen, demütigen Inhalt: Wir schenken damit Zeit. Wir schenken damit Aufmerksamkeit. Und schenken Achtung und Respekt.

Benötigen wir, um dieses Geschenk zu machen, Jahre? Wochen? Stunden? Oder gelingt uns dies auch – in 3 Sekunden?

> Sei dir bewusst, dass Zuhören ein Geschenk ist, das *du* schenkst, aber das auch dir geschenkt wird. Mit diesem Gedanken steigerst du die Bedeutung dieses sonst zur Gewohnheit degradierten Aktes …

He, hallo! Das kommt uns doch bekannt vor?! Das sind doch genau die Werte – Zeit, Achtung, Respekt –, mit denen wir, halten wir das Fließband vollständig an, um die vorüberziehende Welt zeitlupig Bild für Bild zu erfassen, unseren Alltag gestalten. Denn wird nicht unaufhörlich von uns verlangt, Zeit für unser Gegenüber, wer oder was es auch immer sein mag, aufzubringen? Haben wir nicht unaufhörlich den Versuch zu unternehmen, die Grundwerte des Menschseins, Toleranz, Verständnis, Geborgenheit, zu vermitteln, indem wir mit Hilfe von Worten und Gesten unserem Gegenüber, wer oder was es auch immer sein mag, signalisieren, dass wir es achten und respektieren? Dass wir Aufmerksamkeit schenken? Erwartungen, die wir in diesem fortwährenden Spiel natürlich nur höchst unzulänglich erfüllen können – aber denen wir tagtäglich in unterschiedlichsten Variationen ausgesetzt sind: bei unserem Kind oder beim Kaufmann, als Chefin oder Angestellter, bei einem Tier oder einer Pflanze.

Genau dieselben Erwartungen setzen wir aber auch in die Menschen, die uns begegnen! So entwickelt sich ein ungeheuer kompliziertes Spiel. Kompliziert durch die Tatsache, dass alle daran Beteiligten an den jeweils anderen mehr oder weniger hohe Erwartungen haben: Wenn der Buschauffeur am Morgen unfreundlich bis gar nicht unseren Gruß erwidert, werden wir darauf anders reagieren, als wenn der Partner uns ignoriert. Die Botschaft, das Signal sind dieselben, die Auswirkungen für unsere Seele völlig verschiedene. Denn an den Buschauffeur als Privatperson haben wir keine Erwartungen (natürlich aber an den Menschen, der da hinter dem Lenkrad sitzt, deshalb registrieren wir ja sein Nichtgrüßen überhaupt!), sehr wohl aber an unseren Partner (weil er ganz intensiv seinen „Job" als Mensch für uns ausübt!).

Unser gesamtes Kommunikationsverhalten – miteinander Reden, untereinander Agieren – baut auf diesen Werten auf: Zeit, Achtung, Respekt, Aufmerksamkeit signalisieren und empfangen. Was nichts anderes bedeutet – steigen wir noch einmal in den Fluss –, als dass wir in jeder Situation unseres Wachseins genau damit beschäftigt sind. Selbst beim Innehalten in einem Gotteshaus erwarten wir, dass unsere Wünsche, Hoffnungen, Sorgen „erhört" werden. Selbst wenn wir die 21-Kilometer-Wendemarke eines Marathons nehmen, erwarten wir von unserem Körper, dass er nicht schlapp macht, und erwartet er von uns, dass wir ihn mit positiven Gedanken motivieren. Wenn wir in einem Blumenbeet knien, erwarten wir, dass die Zeit, die wir schenken, die Achtung, die wir dem Samen und der Pflanze entgegenbringen, zu einem klar definierten Ziel führen. Erwarten wir ... Erfolg.

Und wie schaffen wir es nun, diese Werte für das jeweilige Gegenüber sichtbar, spürbar, erlebbar zu machen?

Man glaubt es kaum, dass was da so kompliziert klingt, mit etwas so Einfachem, Simplen, das uns allen so geläufig und selbstverständlich ist, dass wir es in unserem Alltag kaum mehr beachten, dass dies mit schlichtem *Zuhören* bewerkstelligt werden kann!

Wenn wir für eine Stunde am Ufer des Mississippi stehen, werden wir ein paar Millionen Kubikmeter Wasser vorbeifließen gesehen haben. Tauchen wir nun unsere Hand für eine Sekunde in seine Fluten, so werden sich darauf ein paar Tropfen halten, die zu Boden rollen, sich verflüchtigen, bis nur noch ein einziger sich in der Mitte des Handballens hält. Halten wir nun den Mississippi in unseren Händen?

Genauso verhält es sich mit unserem Dasein als Mensch. Stehen wir an einem Montagmorgen an einer Straßenecke der 5th Avenue, werden wir ein paar Millionen Bilder vorbeifließen sehen. Strecken wir für eine Sekunde die Hand aus, bekommt die undurchdringliche Masse mit einem Mal ein klares Antlitz: Ein Mensch reagiert – und es startet eine Interaktion, welcher Art auch immer. Ein Taxi stoppt und binnen Sekunden reduziert sich ein bunt geflecktes Bild, reduziert sich der dahinströmende Mississippi auf einen Pakistani, dessen zwei wunderschöne Kinder, es sind ein Mädchen und ein Junge, auf einem leicht erblassten Bild zu sehen sind, das schief in seiner Identitätskarte auf dem Armaturenbrett steckt. Und je nachdem, wie er uns ansieht, was er sagt, wie er es sagt, lesen wir entweder in der Zeitung weiter, wenden wir unseren Blick aus dem Fenster und fragen uns, warum dieser Trottel von Fahrer bei der letzten Ampel nicht rechts abgebogen ist, oder fragen ihn, ob das seine Kinder sind, ob sie auch hier in New York leben oder bei den Großeltern in seiner Heimat aufwachsen und wie ...

> Sei dir bewusst, welche Kraft und Freude, welche Zufriedenheit und welches Glück Zuhören hervorzurufen imstande ist – in *dir* und in anderen ...

Zuhören ist ein Geschenk. Weißt du, immer wenn ich am Ufer eines Mississippi stehe, denke ich mir, es ist das wichtigste Geschenk, das man zu geben hat ...

Aber bevor ich mich mit diesem Gedanken begnüge, schöpfe ich wieder Wasser mit meiner Hand. Was ist ein Geschenk? Es ist etwas, das ich besitze, unwichtig für wie lange schon, ausschließlich einem Zweck dienend. Ich will dieses Etwas nicht für mich behalten, will damit ein Zeichen setzen, die Hand ausstrecken nach einer Sehnsucht, die Freude heißt, die Glück bedeutet, das will ich erreichen, das ist meine Erwartung. Die Aussicht auf Erfolg spiegelt sich im Gegenüber wider, das es entgegennimmt. Durch das Geschenk wandelt sich das Ich zum Wir, zur Metapher für Gemeinsames, das uns für lange oder kurze Momente verbinden wird. Im Augenblick des Überreichens schwingen der Gebende und der Nehmende auf einer gemeinsamen Ebene. Für Bruchteile von Zeit liegt der Mississippi in deiner Hand, wenn wir alles, die Millionen Bilder, die Ängste und Sehnsüchte, die uns das fantastische Menschsein beschert, für Bruchteile von Zeit vergessen und uns dieses alles überbordende Gefühl erfasst: *Teilen.*

Wie lange braucht es für diese Geste? Wie lange –?

Erinnerung Nr. 6
Drei Arten von Zielen

Meister, fragte der Schüler, wie kann ich Glück von Unglück unterscheiden?

Siehst du die Menschen, die dort unter dem Baum stehen und versuchen, die Früchte zu erreichen? Erzähle mir, was du siehst!

Sie sehen elend aus und verzweifelt. Sie müssen großen Hunger haben, so angestrengt, wie ein jeder versucht, an die verlockenden Früchte zu gelangen. Einige prügeln sich, wenn sie glauben, sich gegenseitig in ihren Bemühungen zu stören.

Dir ist wohl klar, fuhr der Meister fort, was du dort siehst?

Ja, wahres Unglück lässt sich kaum deutlicher zeigen als in diesem Bild: Vor deinen Augen wachsen die köstlichsten Früchte und doch kannst du sie nicht erreichen.

Der Meister führte den Schüler daraufhin an einen anderen Ort, an dem ein ganz ähnlicher Baum stand. Und wieder sagte er: Erzähle mir, was du siehst!

Ich sehe denselben Baum mit denselben köstlichen Früchten. Ich sehe Menschen, die in seinem Schatten liegen und sich ausruhen. Wie zufrieden und satt sie aussehen. Wie ist das möglich, wo die Früchte für sie doch genauso unerreichbar hoch scheinen wie für die anderen zuvor?

Warten wir ein bisschen, sagte der Meister.

Nach einiger Zeit erhoben sich ein paar der Menschen, fassten sich an den Händen und nun stieg einer in die zur Leiter geformten Hände und erreichte so mühelos eine Frucht, die er einem anderen zuwarf. So balancierten sie von einem Ast zum anderen. Wenn einer müde schien, kletterte ein anderer hinauf, so lange, bis alle eine Frucht hatten und sie sich damit lachend wieder in den Schatten verzogen, sie genüsslich zu verspeisen.

Weißt du nun, was Glück bedeutet?, lächelte der Meister. Wenn wir das Wohlergehen des anderen stets in unser Denken und Handeln miteinbeziehen. Wenn wir, statt eigennützig zu sein, bereit sind zu teilen, werden wir, so wie diese Menschen, unsere Ziele erreichen ...

Ja, an ein Ziel kommen. Das ist es, was uns antreibt. Damit sind wir ständig beschäftigt. Ziele, die dem Selbst dienen, Ziele, die das Überleben garantieren, Ziele, die auf das Gemeinwohl ausgerichtet sind.

Ziele, die dem Selbst dienen, sind solche, die unsere Persönlichkeit formen, sie stärken, nämlich dann, wenn sich unsere Erwartungen erfüllen; oder sie schwächen, wenn uns das nicht gelingt.

Der junge Bursche, der mit gockelhaftem Gehabe, mit Muskeln, Gestik und Sprache, Aufmerksamkeit erwecken will – bei seinen Kollegen, um eine bessere Position in der Hackordnung zu erreichen, und bei den Frauen, um ein sexuelles Signal auszusenden –, bedient sich dieses Verhaltens, um sein Ego zu fördern. Genauso wie das junge Mädchen es versucht – mit Schminke, Minirock und einem BH, der noch allerlei Füllmaterial benötigt, um einen noch imaginären Umfang vorzugeben.

Ziele, die das Überleben garantieren, sind schon nicht mehr so einfach zu verwirklichen, weil nicht mehr (nur) das Ego, sondern messbare Leistungen zur Bewertung des Erfolgs durch uns selbst und durch unsere Umgebung heranzuziehen sind. Muskeln und Busen reichen nun nicht mehr aus, um Erfolg zu haben. Jetzt müssen wir uns mit „Lernzielen", mit „strategischen Zielen" und „Gewinnzielen" beschäftigen. Denn nur wenn wir diese Ziele erfüllen, erhalten wir im Austausch zu den messbaren Leistungen (Arbeit) das (vermeintliche) Zaubermittel zur Verwirklichung von Träumen, das große Objekt unserer Begierde, das uns antreibt: nämlich Geld – heute *das* Kriterium, an dem wir wahren Erfolg messen.

Werden „Ego-Ziele" aus uns selbst heraus vorgegeben (obwohl auch sie von außen durch Trends, Kultur, Religion etc. definiert werden), so setzen „Überlebens-Ziele" Strategien voraus, damit wir die von der Außenwelt, also der Gesellschaft, der Wirtschaft, der Politik, definierten Vorgaben möglichst erfolgreich erfüllen können.

Zuletzt Ziele, die dem Gemeinwohl dienen. Als Grundvoraussetzung zu ihrer Realisierung tragen sie die beiden anderen Zielvorstellungen in sich, sind jedoch in weitaus geringerem Maße auf einen selbst fokussiert, sondern sollten selbstlos, das heißt nicht auf unsere eigene Person oder auf materielle Vorteile bezogen sein. Ihre Erfolgserwartungen bestehen aus dem Erreichen von Zielen, die der Allgemeinheit zugute kommen: vom Engagement für die Erhaltung der Umwelt bis zur Nächstenliebe.

> Sei dir bewusst, dass unser Leben von unterschiedlichsten Zielen und deren Erreichen geprägt ist …

Wollte man den Versuch unternehmen, eine allgemein gültige Liste von Zielen aufzustellen, unter Berücksichtigung von Alter, Kultur, Religion, sozialem und gesellschaftlichem Status, so ließe sich diese Arbeit kaum bewerkstelligen und wenn, wäre das Ergebnis immer unvollständig. Denn jeder Mensch auf diesem Planet verfolgt täglich seine großen und kleinen Ziele, wenn möglich natürlich solche, die einfach und leicht zu verwirklichen sind, Ziele, von denen wir meinen, sie wie im Selbstbedienungsladen nur abholen zu brauchen. Und weil wir, wie wir bereits gehört haben, darauf von unserem ersten Tag an programmiert sind, haben wir uns eine ganze Palette von Verhaltensmustern angeeignet, die es uns erlauben, mit möglichst geringem Aufwand unsere tägliche Erfolgsration abzuholen.

Während ich mich nun einen ganzen Tag damit abmühte, eine auf meine ganz persönlichen Bedürfnisse abgestimmte Liste von Dingen niederzuschreiben, die mir Erfolgserlebnisse verschaffen, und mir am Ende des Tages immer noch und immer weitere einfielen, stand ich plötzlich wieder am Ufer meines Mississippi! Die gesammelten Ziele der Menschen sind die nicht zu zählenden Tropfen des Flusses. Aber was würde ich in meiner Hand finden, würde ich sie, wie schon zuvor, in die Fluten tauchen, um einen einzelnen davon – sozusagen den gemeinsamen Nenner, die Essenz, in der sich das Ganze widerspiegelt – klar und deutlich vor mir liegen zu haben?

Erinnerung Nr. 7
Wie ein Satz mein Leben veränderte

Damals sagte ich zum ersten Mal diesen Satz, dessen Inhalt auf vielfältige Art mein Leben nachhaltig verändern sollte. Nachträglich fiel mir auf, dass ich ihn weder aufschrieb, noch darüber nachdachte, ich sagte ihn ganz einfach, so als würde ich den Wassertropfen beschreiben wollen, der in meiner Hand liegt. Ich sagte:

„Es gibt keine größere Sehnsucht, es gibt nichts Wichtigeres für uns Menschen, als jemanden zu finden, der einem zuhört!"

Ich hörte mich diesen Satz sagen und dachte mir, wie einfach, wie wunderbar einfach dieser Satz doch klingt. Dann geschah etwas, von dem ich nicht mehr weiß, ob es tatsächlich so abgelaufen war oder ob ich es nachträglich dazudichtete, um diesem Moment mehr Farbe, mehr Bedeutung zu geben: Plötzlich fiel ein Lichtstrahl auf den Tropfen in meiner Hand und gab ihm das Aussehen, den Anschein eines Diamanten, eines funkelnden Edelsteines. Und ich dachte weiter: Vielleicht habe ich soeben ein Kieselsteinchen der Weisen gefunden, die lang gesuchte Formel zur Umwandlung von Metall in Gold; vielleicht hat sich Einstein so gefühlt, als er zum ersten Mal $e=mc^2$ auf ein Stück Papier schrieb und sich dachte, „sieht hübsch aus", und noch keine Ahnung davon hatte, dass sehr bald und für alle Ewigkeit Millionen von Schülern und Studenten in aller Welt diese fünf Zeichen verfluchen würden, weil sie für Normalsterbliche nicht zu kapieren sind.

Später würde ich des Öfteren als erste spontane Reaktion auf diesen Satz zu hören bekommen: Das klingt so einfach, aber so einfach kann es nicht sein.

Natürlich war das auch mein erster Gedanke, als sich der Wassertropfen aus dem Mississippi vor meinen Augen mit Hilfe eines einzelnen, vielleicht zufällig gelenkten Sonnenstrahles für Augenblicke in einen Diamanten verwandelte. Ich sagte den Satz immer wieder, ganz langsam, um so jedem seiner Worte Gewicht zu verleihen; und dann wieder wie hingeworfen, mit einer gespielten Lässigkeit, um ihm alle Schwere zu nehmen. Doch er blieb von all diesen Versuchen, ihn auf seine Standhaftigkeit zu prüfen, völlig ungerührt – wie ein frech dreinblickendes, vom intensiven Spiel verschmutztes und verrotztes Kind, strotzend vor Selbstvertrauen, unbändige Lebenskraft versprühend, weil es soeben mit der Fertigstellung der schönsten, tollkühnsten Sandburg die Welt erobert hatte.

Ich war und bin selbstverständlich nicht so vermessen, mir anzumaßen, mit einem aus 19 Worten und vier Zeichen bestehenden Satz die Welt zu erobern, aber nun, da ich inzwischen sieben Jahre mit ihm verbracht habe, kann er doch auf eine nicht ganz unerfolgreiche Laufbahn zurückblicken: Den Erzählvortrag, dessen Hauptdarsteller und Zentrum er ist, habe ich bis zum heutigen Tag (Stand Mai 2012) über 450-mal gehalten. In zwölf Ländern. Fast 40.000 Menschen haben ihn live gehört. Rechne ich Rundfunk- und TV-Interviews dazu, werden es vielleicht Millionen Menschen sein, denen ich einen lächerlich anmutenden Wassertropfen aus dem Mississippi in die Hand legte ...

Ich brauche nicht extra zu erwähnen, dass ich mit der Stoppuhr meines iPhones die Zeitdauer gemessen habe, die es braucht, diesen Satz zu sagen. (Wenn du meine Behauptung nachprüfen willst, musst du bei normaler Sprechgeschwindigkeit sagen: „Es gibt nichts Wichtigeres, als jemanden zu finden, der einem zuhört.")

> Sei dir bewusst, dass es keine größere Sehnsucht des Menschen, nichts Wichtigeres gibt, als jemanden zu finden, der einem zuhört …

Erinnerung Nr. 8
Eines der größten Probleme unserer Zeit!

Einigen wir uns darauf, dass Zuhören als bestimmender Akt des miteinander Redens eine sehr große, uns nur in eingeschränktem Maße bewusste Bedeutung hat. Das wissen wir nun.

Warum, so frage ich mich, fällt uns das Zuhören dann immer schwerer? Darf ich wieder mal so einen Satz sagen, von dem ich weiß, dass meine Kritiker nur darauf warten, loszuätzen, welche Pauschalsätze dieser Autor von sich gibt:

Ich glaube, beginne ich mein Bekenntnis, dass die stetig steigende Unfähigkeit einander zuzuhören, zu einem der ganz großen Probleme unserer Zeit geworden ist.

Erläuterung zu Argument Nummer 1: Betonung auf *unserer* Zeit. Klar, Nicht-Zuhören hat es schon immer gegeben, aber angesichts der immer größer werdenden Fülle an Informationen (wie es sie noch nie in der Menschheitsgeschichte gegeben hat) müsste das Zuhören viel besser als früher funktionieren, damit man an sein Ziel kommt. Allerdings mussten wir, um diesem gewaltigen Info-Tsunami zu entkommen, unser wichtigstes Sensorium, „Das Hören", irgendwohin in einen sicheren Raum bringen, wie um es zu schützen – wie um UNS zu schützen.

Erwiderung zum Argument Nummer 2: Da redet die ganze Welt von „wirklichen" Problemen, von Hunger, Krieg und der Finanzkrise, von Aids, Kindesmissbrauch und Korruption, und der Tegetthoff kommt daher und maßt sich an, das Ganze auf ein schlichtes „Nicht-zuhören-Können" zu reduzieren. Aber Hallo. Aber bitte. Meine Herrschaften, folgen Sie mir bitte zum Mississippi. Nehmen wir nur diese sechs angeführten Beispiele, und unternehmen wir den Versuch, bei jedem einzelnen an die Wurzeln, also an die wirklichen Wurzeln vorzudringen, dann werden wir – ich habe es getan, unschwer zu erraten, zu welchem Ergebnis ich kam, so selbstsicher wie ich darüber rede; aber ich möchte dich, liebe Leserin, und auch dich, lieber Leser, ein bisschen dazu anregen, selbst darüber nachzudenken, dann werden wir zu dem gleichen Schluss kommen und wozu dann drüber schreiben und ich erspare mir minimum drei Seiten, hundertpro – dann werden wir entdecken, dass ein jedes dieser Beispiele mit einem „Nicht-Zuhören" beginnt! Um diese Erkenntnis zuzulassen, dürfen wir allerdings nicht davor zurückschrecken, die ganz kleinen und die ganz großen Ursachen in einen Topf zu werfen. Dazu muss man seine Fantasie schon ordentlich anstrengen – aber es funktioniert!

Erläuterung zu Argument Nummer 3: Unfähigkeit. Das hört man nicht gern. Das hört keiner gern, dass er unfähig sei. Aber – seien wir doch mal ehrlich: Erleben wir, und ich meine wirklich *wir*, also wir alle, ohne Ausnahme, Frau Kopetzky aus der Hinterbrühl und auch Mister Obama himself, *du* und *ich*, diese Unfähigkeit nicht jeden Tag? Und zwar mehrmals, nicht nur einmal, sonst könnten wir ja sagen, das war jetzt eben mal ein kleines Ausnähmelchen. Es gelingt uns einfach nicht, auf all die Aussendungen zu reagieren, die im Laufe unseres Wachzustandes auf uns einwirken, Aussendungen, die aber aus genau diesem Grund abgeschickt wurden – um bei uns zu landen und bei uns etwas zu hinterlassen (was, darauf komme ich gleich zu sprechen, bitte noch ein wenig Geduld).

Ich weiß, Unfähigkeit ist ein hartes Wort und eigentlich sollte ich stattdessen von „Nur-mehr-in-eingeschränktem-Maße-zur-Verfügung-stehender-Fähigkeit“ sprechen, das wäre gnädiger, sanfter und versöhnlicher. Aber es muss sich etwas zuerst den Weg ins Bewusstsein bahnen, um erkannt zu werden, das ist der erste Schritt zur Erkenntnis. Dann, erst dann, können wir darauf aufbauen und Schritte zur Verbesserung der Situation setzen. Um das miteinander Leben von Herrn und Frau Mayer zu verbessern (siehe über 50% Scheidungsrate in Europa, und die meisten Geschiedenen geben Nicht-zuhören-Können als einen der Hauptgründe des Zerwürfnisses an), sind – sage ich mal salopp – relativ wenig Schritte notwendig, weil nur zwei damit beschäftigt sind. Um das Verhältnis zwischen Lehrern und Schülern besser in den Griff zu bekommen, wird es schon komplizierter, weil nicht mehr nur zwei bestimmten Regeln zu folgen haben, sondern eine Gruppe. Und gänzlich undurchsichtig wird es, führt man sich vor Augen, wie viele Menschen unterschiedlichster Hautfarbe, Kultur, Religion, Persönlichkeit, unterschiedlichsten Alters und Geschlechts die Finanzkrise zu verantworten haben. Sie alle – natürlich reine Theorie – müssten ihr Kommunikationsverhalten ändern, aufeinander zugehen und aufeinander hören. Regel: Je größer das System, desto schwieriger ist es, erfolgreich zu kommunizieren. Und wird mir jetzt das Wort „facebook“ als Gegenbeispiel an den Kopf geworfen, so möchte ich an das „erfolgreich Kommunizieren“ erinnern.

Sei dir bewusst, dass was in kleinen Systemen schwer funktioniert, im Großen noch viel schwieriger zu bewerkstelligen ist …

Erinnerung Nr. 9
Wenn einem nicht zugehört wird

Jeder ist ständig mit diesem Problem konfrontiert. Denk bitte mal darüber nach, wie oft es dir so ergeht: Du hast etwas in deinem Inneren, das du loswerden möchtest, was immer es auch ist, ein Gefühl, ein Gedanke oder eine schlichte Information, und du willst dies jemandem mitteilen. Du tust es, hast aber im selben Moment das Gefühl (du nimmst es real durch die Körpersprache des Gegenübers wahr und wandelst es um in ein Gefühl, das in dir hochschleicht), dass dir nicht zugehört wird. Dass deine Botschaft, unabhängig von ihrer Bedeutung und Wichtigkeit, beim Gegenüber nicht angekommen ist.

Diese Ahnung des Mir-wurde-nicht-Zugehört erzeugt jedoch etwas in uns, das ganz wesentlich unser Kommunikationsverhalten prägt: Wir fühlen uns nicht gut. Und warum fühlen wir uns nicht gut: Weil wir mit dem Akt des Zuhörens Achtung, Respekt und Aufmerksamkeit assoziieren und wir uns in diesem Moment nicht geachtet, nicht respektiert fühlen, weil wir keine Aufmerksamkeit erhalten haben – alles, wonach unsere Seele von Beginn unserer Tag an dürstet.

Noch komplizierter wird es dadurch, dass es ja nicht einfach nur den „Sprechenden" und den „Zuhörenden" gibt, sondern wir ständig die Seiten wechseln, wir also Sekunden nach einem „Nicht-gehört-Werden" selbst in die Situation kommen, dass wir einem Gegenüber unser Zuhören signalisieren sollten. Und es ohne mit der Wimper zu zucken ebenso nicht tun. Revanche?

Nein, ich glaube ganz einfach, weil wir keine Ahnung von diesen unbewussten Abläufen haben.

> Sei dir bewusst, dass es niemals nur den „Sprechenden" und den „Zuhörenden" gibt – wir wechseln ständig die Seiten …

Wo anfangen? Wie diesen verhängnisvollen Kreislauf durchbrechen? Was als Einzelner tun, um das Gemeinsame besser zu beherrschen?

Mississippi. Tropfen. Zurückgehen. An den Beginn. Ist das der Beginn: Was passiert in unserem Kopf, wenn wir hören? Worin liegt der Unterschied zwischen „Hören" und „Zuhören"? Haben wir diesen unseren wichtigsten Sinn (wenn nun Augenbrauen erstaunt hochgezogen werden, wartet ab, was noch kommt ...) so zur Gewohnheit verkommen lassen, dass wir ihn genauso wenig beachten wie das Wunder regelmäßigen Atemholens (selbstverständlich, was sonst, warum das extra erwähnen), oder das 8- bis 12-malige Klappern unserer Augenlider in der Minute, das die Linse befeuchtet (Und? So what?)?

Erinnerung Nr. 10
Was bedeutet Hören?

Hören. Lass mich vorausschicken, dass ich, um dieses Kapitel zu schreiben, weder spezielle Bücher noch Fachartikel gelesen habe. Ich habe mich und meine Umgebung einfach eine Zeitlang beobachtet und meine Erfahrungen konzentriert und diszipliniert notiert. Ich wollte ganz nahe bei dir sein, dem Menschen, der diese Gedanken im Lesen mit mir teilt, will das *Erinnern* deutlich machen: Was du nun gleich lesen wirst, könnten auch *deine* täglichen Beobachtungen und Erfahrungen sein.

Was also verbirgt sich hinter dem Wort HÖREN? Hören ist untrennbar mit unseren Ohren verbunden. Darauf weist schon sein Wortstamm hin, in dem das Wort Ohr drinnen steckt. (Übrigens ebenso wie beim englischen „to hear" – „the ear".) Hören ist alles, was über unser Ohr in unser Gehirn dringt. Und das ist weitaus mehr, als wir vermuten. Ich wage zu behaupten, dass du, während du die letzten Seiten gelesen hast, eine Vielzahl von Geräuschen, Tönen, Klängen gehört hast, ohne sie bewusst wahrgenommen zu haben.

Machen wir doch einen Versuch: Sei für einen Moment völlig still, halte sogar kurz deinen Atem an, schließe vielleicht noch deine Augen und dann höre. Ich bin ganz sicher (außer du liest dieses Buch auf der Spitze eines hohen Berges und hast das Glück, dass nicht gerade ein Düsenjet über dich hinwegbraust!), dass du einiges hören wirst. Hintergrundgeräusche wie Autolärm, eine Vogelstimme, das Rauschen in den Heizungsrohren, das Summen einer Glühlampe. Höre genau hin und du wirst verblüfft sein: Was da alles klingt, was alles von deinem Gehirn aufgenommen wird und du keine Ahnung davon hast. Weil du ganz mit dem Dechiffrieren der Zeichen dieses Buches beschäftigt warst. Und nun folge mir immer tiefer in diese Wunderwelt: Du hörst ja nicht nur in diesem Augenblick, du hörst 24 Stunden lang jeden Tag! Dein Ohr nimmt, ohne auch nur eine einzige Sekunde Unterbrechung, *alles* auf und leitet es in dein Gehirn. Denn du hörst auch, wenn du schläfst. Du kannst deine Ohren nicht zuklappen, so wie wir das sehr bequem mit unseren Augen tun können. Wenn wir von der Welt nichts mehr wissen wollen – Augen zu, es wird schwarz, wir sind draußen aus dem Spiel. Aber mit den Ohren geht das nicht! 24 Stunden auf Empfang, 365 Tage im Jahr online. Immer bereit. Damit dem Ohr nur ja nichts entgeht, hat die Evolution einige gefinkelte Mechanismen entwickelt: So wird zum Beispiel in Zusammenarbeit mit den Augen versucht, immer den optimalen Hörwinkel herzustellen. Das ist der Grund, warum wir, sobald wir in eine Kommunikation treten, Augenkontakt aufnehmen – um die Ohren in die beste Position zur Tonquelle, dem Mund, zu bringen. Und damit dem Ohr nichts entgeht, kann es auf einen Hörradius von 360 Grad zurückgreifen – Dolby Surround! Im Gegensatz zum Auge, das es gerade mal auf 140 Grad bringt – und wir deshalb auch, Kopfbewegungen miteinberechnet, um den Radius zu erhöhen, weitaus weniger visuelle Eindrücke haben als akustische. Gar nicht zu reden davon, dass die Fähigkeiten unseres Ohres (im gesunden Zustand) zehnmal größer sind als die des Auges! Unser Auge sieht 1 Oktave (von violettem zu purpurnem Licht), aber das Ohr hört 10 Oktaven (von 16 bis 16.000 Hertz). Fakten, die in unserer auf das Auge ausgerichteten Welt kaum bis gar nicht bekannt sind. Wir leben in einer völlig übervisualisierten Welt, in der wir – ohne es bewusst wahrzunehmen – einer unablässigen Bilderflut ausgesetzt sind, auf der Straße, durch Fernsehen, Bücher, Zeitschriften, Computer. Und sogar Handys! Handy – ein visuelles Medium? Erinnerst du dich: Vor nur 15 Jahren war telefonieren noch ein rein akustischer Prozess – es klingelte, man hob ab, erkannte das Gegenüber entweder an der Stimme oder man fragte, wer dran sei. Doch die Mobiltelefonie hat eine – wesentliche – visuelle Komponente hinzugefügt: Man „sieht" das gegenüber am Display: als Name oder als Nummer. Und trifft eine Entscheidung: annehmen oder wegdrücken. Ein winzig kleines Detail, das aber, so wie vieles andere auch, unbewusst den Eindruck befördert, dass das Auge und das Sehen bedeutsamer seien als das Ohr und das Hören. Es ist heute weitaus wichtiger, „gesehen" als „gehört" zu werden. Ein für unser gesamtes Kommunikationsverhalten verhängnisvoller Irrtum. Und da gibt es diesen wunderbaren Satz: Das Auge bringt uns in die Welt, aber das Ohr bringt die Welt in uns.

> Sei dir bewusst, dass wir in einer völlig dem Auge und dem Sehen zugewandten Welt leben, die nicht mehr in Balance steht mit der Wichtigkeit der anderen Sinne, insbesondere des Hörens – es ist sehr einfach für uns, wegzusehen, aber wir können niemals weghören …

Da diese Welt jedoch so unfassbar laut geworden ist und Stille, wahre Stille, kaum noch erlebt werden kann, wir ständig akustischen Reizen ausgesetzt sind, gegen die wir uns physisch nicht zur Wehr setzen können (außer mit Karotten in den Ohren), müssen wir einen Filter vorschalten, um uns gegen diese nie enden wollende Lärmlawine zu wehren. Das Problem ist nur, dass wir immer öfter vergessen, diesen Filter wegzunehmen, dann, wenn es darum geht, mit einem Gegenüber in Kontakt zu treten, miteinander zu reden, durch den Akt des Zuhörens Achtung, Respekt und Aufmerksamkeit zu schenken ...

Das also ist Hören.

Erinnerung Nr. 11
Was bedeutet Zuhören?

Was bedeutet im Gegensatz dazu nun Zuhören?

Da ich angetreten bin, keine wissenschaftlichen Weisheiten zu einem Zitateflickenteppich zusammenzufügen, um im 1001. Anleitungsbuch irgendetwas erklären zu wollen, sondern um mit Hilfe einfachster Bilder eine Erinnerung wachzurufen, spiegelt sich im Tropfen, der in meiner Handfläche wie ein Pudding wackelt, das Bild eines Trichters. Die breite Öffnung des Trichters, das ist das Hören: Alles, was wir mit unserem Ohr aufnehmen, wird dort hineingeleert. Zuhören ist das feine Röhrchen, durch das das Wichtige, das Essentielle, das, was „die Welt in uns bringt", in uns hineinfließt, tief in uns hinein. In unserem Gehirn wird sodann ein höchst komplizierter Prozess in Gang gesetzt, der das Gehörte bearbeitet, verarbeitet und – im besten Fall, das ist das Ziel – versteht. Denn nur wenn ein VERSTEHEN am Ende dieser Kette steht, haben wir das Ziel erreicht, sind wir erfolgreich in unserer Kommunikation, werden unsere Erwartungen und die unseres Gegenübers erfüllt: ist unsere größte Sehnsucht gestillt.

Mit Hilfe dieser simplen Metapher, dem Tropfen aus dem Mississippi, kommen wir einer Antwort auf die Frage nach den Ursachen für unser stetig größer werdendes Problem des Nicht-Zuhören-Könnens näher: In den letzten 50 Jahren ist der obere Teil des Trichters unaufhörlich und unverhältnismäßig gewachsen, um den rapide anwachsenden Hörmüll aufnehmen zu können. Das Abflussrohr ist hingegen schmäler, immer enger geworden.

> Sei dir bewusst, dass das Ziel jeder Kommunikation ein VERSTEHEN sein muss!

Es müssen keine Studien zitiert, sondern nur der Verstand gekoppelt mit der Vorstellungskraft in Gang gesetzt werden, um sich die Dimensionen eines Trichters im Mittelalter im Vergleich zu einem des 21. Jahrhunderts auszumalen ... Da waren Öffnung und Abfluss – je nachdem, wer den Trichter nützte, ein Wissenschafter im Labor oder eine Bäuerin in der Küche – noch in Balance. Heute würde jeder den Kopf schütteln, wollte ihm jemand einen Trichter verkaufen, der einen Durchmesser von einem Meter und ein Abflussröhrchen mit einem Durchmesser von gerade mal einem Millimeter besitzt! Ich kann dieses Verhältnis nicht wissenschaftlich beweisen, vielleicht ist es auch nicht 1:1000, sondern nur 1:500, auf jeden Fall, das wird jedem einleuchten, ist das Verhältnis „krank" und ist Ursache für etwas, das uns belastet.

Beschäftigen wir uns jedoch nicht so sehr mit dem Aufnahmebecken des Trichters, wir sollten unsere Aufmerksamkeit lieber dem Abflussrohr zuwenden. Denn dieses Ding ist letztlich verantwortlich, dass wir *verstehen*. Ich behaupte, dieses Röhrchen wird immer enger, was logischerweise bedeuten muss, dass immer weniger Verstehen erreicht wird. Daraufhin wird mir – zunächst zu Recht – das Argument entgegengesetzt werden, dass heute bedeutend mehr Menschen bedeutend mehr verstehen als noch vor 50 Jahren. Denkt man nur an all das erweiterte Wissen, den Umgang mit all der komplizierten Technik unseres Alltags. Daraufhin werde ich entgegnen: Halt, Moment. Machen wir folgendes Experiment: Nehmen wir das neueste iPhone (dies ist *kein* bezahltes Productplacement, sondern Ausdruck meiner Liebe zu einem großartigen Unternehmen!) und nehmen wir einen 14-Jährigen, dem wir es erklären wollen. Du setzt dich vor ihn hin, schlägst die Betriebsanleitung auf und beginnst, dem Kerlchen die Erklärungen vorzulesen. Nach wenigen Minuten wird er abwinken, sagen, „Sorry, aber ich versteh kein Wort von dem, was du da sagst", wird das Telefon in die Hand nehmen, es einschalten und, einer geheimnisvollen Intuition folgend, das Ding in Betrieb setzen. Und zwar richtig. Und zwar umfassend. Er wird binnen Minuten *verstehen*.

Geändert hat sich folglich der Zugang zum Verstehen. Darauf will ich hinaus. Immer weniger nutzen wir unser Ohr, nutzen wir das Hören, um unsere Umwelt zu verstehen – das hat einerseits mit der bereits erwähnten Übervisualisierung, andererseits mit der Überdrüberfülle an Informationen zu tun, vor denen unser Gehörsinn weit weniger erfolgreich zu flüchten imstande ist als alle anderen unserer Sinne. Natürlich verstehen wir insgesamt mehr, aber es ist ein anderes Verstehen, eines das – wie ich es sehr vereinfacht nennen möchte – „draußen bleibt": „... das Hören bringt die Welt *in* dich ..." Immer weniger fließt *tief* in uns hinein, sondern bleibt an der Oberfläche. Wir sind heute durch Mobiltelefonie und Internet immer und überall erreichbar, aber doch nicht greifbar. Wir schicken uns ständig Nachrichten mittels SMS, facebook, Twitter, die aber nichts als virtuelle Post-its sind, die sich schnell an unsere Oberfläche heften, sich genauso schnell aber mit dem ersten Alltagswirbel wieder davonmachen, ohne Spuren zu hinterlassen. Wer täglich hundertmal postet: „Koch gerade Erbsen“, „Sitze beim Zahnarzt“, „Tanke gerade Super“, darf sich nicht wundern, wenn ein zwischendurch auftauchendes „Fühl mich elend“ untergeht.

Was in der großen Öffnung des Trichters landet, bleibt also an der Oberfläche. Natürlich werden auch diese Eindrücke im weitesten Sinne verstanden, aber eben anders. Sie werden in automatisierten Vorgängen von unserem Gehirn auf ihre Wichtigkeit hin untersucht und daraufhin vorselektiert. Das müssen wir uns so vorstellen: Du liest gerade ein Buch. Auf dein Ohr treffen inzwischen dutzende Geräusche. Zum Beispiel das Geräusch eines vorbeifahrenden Autos. Dein Ohr nimmt es auf, leitet es in Bruchteilen von Sekunden an dein Gehirn weiter, wo sich in der Erfahrung, der Erinnerung ein praktisch identisches Geräusch befindet und es auf Basis dessen identifiziert, als unwichtig eingestuft und irgendwo im Trichter abgelegt wird. Du liest weiter, ohne davon auch nur Notiz genommen zu haben. Augenblicke später nimmt das Ohr wieder ein Autogeräusch wahr. Dieses Mal aber ist es eines, das in deinem Gehirn als das deines eigenen Autos abgespeichert ist. Und sofort beginnt der Bearbeitung-Verarbeitung-Verstehen-Vorgang: Es kann nicht sein, dass dein Auto startet, weil du in deinem Wohnzimmer sitzt und liest. Da kann was nicht stimmen. Und du wirst dein Lesen sofort unterbrechen und nachsehen gehen. Du hast *verstanden.*

Vom Hören des startenden Motors bis zum Befehl an deine Beine und Arme, sich in Gang zu setzen und zu reagieren, vergehen in der Regel weniger als … 3 Sekunden!

Sei dir bewusst, dass alle zu erreichenden Ziele von einem Verstehen abhängig sind. Und das Verstehen wird erreicht durch ein ausbalanciertes Zusammenspiel unserer Sinne, insbesondere von Ohr und Auge …

Erinnerung Nr. 12

Jetzt essen wir mal ein Stück Brot!

Es ist für mich jedes Mal wieder einfach unfassbar faszinierend, wenn ich mir den wabbelnden Tropfen ansehe, während im Hintergrund der Mississippi unaufhörlich dahinfließt. Bearbeiten – Verarbeiten – Verstehen. Jede Wahrnehmung, die den Weg durch das feine Röhrchen in uns findet, wird diesem Prozess unterworfen. Es ist schwer vorstellbar, so wie man es sich einfach nicht vorstellen kann, dass die Fluten des Flusses aus Milliarden, Billionen, Trilliarden dieser Tropfen bestehen, von denen einer nun in meiner Hand liegt, dass jeder einzelne unserer Eindrücke auf diese Weise durch die Mühlen unseres Gehirnes gehen soll.

Und wieder erscheint im Tropfen ein einfaches Bild: Ich kann mit großer Wahrscheinlichkeit davon ausgehen, dass du in den letzten 24 Stunden ein Stück Brot, oder eine Semmel oder einen Big Mac gegessen hast. Du hast den Bissen Brot in deinen Mund genommen, hast ihn gekaut und geschluckt. Und dich anschließend satt gefühlt. Ein klassischer Vorgang für die Ablage unter „Keine besonderen Vorkommnisse" in unserem Trichter.

Du hast, während du mit dem Brot beschäftigt warst, nicht an ein Getreidefeld gedacht. Natürlich nicht. Kein Mensch wird an ein Getreidefeld denken, während er genüsslich an seinem Brot kaut. Aber wir würden es tun, würde das Gehirn diesen Vorgang nicht sofort unter „Keine besonderen Vorkommnisse" abgelegt haben. Wir würden an ein Getreidefeld denken, weil es am Beginn, am Anfang eines jeden Bissen Brot, ja eines jeden Brösels, Krümels steht. Dann würde ein Bauer in diesem Bild auftauchen – unverändert seit Tausenden von Jahren, seit Beginn des Ackerbaus – und sein Feld bestellen. Er wird es pflügen, dann eggen, dann den Samen säen. Mit Hilfe von Sonne und Regen wird das Getreide heranwachsen, der Bauer wird kommen, es zu ernten. Anschließend wird er es in eine Mühle bringen, wo es zu Mehl vermahlen wird. Dieser Vorgang stellt die *Bearbeitung* dar: Aus Same, Erde, Arbeit, Sonne und Regen wird ein Grundprodukt. Das Mehl wird zu einem Bäcker gebracht. Er wird Wasser und Salz hinzufügen (und anderes, je nachdem, welches Brot er gerade produziert), es zu einem Teig kneten, ihn formen und in den Ofen schieben, wo es gebacken wird. Dies ist die *Verarbeitung*. Ein Grundprodukt wird zu einem Endprodukt verarbeitet. Und wenn wir das Brot essen, dann bedeutet es *Verstehen*. Und wir werden mit einem Mal verstehen, dass in jedem Bissen Brot, in jedem seiner Brösel, Krümel, die Arbeit des Bauern, des Müllers und des Bäckers steckt.

Wenn du nun milde lächelst – was ich durchaus verstehen würde –, dass dies wohl etwas übertrieben wäre, bei jedem Stück Essen, das wir zu uns nehmen, an irgendeinen Bauern zu denken, denn dann müssten wir ja, der Gerechtigkeit halber, auch beim Schuhwerk an eine Kuh, beim Drehen eines Schlüssels an einen Stahlarbeiter und bei einem Gespräch an das Gegenüber ...

Ja, würde ich darauf antworten, könnten, sollten, müssten wir eigentlich. Natürlich tun wir es nicht, aber wenn wir diesen Gedanken wieder zurückverfolgen – was würde er in letzter Konsequenz bedeuten? Dass wir allem, was uns umgibt, mehr Beachtung, mehr Respekt, mehr Aufmerksamkeit schenken müssten.

> Sei dir bewusst, dass wir zumindest den (theoretischen) Versuch unternehmen sollten, *allem*, das uns begegnet, Beachtung zu schenken …

Genauso wie wir kapieren müssen, dass auch in unserem Kommunikationsverhalten, beim miteinander Reden, ein komplexer Prozess in Gang gesetzt werden muss, um am Ende erfolgreich zu sein – indem wir *verstehen*!

Aber um eines klar zu machen: Der Junge, der das iPhone in Betrieb nehmen konnte, ohne akustisch zu verstehen, hat eine großartige Leistung vollbracht. Er hat das Ziel erreicht, war also erfolgreich. Er musste nicht mehr, wie früher, eine mündliche Anweisung erhalten, musste nicht den ganzen oben beschriebenen Prozess über sich ergehen lassen, um zu verstehen. Es haben sich ihm andere Kanäle eröffnet und ich würde niemals wagen, hier eine Bewertung abzugeben, welcher Kanal, der zum Verständnis führt, der bessere oder wichtigere wäre.

Ich möchte aber daran erinnern, dass das Wichtigste – egal, was wir tun, egal welche materiellen oder emotionalen Sehnsüchte wir haben – das Gehörtwerden ist. (Im Moment zumindest, ich möchte mir nicht ausmalen, welche Lachanfälle jemand bekommt, der dieses Buch, diesen Satz im Jahr 2112 liest …) Und wir zum Erreichen dieses Zieles unser Ohr, das feine Röhrchen und das Bearbeiten – Verarbeiten – Verstehen brauchen.

Erinnerung Nr. 13

Die Basis allen Zusammenlebens: Wahrnehmung

Vereinen wir diese drei Worte – Bearbeiten, Verarbeiten, Verstehen –, gelangen wir zu dem Begriff, der für mich die Basis, die Essenz unseres gesamten Zusammenlebens darstellt. Nichts ist wichtiger, um am Leben teilnehmen zu können. Alles, was uns umgibt, Natur und Mensch, beginnt damit. Um das Wesen der Wirklichkeit und der Fantasie begreifen zu können, müssen wir die Fähigkeit, die sich hinter diesem Begriff verbirgt, verinnerlichen. Nur wenn es uns gelingt, diese Fähigkeit bewusst und unbewusst einzusetzen, erfahren wir etwas von der Dimension unseres Daseins.

Dieser Begriff ist WAHRNEHMUNG. Er beinhaltet die Wahrheit, die Wirklichkeit (was im optimalen Fall ein und dasselbe ist) und wir nehmen diese wahr im Sinne von „aufnehmen“: bearbeiten, verarbeiten und – verstehen! Wir sind darauf geradezu programmiert. Von unserer Geburt an. In der Wahrnehmung bündeln sich alle unsere Sinne, entsteht ein geheimnisvolles Zusammenspiel zwischen ihnen und dem, was unser Mensch-Sein ausmacht. Man könnte wahrnehmen mit sehen, hören, riechen, schmecken, fühlen gleichsetzen, doch es ist bedeutend mehr. Ein ähnlicher Unterschied, wie wir ihn zwischen dem Hören und dem Zuhören feststellen konnten.

Hören, sehen, riechen, schmecken ist zunächst reine Informationsaufnahme. Über unsere Sinnesorgane nehmen wir etwas auf, transportieren es in unser Gehirn, wo es als Bild abgespeichert wird. Punkt. Das ist alles. Es folgen keine Reaktionen. Wenn wir jedoch dieses Etwas *wahrnehmen*, dann löst das entstandene Bild etwas aus. Betrachten wir wieder einmal so ein ganz einfaches Beispiel: Auf unserem Weg sehen wir eine alte Frau, die gestürzt ist. Wie selbstverständlich werden wir ihr zu Hilfe eilen. Damit wir das tun, ist es jedoch notwendig, die Frau und ihre Situation *wahrzunehmen*. Sonst würden wir nur das Bild und nicht seine Konsequenz verstehen. So aber liefert uns unser Auge ein Bild und – dies ist das Entscheidende – die dafür notwendige Emotion, um darauf zu reagieren. Das, was wir aus unserer Erziehung, was wir auf dem Weg zum Mensch-Sein erfahren haben, setzt ein, umkleidet und vervollständigt das Bild und lässt uns reagieren: Wir helfen. Darin besteht der wesentliche Unterschied zwischen dem Sehen (oder den anderen Sinneseindrücken) und dem Wahrnehmen: Sehen ist passiv, ist beschränkt auf den reinen Sinneseindruck, Wahrnehmen hingegen ist aktiv, lässt uns handeln.

Jede Form von Kommunikation beginnt mit einer Wahrnehmung. Kommunikation zwischen zwei oder mehreren Menschen, um die Grundvoraussetzung für ein erfolgreiches Gespräch zu schaffen. Kommunikation mit der Natur, um ein Basisverständnis für das Zusammenspiel der willkürlichen (des Menschen) und der unwillkürlichen (der Natur) Handlung herzustellen. (Wir beuten willkürlich aus. Wenn die Natur „zurückschlägt", zum Beispiel durch ein Erdbeben, so tut sie dies nicht willkürlich.) Und auch Kommunikation innerhalb der Natur: Wenn Bienen nicht von der Evolution befähigt wären, die „Sprache", die Signale der Blüten, Farben und Düfte wahrzunehmen, gäbe es keine Bestäubung, folglich bald auch kein Leben auf der Erde.

Alles, was wir können, alles, womit wir unser Leben bestreiten, entsteht mit und durch Wahrnehmung. Wie den meisten Menschen war mir dies in dieser Intensität und Dimension nicht bewusst.

Komm mit, nein, diesmal nicht an den Mississippi, aber fast, und lass dir eine Geschichte erzählen ...

> Sei dir bewusst, dass jegliche Form von Kommunikation mit einer Wahrnehmung beginnt ...

Erinnerung Nr. 14
Nur ein Augenblick

In eine winzige Siedlung, mitten im Dschungel, in der nicht mehr als eine Handvoll Indianer lebten, kamen eines Tages wieder weiße Menschen. Alle paar Jahre kommen sie dorthin, bringen alles Mögliche mit, Werkzeuge, Nahrungsmittel, um mit den Indianern zu tauschen. Wie immer versammelte sich das ganze Dorf um die Fremden und jeder versuchte, sein Geschäft zu machen. Nur ein kleiner Indianerjunge, er hieß Nuijami, blieb entfernt von ihnen stehen, ihn interessierten diese Dinge nicht. Als die Tauscherei so richtig in Gang war, schlich sich Nuijami zum Flugzeug und stöberte darin herum. Er entdeckte eine kleine Kiste, öffnete sie vorsichtig und schaute hinein. In der Mitte der Kiste lag ein seltsames Ding. Es hatte die Form eines Würfels und strahlte, funkelte und glitzerte. Noch nie hatte Nuijami so etwas gesehen. Aber die Fremden hatten von etwas, was Gold hieß, erzählt. Und sie hatten gesagt, dass dieses Ding etwas sei, das alles auf der Welt herbeizaubern könne. Wenn dies wahr wäre! Wenn dies so ein Zauberwürfel wäre. Nuijami konnte kaum atmen, er getraute sich nicht, das Ding anzufassen. Er malte sich nur aus, wie er es sich am Fluss bequem machen würde. Dann, wenn die Fische, die er sonst stundenlang mit der Hand fangen musste, ihm wie von allein zufliegen würden. Und später würde er ein großer Krieger werden, der Tiger und Jaguare fangen konnte. Mit diesem Würfel war das sicher ganz einfach.

Endlich fasste er behutsam nach dem Würfel. Doch blitzschnell zog er seine Hand wieder zurück. Es war, als sei ein Schlag durch seinen Körper gegangen! Doch Träume sind stärker als Angst und so wagte er es noch einmal, aber diesmal nur mit der Spitze eines Fingers. Wieder durchzuckte es ihn, aber dieses Mal war es nicht mehr unangenehm, dieses Mal war es nur noch seltsam. Nuijami nahm all seinen Mut zusammen und griff zu: Nun hielt er den Würfel gegen das Licht, und er war noch viel schöner, denn der ganze Urwald spiegelte sich darin und im Inneren des Würfels war sogar ein Stück Haut seiner Hand zu sehen. Das Allerschönste aber war, dass von der Stelle, wo der Würfel lag, etwas Eigenartiges durch seinen ganzen Körper strömte – bis zur kleinen Zeh' konnte er es spüren!

Vor lauter Glück wusste Nuijami gar nicht, was tun. Am liebsten wäre er auf den höchsten Baum geklettert und hätte dem ganzen Urwald verkündet: Nuijami hat das Wunderbarste auf der Welt gefunden und hält es nun in seiner Hand! Nie mehr wollte er es hergeben, es gegen jeden verteidigen.

Plötzlich spürte und dann sah er einen Wassertropfen, der über die Linien seiner Handfläche lief, sich am Ballen noch kurz festhielt und dann zu Boden fiel. Und noch einer. Noch einer. Von allen Seiten kamen plötzlich Wassertropfen und liefen über seine Hand. Zuerst glaubte er an das erste Wunder des Zauberwürfels: Wasser aus seiner Hand! Er nahm seinen Schatz in die andere, besah sich die Stelle ganz genau, an der der Würfel gelegen hatte, konnte aber nichts Außergewöhnliches erkennen. He, was war das?! Nun tropfte es auch aus der anderen Hand. Aber noch in der größten Freude machte Nuijami die furchtbare Entdeckung: Je mehr Wassertropfen über die Linien seiner Handfläche liefen, desto kleiner wurde sein Schatz! Nein, das konnte nicht sein, jetzt, wo alles so perfekt und schön schien. Er nahm den Würfel, küsste ihn, hielt ihn der Sonne entgegen, sie hatte ihm schon so oft geholfen, sie würde ihn auch diesmal nicht im Stich lassen – aber da rannte das Wasser nur so über seine Hand.

In seiner Verzweiflung lief Nuijami in den Wald, an eine kühle Stelle, dort warf er sich auf den Boden, öffnete die Hand: Nur noch ein winzig kleines Kügelchen war übrig geblieben und als er danach fasste, war es verschwunden.

Völlig verwirrt starrte Nuijami in seine feuchten Hände, die in der Hitze schnell trockneten. Als er ins Dorf zurückkam, packten die Fremden gerade ihre Sachen zusammen, stiegen ins Flugzeug und bald war das laute Brummen des Motors nicht mehr zu hören. Und niemals hat jemand etwas von Nuijamis Zauberwürfel erfahren, außer mir, der diese Geschichte erlebte, und dir, dem ich sie gerade erzählte ...

Erinnerung Nr. 15
Entscheidende Wegkreuzungen

Eine wahre Geschichte, die ich fast genauso erlebte, wie du sie soeben gelesen hast! Im Laufe meiner Welttournee von 1982 bis 1984 verbrachten wir (meine Frau Astrid begleitete mich damals auf dieser insgesamt 22 Monate dauernden Gastspielreise durch 28 Länder) im Sommer 1983 drei Monate in Venezuela. Ich wollte die Zeit der Auftrittspause nutzen, um ein neues Buch zu schreiben, das der Verlag schon angekündigt hatte.

Die im vorigen Kapitel erzählte Geschichte nahm ihren Anfang bei einem Abendessen. Ich kam neben einem deutschen Ehepaar zu sitzen, das schon viele Jahre in Venezuela lebte, er als Generalmanager eines großen Unternehmens, sie als Lehrerin. Da das Dinner sozusagen mir zu Ehren gegeben worden war, kam die Sprache schnell auf meine Arbeit, auf meine Bücher, die Welttournee, auf meinen Plan, ein neues Buch zu schreiben, und auf unsere Suche nach einem geeigneten Ort dafür. Die beiden sahen sich kurz an und wie aus einem Mund sagten sie, sie hätten das perfekte Haus für mich und es wäre ihnen eine Ehre, würde ich dort mein neues Buch schreiben. Als unsere Gastgeber von diesem Angebot hörten, meinten sie nur, wir sollten keine Minute überlegen, dies wäre soeben eine Einladung ins Paradies gewesen!

Als wir ein paar Tage später Caracas verließen, hatten wir nichts als einen Hausschlüssel und eine Wegbeschreibung. Keinen Straßennamen, keine Hausnummer. Und den Namen des Ortes, Choroni, auf den jeder, der ihn hörte, mit einem glücklichen Lächeln reagierte.

Nach drei Stunden abenteuerlicher Autofahrt erreichten wir Choroni. Als wir die Hauptstraße entlangfuhren, die ersten bunt bemalten Häuser sahen, uns die ersten Menschen begegneten, wussten wir schon, dass wir einen besonderen, außergewöhnlichen Ort erreicht hatten. Und dann erst, als wir „unser“ Haus sahen, das nun für drei Monate unsere Heimat sein sollte: ein flacher, weißer Bau, gebaut im Kolonialstil mit Säulen. Und der Garten! So musste das Paradies ausgesehen haben! Die Bäume rund um das Haus voll mit Mangos, Papayas und Bananen. Im hinteren Teil, in denen riesige Palmen mit Kokosnüssen standen, wunderten sich ein paar Affen über die unerwarteten Besucher in ihrem Reich, blieben aber wie selbstverständlich sitzen und aßen genüsslich weiter, während ein Schwarm grellbunter Papageien erschrocken aufflog, aber es dauerte nur kurz, da saßen sie aufgefädelt auf der Dachrinne und beobachteten uns. Von links nach rechts zog ein einsamer Pelikan über den Himmel. Das war der Beginn unserer Tage in Choroni.

Schnell hatten wir Kontakt zu einigen Einheimischen geschlossen, die stolz berichteten, dass die erste richtige Straße erst vor ein paar Monaten fertig geworden war und man nun auch endlich Strom im Dorf hatte (wir schrieben das Jahr 1983!). Zuerst wunderten wir uns, warum der Besuch in unserem Haus unter den Einheimischen als besonderes Erlebnis gehandelt wurde, bis wir draufkamen, dass es nicht (nur) die sehr selten auftauchenden Fremden, insbesondere Weiße, waren, sondern dass *die* Attraktion unser großer amerikanischer Eiskasten war! Wie sich herausstellte, einer von dreien im ganzen Dorf!

Gleich nach unserer Ankunft war uns ein kleiner, sehr dunkelhäutiger Junge im Lendenschurz aufgefallen, der wie ein lauerndes Tier um unseren Garten schlich, sich duckte, versteckte, sobald wir in seine Richtung blickten. Man erzählte uns, dass er mit seinem Stamm noch sehr ursprünglich lebender Indianer im Dschungel hauste und sich, sehr zum Ärger seiner Eltern, immer wieder ins Dorf schlich, um das fremde Leben dort zu beobachten. Wir sollten ihn nicht weiter beachten, er würde von selbst kommen, wenn er genug Vertrauen gefasst hätte.

Und eines Tages war es soweit.

An dieser Stelle, so weiß ich es heute nach so vielen Jahren, sollte für mich ein neuer Weg beginnen. Ich war an eine entscheidende Wegkreuzung gekommen, natürlich ohne die geringste Ahnung davon zu haben. Mein Leben würde sich, in mehrerlei Hinsicht, in wenigen Augenblicken ändern.

21 – ich stehe im Garten, halte in meiner linken Hand ein Wasserglas, in meiner rechten einen Eiswürfel, den ich Sekunden zuvor aus dem Eiskasten geholt hatte,

22 – im Augenwinkel sehe ich etwas, kann es nicht einordnen und fahre erschrocken herum,

23 – vor mir, in einer Entfernung von vielleicht zwei Metern, steht der kleine Junge und starrt mich an. Und ich starre zurück,

24 – bis ich realisiere, dass nicht ich es bin, dem seine ganze Aufmerksamkeit gilt, sondern dass es der Eiswürfel ist, den ich, wie ich erst jetzt bemerke, in einer seltsam unnatürlichen Haltung noch immer oberhalb des Glases halte, um ihn ins Wasser zu werfen, diese Bewegung jedoch wie in einem Standbild eingefroren ist,

25 – in dieser fünften Sekunde unserer Begegnung nehme ich zum ersten Mal bewusst wahr, dass wir,

der Junge und ich, an eine für uns beide entscheidende Wegkreuzung gekommen sind. Ich nehme wahr, dass der Junge anscheinend noch nie in seinem Leben einen Eiswürfel gesehen hat, denn er starrt immer noch, so wie jemand starren muss, der gerade ein Wunder erlebt. Ich hatte bis zu diesem Augenblick noch keines erlebt (sieht man vom Augenblick des Kennenlernens mit Astrid ab, siehe *Liebesmärchen*, Seite 5ff.), aber so ein Gesichtsausdruck war mir auf Heiligenbildern begegnet, in den Augen der Jünger, wenn sie auf den jeweiligen Heiland, ob es Jesus, Mohammed oder Buddha war, starrten, der soeben irgendein Wunder vollbracht hatte. Ich nahm in diesem Augenblick wahr, es war die fünfte Sekunde angebrochen, dass ich mich *live* inmitten einer solchen Szene befand,

26 – ich öffne also nicht den Zangengriff von Daumen und Zeigefinger meiner rechten Hand, um den Eiswürfel in das Glas plumpsen zu lassen, sondern entferne das soeben erkannte Wunderding aus der Situation, für die es bestimmt gewesen war, stelle gleichzeitig das Wasserglas auf den neben mir stehenden Tisch, als würde ich auch der linken Hand ihre Freiheit gönnen wollen,

27 – was nun folgt, so unglaublich es auch klingen mag und hätte Astrid die ganze Szene nicht beobachtet und mir später sehr amüsiert Augenblick für Augenblick erzählt, was nun folgt, würde von einem praktizierenden Christen sofort als kultische Handlung, als Nachvollziehen des Spendens der heiligen Kommunion durch Überreichung der Hostie erkannt werden: Der Junge und ich fielen, uns beiden natürlich völlig unbewusst, in einen faszinie-

renden Gleichklang, auf meine Bewegung folgte automatisch seine und umgekehrt.

Denn in dem Moment, in dem ich den Eiswürfel in einer vertikalen Bewegung vor meine Brust geführt hatte, trat der Junge einen Schritt näher an mich heran, stand nun also *sehr* nahe vor mir, formte seine Hände zu einer Schale, die er empfangsbereit seinerseits vor seine Brust hielt. Vielleicht hatte er die Szene in der örtlichen kleinen Kirche anlässlich eines Gottesdienstes gesehen, ich habe nie nachgefragt, ob sein Stamm zur Bekehrung in die Hände des örtlichen Priesters gefallen war, aber es war eindeutig, was wir beide da gerade in Gang setzten: Wir waren gefangen in einem mythischen Schauspiel, fanden uns dort als Hauptdarsteller plötzlich wieder, hinausgeschubst auf die Bühne, und – das war das eigentliche Wunder – sowohl der Junge als auch ich folgten der Dramaturgie, dem Text, eins folgte so selbstverständlich dem anderen, als hätte eine höhere Macht Besitz von uns ergriffen – wo es doch nur um einen lächerlichen Eiswürfel ging ...

28 – in der achten Sekunde folgte die Erlösung: Während unser beider Blicke starr auf den Eiswürfel gerichtet blieben, führte ich meine Hand langsam nach vorne, bis knapp über die regungslosen, noch immer geöffneten Hände, dann hieß es in der Regieanweisung wohl „Blickt euch an, bevor ihr es tut“, denn wir beide – ich schwöre es: im selben Moment – wandten unsere Blicke vom Eiswürfel ab und sahen uns zum ersten Mal in die Augen ...

29 –

30 –

31 – drei Sekunden muss es gedauert haben, bis ich die Fingerpinzette öffnete und – wir sahen uns immer noch in die Augen – die Hand des Jungen den Eiswürfel empfing,

32 – zwölf Sekunden waren seit der Begegnung mit dem kleinen Indianerjungen vergangen und

33 – in der 13. Sekunde kehrten wir beide, ich spürte in diesem Augenblick eine völlige Erschöpfung – in die Wirklichkeit zurück. Es war unbeschreiblich, was sich nun abzuspielen begann: Zwei Sekunden hatte es gebraucht, bis der Junge realisierte, was da in seiner Hand ablief. Er machte einen Satz zurück, stieß dabei einen Freudenschrei aus, wie ich ihn noch nie gehört hatte, begann zu tanzen, warf dabei den Eiswürfel, der immer rascher dahinzuschmelzen begann, abwechselnd in die Höhe, hielt ihn sich an die Wange, an die Brust, überallhin, konnte das alles nicht fassen. Inzwischen war Astrid zu mir getreten, hatte mich umarmt und gemeinsam und mit Tränen in den Augen sahen wir personifizierte Freude, sahen mit einem Mal, was Glück auch bedeuten kann, nicht Ferrari, nicht Hummer an Kaviarguss, nicht Rigoletto in der Scala – ein Eiswürfel in der Hand eines Indianerjungen!

Heute weiß ich, dass die Wahrnehmung in diesen 13 Sekunden (die darauf folgenden paar Tage bis zu unserer Abreise, die Nuijami bei uns verbrachte und unseren Eiskasten in eine Kirche verwandelte, in die er täglich zum Beten ging, waren nur die Draufgabe) mein Leben nachhaltig beeinflusst hat. Nicht nur mein Leben als Schriftsteller, da meine zweiwöchige Schreibblockade von diesem Erlebnis durchbrochen worden war (ich schrieb innerhalb von knapp drei Wochen meine

Märchenbriefe), sondern ich erkannte dadurch auch, dass ich als Märchendichter keineswegs nur auf Feen, Prinzessinnen und Drachen beschränkt war. Erkannte, dass ich sozusagen umgeben war von märchenhaften Dingen, von „Wundern", die unseren Alltag durchziehen und nur darauf warten, *wahrgenommen* zu werden, also wir ihre vordergründige Wirklichkeit, ihre Wahrheit, die wir identifizieren, einteilen und anschließend bewerten, dass wir diese Wirklichkeit nur zu bereichern brauchen um eine sinnliche Erfahrung, die uns einen Gesamtblick ermöglicht, mit dem wir erkennen, dass der Wassertropfen wohl ein Wunder ist. Dass wir aber, um das Vergnügen des Schwimmens, des Sich-tragen-Lassens in den Fluten, des Eintauchens in ein anderes Element zu haben, wir den Fluss wahrnehmen müssen. Das Geheimnis liegt im Zusammenspiel. Nichts, aber auch gar nichts, steht alleine für sich, alles wirkt nur, wenn es in Zusammenhang und Zusammenklang mit anderem steht. Der Eiswürfel wurde nur durch Nuijami zu einem Wunder, der Mississippi hilft mir zu Erkenntnissen zu gelangen, wenn ich einen seiner Tropfen durch meine Hand rinnen lasse, um mir jedoch im selben Augenblick bewusst zu sein, dass ich ihn, den ganzen Fluss, brauche, um ihn „spüren", ihm nahe kommen zu können.

Nicht nur mein Schreiben änderte sich, sondern mein Leben als Ganzes. Ich war geradezu besessen von der Idee der Wahrnehmung, nämlich, dass jeder Augenblick, der mir begegnet, eine entscheidende Wegkreuzung sein *könnte*. Was völlig übertrieben und in unserem Alltag schwer durchführbar klingt, entwickelte sich im Laufe der Zeit zu einer sehr wohl praktikablen Lebensweise. Mir wurde klar, dass nicht das Erkennen des Augenblicks das Entscheidende ist –

solch für dein Leben Entscheidendes, wie das Kennenlernen des Partners, ein Treffen, das über eine Berufslaufbahn entscheidet, das „Wäre ich nur eine Sekunde früher losgefahren, wäre dies und das nicht passiert", klärt sich in den allermeisten Fällen erst dann, wenn man darauf zurückblickt –, sondern das Wissen, dass jeder Augenblick das Potential in sich trägt, wesentlich und wichtig zu sein. Daraus folgt nämlich, dass nichts und niemand, auf das oder den du triffst, in der Schublade „Unwichtig" abgelegt und somit aus dem Wahrnehmungsprozess herausgenommen werden sollte. Theoretisch.

> Sei dir bewusst, dass jeder Augenblick,
> den du erlebst, eine für dich entscheidende
> Wegkreuzung sein könnte …

Erinnerung Nr. 16
Der Schatz

„Wie“, fragte der Schüler den Meister, „kann ich erkennen, ob der Augenblick nur ein Wimpernschlag der Zeit ist oder einen Schatz in sich birgt?“

„Was meinst du mit einem ‚Schatz‘?“, entgegnete der Meister.

„Nun, etwas, das mein Leben mit Glück bereichert. Dies kann Liebe, aber auch, ich wage es dir kaum zu gestehen, Materielles, Geld, Gold, Juwelen sein.“

Der Meister dachte einen Augenblick nach und dann sagte er: „Weil du so ehrlich zu mir warst, werde ich deinen Wissensdurst belohnen und dich zu einem wahren Schatz führen!“

Und der Meister führte seinen Schüler aus der Stadt, blickte sich immer wieder um, ob ihnen wohl niemand folge. Sie gingen über Wiesen und liefen durch einen Wald. Dann blieb der Meister stehen, vergewisserte sich noch einmal, dass sie wirklich allein waren, und trat auf eine geheimnisvolle Lichtung, auf der ein augenscheinlich gerade frisch abgeernteter Acker angelegt war.

„Weil du mein liebster und gelehrigster Schüler bist, will ich dir schon heute, also vor der Zeit der großen Prüfung, ein Geheimnis verraten. Hier, unter diesem Acker, verbirgt sich ein Schatz. Ein großer, gewaltiger Schatz. Ich gebe dir die Erlaubnis, danach zu suchen und auch den größten Teil dessen, was du finden wirst, zu behalten.“ Und damit ließ der Meister seinen Schüler alleine auf der Lichtung zurück.

Überglücklich packte der Schüler eine an einem Baum lehnende Schaufel und begann mit vollstem Eifer zu graben.

Es waren ein paar Tage vergangen, als vor der Tür des Meisters der Schüler stand, von seinen Kräften verlassen, schweißnass und den Tränen nahe.

„Meister“, murmelte er, „ich habe drei Tage und drei Nächte lang gegraben, habe den ganzen verdammten Acker umgegraben, aber außer ein paar Steinen habe ich nichts gefunden. Nicht die Spur von einem Schatz!“

„Das kann ich mir nur so erklären“, antwortete der Meister nachdenklich, „dass du zu wenig tief gegraben hast. Ich muss gestehen, ich kann mich nicht mehr so genau erinnern, wie tief ich das letzte Mal vordringen musste, um den Schatz zu erreichen.“

„Und Ihr seid sicher, dass Ihr noch etwas übrig gelassen habt?“, fragte der Schüler zaghaft.

„Willst du mich beleidigen“, sagte der Meister erzürnt. „Meinst du, ich würde dich sonst graben lassen?!“

Mit einer Entschuldigung, an den Worten seines Meisters gezweifelt zu haben, machte sich der Schüler kleinlaut wieder auf den Weg, hinaus auf die Lichtung, zum Acker.

Vier Tage später, halb tot, völlig außer Atem vor Anstrengung, stand der Schüler wieder vor der Tür.

„Ich gebe auf“, stöhnte er. „Ich habe jeden Millimeter abgesucht, habe gegraben, bis ich als Ganzes unter der Erde war! Dort draußen gibt es keinen Schatz!“

„Erinnerst du dich an deine Frage?“, lächelte der Meister, als er seinen Schüler so entmutigt sah. „Du fragtest, woran man erkennen könne, ob der Augenblick ein Schatz sei. Nun, du hast dir die Antwort selbst gegeben: Es geht nicht um den Schatz, es geht um den

Augenblick! Nicht das Finden eines Schatzes birgt das erhoffte Glück in sich, sondern der Augenblick, der dich antreibt, ihn zu finden!

Und übrigens: Da du schon so nett warst, mir die harte und beschwerliche Arbeit des Umgrabens meines Ackers abgenommen zu haben, lass uns doch gemeinsam hinausgehen und Samen säen – ich verspreche dir, das herrliche Brot, das aus seinem Getreide wachsen wird, mit dir im nächsten Jahr zu teilen …"

Erinnerung Nr. 17
Die Grundregeln

Der Eiswürfel, so erkannte ich damals, war der Beginn, meine Wahrnehmung dahingehend zu trainieren – und ich sah es wirklich als ein durch Training zu erreichendes Ziel –, allem, worauf meine Sinne treffen, meine Aufmerksamkeit, meine Achtung und meinen Respekt zu schenken. Also: Wenn ich zum Beispiel den Lichtschalter betätige, das folgende „Es werde Licht!" nicht als selbstverständlich zu erachten. Wenn ich eines meiner Kinder schimpfe, weil es aus Unachtsamkeit ein Glas umgeworfen hat, lieber dankbar zu sein, dass es gesund und dazu fähig ist. Wenn ich mich über einen unangenehmen Geruch ärgere, lieber dankbar zu sein für die Gnade, diesen wunderbaren Sinn zu besitzen.

Logischerweise musste der nächste Schritt in der Sensibilitätskraftkammer darin bestehen, jeden Menschen, der mir begegnet, auf diese Art wahrzunehmen.

> Sei dir bewusst, dass es dein Ziel sein sollte – und klingt dies auch noch so theoretisch –, jeden Menschen, der dir begegnet, wahrzunehmen …

Ich saß am Ufer des Mississippi. Ich schaute ins Wasser, das, je länger ich darauf schaute, ein immer gleichförmigeres Muster bildete. Bis nach einiger Zeit mehr und mehr Details verschwanden, unmerklich, ich nahm es nicht wahr, wie sie sich davonmachten. Blickte ich auf, nur für kurze Momente, in den Himmel, an das andere Ufer, wo ein Radfahrer entlangfuhr, und dann wieder zurück, musste das Spiel wieder von vorn begonnen werden, brauchte es wieder einige Zeit, bis das gleichförmige Muster erschien. Das fing an mich zu interessieren. Es war eine neue Erfahrung. Ich wollte herausfinden, ob mein Beobachten einer Regelmäßigkeit unterliegt, ob es bestimmten Regeln folgt (he, ich befand mich inmitten eines wissenschaftlichen Experimentes!). Ich begann die Zeit zu stoppen (ich hatte ja mein iPhone dabei ...). Es brauchte immer zwischen zwei und vier Minuten, bis Details verschwanden und sich Gleichförmigkeit einstellte. Und zwar abhängig davon, wie lange ich aufgeschaut hatte. Blickte ich nur kurz auf, eine Sekunde, brauchte es weniger lang, bis das Bild des Flusses einheitlich wurde, schaute ich länger weg, eine Minute, brauchte es mehr Zeit. Die äußere Gestalt des Flusses wirkt unverändert, und doch bringt er mir jeden Augenblick eine völlig neue Szene, nie ist auch nur eines seiner „Bilder" identisch mit einem anderen. Verschmilzt mein Blick, meine Schau für eine lange Zeit mit ihm, werden seltsamerweise die Details nicht klarer, sondern verschwimmen – im wahrsten Sinn des Wortes. Es braucht dann wieder einen Blick auf ein anderes Detail, und sei er noch so kurz, um dann wieder alle Einzelheiten des Flusses aufnehmen zu können.

Als ich mein wissenschaftliches Experiment mit dieser Erkenntnis zufrieden abgeschlossen hatte, der Mississippi in völlig neuem Licht vor mir leuchtete (er leuchtete wirklich – ein schweres dunkelgraues Wolkenband stand breitbeinig am Himmel, wie ein dicklicher Museumswärter, der einem aus fadenscheinigen Gründen, aber allein schon mit seiner Körperfülle, den Blick auf ein Gemälde verwehrt, als plötzlich die Sonne unten durchbrach, wie ein Kind, das unter der Körperschranke des Wärters durchschlüpft, er will danach haschen, aber das Kind ist schneller, und ist schon bei dem Bild; die Sonne, es war schon spät, das Kind hatte also rötliche Haare, breitete sie über den Fluss, der dickliche Wärter konnte nichts dagegen tun und das Wasser leuchtete ...), da fuhren plötzlich Worte, Sätze auf LED-Schriftbalken heran. Ich las sie. Der erste Satz lautete: Wir sind Grundregeln. Aha. Die Worte fuhren dreimal hintereinander über das Band. Dann kam der zweite Satz: Schreib uns auf. Wieder dreimal hintereinander. Danach erschienen ca. 20 Sekunden lang nur Punkte, dramaturgisch richtig gut gemacht. Anschließend würden sie kommen, die Grundregeln.

Dann kamen sie. Sie fuhren zum ersten Mal an mir vorbei und ich las sie. Sie kamen noch einmal und ich las sie noch einmal. Ich dachte mir: Was du da siehst, in roter Schrift auf blaugrauem Wasserhintergrund, ist so klar, so eindeutig, dass es unnötig ist, es aufzuschreiben. Sie kamen immer wieder, wie das mit solchen Leuchtschriftbalken eben ist, die nur ein paar Sätze einprogrammiert haben. Und ich dachte weiter: Was du da liest, das ist ja so klar, so eindeutig, dem brauchst du keine weitere Bedeutung schenken. Du schreibst ja auch nicht auf: Und jetzt atmen wir mal. Als Nächstes hören wir mal. Und dazu schlägt unser Herz. Ich bemerkte, wie ich mich gegen diese Sätze geradezu zu wehren begann. Aber etwas ließ nicht locker und schließlich schrieb ich sie doch auf. Imaginär in meinem Kopf. Ich gab ihnen meine Form und meine Farbe. Eigentlich nur, um den lästigen Leuchtschriftbalken loszuwerden. Ich schrieb sie also auf, wieder und wieder, bis mir langsam, aber immer intensiver dämmerte, warum sie so ans Licht, auf mein Hirnpapier drängten: Diese Gedanken sind da, immerzu, wie unser Atmen, unser Hören, unser Herzschlag, jedoch haben wir sie – aus welchen Gründen auch immer – in diesem schwarzen Sack der Gewohnheit verborgen. Aber im Gegensatz zu den Gedanken, die sich längst ihrem Schicksal gefügt haben und einfach nur noch still daliegen, zappeln diese Sätze, geben keine Ruhe, machen sich bemerkbar. Wie aus weiter Ferne hören wir ständig ihre Rufe, sie wollen beachtet werden, wollen wahrgenommen werden. Und wir schlendern dahin, tragen lässig den schwarzen Sack in Hand- und Hosentaschen und beschäftigen uns intensiv mit unserer Umgebung: Sonderangebote im Hofer, Expressionisten in der Kunsthalle München, und die Jugend will nicht mehr lesen.

> Sei dir bewusst, dass wenn wir etwas zur Gewohnheit werden lassen – was immer es auch sein mag –, sich unsere Wahrnehmung auf das Gewohnte reduziert …

Ich saß am Ufer des Mississippi und schaute ins Wasser. Es gab ein ruhiges, gleichförmiges Muster. Hellgraue, tanzende Streifen auf dunkelgrauem Hintergrund. Plötzlich schwamm ein Holzbrett daher, auf dem ein Vogel saß. Vielleicht war es ein Rabe. Es kann aber auch eine Möwe gewesen sein. Auf jeden Fall flog der Vogel, als das Brett auf meiner Höhe war, auf. Gleichzeitig stieß er einen schrillen Schrei aus. Sollte es ein Rabe gewesen sein, war der Schrei tief. Sollte es doch eine Möwe gewesen sein, war es vermutlich ein hoher Schrei. Da der Mississippi ziemlich schnell fließt, musste ich mich entscheiden, welchem Bild ich folgen sollte, dem Vogel oder dem Brett. Es schien mir, als würden sich beide in praktisch identischer Geschwindigkeit von mir entfernen. Und da waren die Grundregeln.

Erinnerung Nr. 18
Jetzt aber wirklich: Die fünf Grundregeln

Regel Nummer 1: Sei dir über die unumstößliche Tatsache bewusst, dass alles – *alles* – ob Mensch, Tier, Pflanze oder Ding, eine einzigartige, großartige, unglaubliche Geschichte in sich trägt.

Regel Nummer 2: Diese Geschichte wird immerzu und unaufhörlich erzählt!

Regel Nummer 3: Sie wird nicht um sich selbst, um der Geschichte willen erzählt, sondern sie wird erzählt in der Hoffnung, gehört zu werden.

Regel Nummer 4: Durch die Fähigkeit der Wahrnehmung, also des Verstehens der Geschichten, die erzählt werden, wird unser Dasein erst mit Leben erfüllt.

Regel Nummer 5: LEBEN, wie auch immer wir es definieren – ich habe in Gedanken eine Liste mit Definitionen ablaufen lassen: Zufriedenheit, Liebe, Wohlstand, Gesundheit, Erfolg und noch tausend anderes, um zu entdecken, dass sich alle diese Befindlichkeiten doch tatsächlich im Wort „Glück" wieder finden –, o.k., ich bin mal überheblich, besserwisserisch und undemokratisch, dass ich dir nicht die Möglichkeit lasse, *es* für dich selbst zu definieren und womöglich zu einem völlig anderen Ergebnis zu kommen, und schreibe deshalb jetzt: *Leben* ist das Streben nach einem Zustand, den wir mit *Glück* gleichsetzen (mein Gott, das klingt wirklich verdammt kitschig, aber ich stehe dazu, ich lasse es so stehen, sollen die doch denken, was sie wollen). Das ist also das wichtigste Ziel, das wir verfolgen: glücklich zu sein. Die letzte zu erreichende Stufe auf dem Weg zu wahrem Erfolg!

Erinnerung Nr. 19

Schon wieder: Kann das wirklich so einfach sein?

Liebe Leserinnen und Leser, ich habe keine Ahnung, ob diese fünf Grundregeln für das Erreichen von Glück (wie in 3 Sekunden zu erreichen, folgt noch …) schon tausendfach in irgendwelchen gescheiten oder nichtgescheiten Büchern beschrieben stehen. Denn, ich muss zugeben, ich habe kaum philosophische Bücher gelesen, denn wenn man an den Ufern von Mississippis sitzt, hat man ganz einfach keine Zeit für solche Sachen. Es kann also sein, dass diese paar Sätze gar nicht so neu sind. Damit will ich sagen, ich bin kein Plagiator, sondern nur ein Unwissender. Ich habe, im Gegensatz zum Plagiator, nicht viel, sondern nichts gelesen. Ich habe, ich schwöre, nicht abgeschrieben, sondern habe an einem Fluss sitzend einen Vogel, von dem ich nicht einmal mehr weiß, welche Farbe er hatte, von einem dahintreibenden Brett auffliegen gesehen. So wahr mir Gott helfe, das ist die Wahrheit und nichts als die Wahrheit. Und jetzt weiter.

Ja, ich weiß, es klingt simpel, es klingt trivial und das Leben ist in Wirklichkeit ganz schön hart und beschwerlich. Vor allem, wenn man am Rand der Sahara, in einem von der Mafia kontrollierten Viertel in Guatemala City oder in einem 20-Millionen-Dollar-Loft in New York lebt. Aber Leute, ich habe nicht vom Leben, sondern von unserem Ziel im Leben gesprochen. Glück ist für das Kind in Afrika Wasser aus einem Brunnen, für die Familie in Südamerika Brot für jeden, und für die Tussi in den USA sind es Zeit, Achtung und Aufmerksamkeit ihres reichen Fondsmanagerfreundes. Alle drei Beispiele – bitte prüft es selbst nach – folgen den fünf Regeln. Das Glück, ganz allgemein und im Besonderen für unsere drei wahllos herausgenommenen Schicksale, ist in dem Augenblick erreicht, in dem jemand zuhört (meine Lektorin hat gesagt, ich soll die nun folgenden Beispiele weglassen, aber ich will nicht und so stehen jetzt diese Erklärungen sozusagen unerlaubt in der Gegend herum ...): die Regierungen der Industrieländer, die verstehen müssen, dass sie den Topf der Entwicklungshilfe noch großzügiger und noch klüger zu füllen haben; der Polizeipräsident von Guatemala City, der endlich auf sein Gewissen hören sollte, das ihm sagt, dass Schmiergelder unvereinbar sind mit seinem inbrünstigen sonntäglichen Gebet in der Kirche von San Fernando; und Jim oder Bruce oder wie immer diese Typen auch heißen, die zuhören sollten um zu verstehen, dass nicht nur Karriere, Geld und De Tomasos zählen, sondern die Gefühle von Jane, Judy oder wie immer diese Frauen auch heißen. Andernfalls wird Jim bald allein sein und es wird niemand da sein, der ihm zuhört, wenn er von einer seltsamen Leere erzählt, die ihn immer öfter heimsucht ...

> Sei dir bewusst, dass jedes Glück, das du suchst, den fünf Regeln folgt …
>
> (So wie das klingt, mag ich es eigentlich gar nicht, aber ich bin ziemlich überzeugt davon, dass es stimmt!)

Erinnerung Nr. 20
Wahrnehmungen wollen (mit)geteilt werden

Wir assoziieren Leben mit Glück und Glück – in letzter Konsequenz – mit dem Akt des Wahrnehmens und Wahrgenommenwerdens. Dabei bleibt es aber nicht. Das wäre zu wenig, das würde den Kreislauf unterbrechen. Es muss daraus wiederum eine neue Sehnsucht, ein neues Bedürfnis wachsen, nämlich das Erlebte, die Erfahrung mitzuteilen. Mitteilen, miteinander Reden bedeutet: teilen. Ich will das Erlebte, das Erfahrene mit jemandem teilen. Und das Werkzeug, das wir hierfür anwenden, ist das ursprünglichste, einfachste und effektivste, die Steinaxt der Kommunikation: das Erzählen einer Geschichte.

Gleich nach dem „Es werde Licht" und dem berühmten Fingerschnipsen, gleich nachdem die Meere da waren, begannen Flüsse dem Meer zuzustreben – um den Kreislauf zu bilden, aus dem sich alles Leben schöpft. Das ist nicht zu fassen für ein kleines Menschenhirn, wenn es am Ufer des Mississippi sitzt: dass vor tausend Jahren schon jemand dagesessen ist und in 876 Jahren auch noch jemand da sitzen wird. Vielleicht wird das Ufer ein bisschen anders aussehen, ziemlich sicher wird der Radweg auf der anderen Seite verschwunden sein. Aber der Fluss wird fließen und wenn jemand seine Hand eintaucht und wieder herauszieht, werden Tropfen darauf sitzen. Und dieser Jemand wird es sehen und wird sich an irgendetwas erinnern. An irgendeine Geschichte, die ihm ein anderer erzählt hat, oder die er erzählen will.

Erinnerung Nr. 21
Die Reise nach Bosnien

Diese Geschichte hat etwas mit Verwirklichung von Träumen zu tun, aber auch mit dem Glück, das einem widerfährt, wenn man Wegkreuzungen, sonst meist nur in der Rückblende erkennbar, ganz direkt und bewusst als solche wahrnimmt.

Mein Vater war kein Träumer. Gar nicht. Er schien, ganz im Gegenteil, der Ratio verschrieben. Er liebte es, mathematische Probleme zu lösen, und wenn ihm langweilig war, studierte er Arabisch – in Wort und Schrift. Meinen großen Brüdern drückte er zur Begrüßung die Hand – ich befreite ihn davon, indem ich ihn immer umarmte – ob er wollte oder nicht. Emotionen zu zeigen, fiel ihm sichtlich schwer. Sein Nicht-erzählen-Können erzählte eine große, traurige Geschichte, die jeder in seiner Umgebung hörte, nur er war sich dessen nicht bewusst. Aber es gab eine Sache, die mein Vater nicht unter Kontrolle hatte, bei der ihm seine Contenance entglitt – ein Moment, den ich liebte, weil er ihn so zeigte, wie er wahrscheinlich wirklich war, vielleicht auch nur, wie ich ihn gern gehabt hätte. Es waren die Momente, wenn er begann, von Omar Dupanović aus Bihać-Ripač zu erzählen. Und mit zunehmendem Alter tat er das immer öfter. Er nannte ihn niemals nur beim Namen, entweder Omar, oder „der Dupanović", es war immer auch der Ort seiner Herkunft angefügt, als wolle er ihn damit festmachen, eindeutig definieren, als gäbe es noch Dutzende andere Omars, dieser aber, aus jenem bosnischen Bihać-Ripač, war seiner. Für die Kindheit unseres Vaters schienen seine Eltern, unsere Großeltern, keine Bedeutung zu haben, seine Kindheit schien ausschließlich geprägt von diesem sagenumwobenen Omar Dupanović aus Bihać-Ripač.

Mein Vater, 1905 geboren, war fünf Jahre alt, als ein 15-Jähriger aus Bosnien-Herzegowina als „Bursche", wie man das damals nannte, in die Dienste meines Großvaters, eines Offiziers, und damit auch in das Leben meines Vaters trat. Dieser Junge musste alles das für ihn repräsentiert, musste ihm alles das gegeben haben, was er von seinem Vater nicht hatte bekommen können. Aus all seinen Erzählungen, und das war wirklich das Einzige, wovon er mit bebender Stimme, mit leuchtenden Augen sprach, war herauszuhören, dass er diesen einfachen Burschen aus einem kleinen unbedeutenden Nest aus dem tiefen Balkan, der mehr schlecht als recht lesen und schreiben konnte, bewunderte, ihm nacheiferte, ihn liebte, dass er und nicht der stolze Offiziersvater das große Vorbild in seiner Kindheit war.

Mit Ende des Ersten Weltkrieges, mein Vater war 13 Jahre alt, als sich die österreichisch-ungarische Armee aufgelöst hatte, es keine Verwendung für „Burschen" mehr gab, endete auch diese Freundschaft abrupt: Omar ging zurück nach Bosnien. Ein paar Jahre noch schickte er Lebenszeichen, Karten, Briefe, eine Antwort auf die Nachricht, die den Tod des Großvaters anzeigt hatte.

Jede Geschichte, die mein Vater aus dieser Zeit erzählte, endete – immer, wirklich immer – mit dem Satz: „Eines Tages werde ich schauen, ob es diesen Omar Dupanović aus Bihać-Ripač noch gibt!"

Und wir dachten uns, „ob es diesen Omar Dupanović aus Bihać-Ripač *überhaupt* gibt!" Es gab weder Fotos noch irgendwelche stichhaltigen Beweise für seine Existenz. Er wurde für uns immer mehr zu einem Mythos, einer Märchenfigur, dem immer größere Taten angedacht, Wundersames in den Mund gelegt wurde. Der für Ermahnungen herhalten musste, für Vergleiche und unerfüllbare Vorgaben.

Wir selbst begannen „Omar Dupanović aus Bihać-Ripač" als Running Gag zu verwenden, als Synonym für etwas Irreales, nicht zu Erreichendes, wir sagten: „Hast du Omar Dupanović aus Bihać-Ripač gesehen?!", wenn es etwas zu suchen galt, von dem wir sowieso wussten, dass es nicht zu finden war.

Dann kam der 5. Juli 1964. Es schien ein normaler Sommertag für einen Zehnjährigen zu werden. Meine Schwester und ihr Verlobter sind zu Besuch. Nach dem Frühstück kommt mein Vater in die Küche, wo wir mit meiner Mutter sitzen, und seine Körpersprache, das erwähnte ich schon, war für uns ein offenes Buch. Er kommt also herein und sagt nonverbal: „Ich bin wahnsinnig stolz auf mich. Ich kann es selbst kaum fassen, dass ich das geschafft habe. Denn ich weiß, dass ihr mir das nicht zutraut. Leute, hört mal alle her: Ich habe eine Überraschung für euch!!!" Das zeigt er mit allem, was seine imposanten 1 Meter 94 hergeben. Parallel dazu kommt aus seinem Mund, beiläufig gezischt, so wie jemand weniger aus Sicherheit, eher aus Verlegenheit versucht, einen Papierknäuel in einen Abfalleimer zu werfen, ein Satzfetzen, der nicht im Geringsten zum Körper passen will, er sagt: „Wir fahren zu Omar Dupanović nach Bihać-Ripač!" Wir verstummen. Wir erstarren. Es ist das „nach". Dieses „nach" hat eine Bestimmtheit, die keinen Zweifel offen lässt, dass er es ernst meint. Es muss ihn also wirklich geben. Denn das „aus" hatte alles und nichts bedeutet, aber das „nach" ist eine gelöste Fahrkarte, wir hören es und sind praktisch schon in dieser Märchenstadt am Balkan angekommen, deren Name sich wie ein Gedicht anhört und in deren Mitte der Großwesir Omar von Dupanović thront. Während wir noch stumm und starr dasitzen, fährt mein Vater nonverbal fort. Er sagt: „Ja, ich weiß, eine Nebensächlichkeit, eine Kleinigkeit. Mal kurz 400 Kilometer durch den Karst. Wir schaffen das locker in zwei Tagen. Kommt jetzt. Habt euch nicht so. Hab ich doch immer gesagt. Klar. Locker. Super." Die letzten Worte enden in einem eleganten Umdrehen des ungefähr zu 2 Meter 05 gewachsenen Körpers. Parallel dazu kommt aus seinem Mund, beiläufig gezischt, so wie jemand aus 67 Metern Entfernung einen Basketball mit Harlem-Globetrotter-Sicherheit in einem Papierkorb versenkt, ein steifgebügeltes Satzhemd, das perfekt zu seinem Körper passt: „Es ist alles vorbereitet, wir könnten, wenn es euch passt, nach dem Essen fahren." *Zack.*

Wir fuhren nach dem Essen. Der Satz hatte den Schlüssel auf unserem Rücken bis zum Anschlag aufgezogen. Meine Mutter, meine Schwester, ihr Verlobter und ich, wir ratterten durchs Haus mit zackigen Bewegungen, Omar Dupanović aus Bihać-Ripač war der Dirigent, Unterhose in den Koffer, Wasserflasche in den Korb, Fotos der Großeltern in die Tasche, noch schnell aufs Klo gehen, den Vögeln für fünf Tage Wasser und Körner geben. Jetzt das Gepäck hinaus, alle in das Auto. Und dann der erste der vielen kommenden Augenblicke, den ich nie vergessen werde: Der Vater sitzt schon im Auto. Wir immer noch fast stumm, immer noch fast starr. Es ist gespenstisch ruhig, weil für einen Moment keiner weiß, was er sagen soll. Was er sagen darf. Wir blicken uns schweigend an. Einer den anderen, alle den Vater, der hinter dem Lenkrad sitzt. Plötzlich – ich habe es immer so beschrieben, wenn ich es erzählte – wird dieser große, massige Körper meines Vaters ganz weich, er stößt einen sehr leisen Schrei aus – es muss so etwas wie „Juhu“ gewesen sein, wir haben später versucht, uns daran zu erinnern, konnten es aber nicht, weil das, was wir gehört hatten, einfach nicht in Einklang mit dem sonstigen Wesen meines Vaters zu bringen gewesen war –, schlägt mit beiden Händen auf das Lenkrad, lacht laut auf und ruft: „Jetzt kommen wir, Omar Dupanović aus Bihać-Ripač. Jetzt kommen wir!“

Die Autofahrt nach Bosnien hat keine Erinnerungen hinterlassen. Wohl, weil alles andere, was folgte, sich so stark und intensiv ausgebreitet hatte. Als wir Bihać erreichen, lächeln wir zufrieden. Als das erste Hinweisschild „Bihać-Ripač 5 km“ auftaucht, bebt kollektiver Jubel im VW-Bus, dem sich auch mein Vater nicht entziehen kann. Den Ort gibt es also wirklich! Es war weder eine Erfindung meines Vaters noch die Fantasie eines Kartographen gewesen. Beim Ortsschild, auf dem das Zauberwort groß und prächtig strahlt, bleiben wir stehen und machen das erste Foto. Wenn ich es heute in die Hand nehme, sehe ich darauf fünf glückliche Menschen, die ein Ziel, ein lang gesuchtes Ziel erreicht hatten. Gerade gelandet in Pippi Langstrumpfs Taka-Tuka-Land, Robinsons Insel wahrhaftig betreten, und würde man mit Photoshop das schwarzweiße Ortsschild eisweiß einfärben, unsere Sommerkleidung gegen dicke Daunenjacken tauschen und nur unsere Gesichter original belassen – man würde uns abkaufen, dass wir gerade den Mount Everest oder den Südpol erreicht hatten.

Schon ein paar Meter nach dem Ortsschild fühlen wir uns wie in Omars Wonderland. Wir fahren im

Schritttempo die ausgestorbene Hauptstraße entlang (es schien, als hätte der Ort nur diese eine Straße), unsere Blicke wandern wie bei einem langweiligen Tennisspiel von links nach rechts und wieder zurück und halten Ausschau nach der Märchenfigur, im Disneyland will man ja auch an jeder Ecke Mickey und Daisy und Donald entdecken. Dann ein Aufschrei: der erste Mensch. Der erste Einwohner *live*! Der Mann mittleren Alters kommt uns auf der gegenüberliegenden Straßenseite entgegengeschlendert und steuert, als er sieht, dass mein Vater den Wagen anhält, mit unveränderter Schlendergeschwindigkeit auf uns zu.

Was dann geschah, war nach der Verkündigung und dem Aufbruch in die gelobte Stadt das zweite Wunder.

Während der Mann die Straßenseite wechselt und auf uns zukommt, kurbelt mein Vater das Fenster der Fahrertür herunter. Der Mann bleibt stehen und mein Vater sagt auf Serbokroatisch (das er noch immer sprach, erhalten aus der Zeit mit Omar durch kleine Übungen zwischen seinen Arabischlektionen): „Ich suche Omar Dupanović aus Bihać-Ripač. Sagt Ihnen der Name vielleicht zufällig etwas?"

Jetzt muss ich auf Zeitlupe schalten, damit die nun folgenden Ereignisse, die sich mir Sekunde für Sekunde in mein Gedächtnis eingebrannt haben, Bild für Bild dargestellt werden können: Der Einheimische hört diesen Satz und man sieht, und das alles unwirklich langsam, wie jedes Wort in ihn eindringt, sorgfältig bearbeitet und verarbeitet wird. Das verleiht ihm einen leicht weggetretenen Gesichtsausdruck. Schlagartig wirkt er seltsam entrückt, als hätte ihm jemand Unsichtbarer einen Schuss gesetzt, der augenblicklich seine Wirkung tut und ihn weit weg befördert, auf jeden Fall weg von dieser Hauptstraße in diesem Ort in diesem Land auf diesem Planeten.

Plötzlich, aus heiterem Himmel, ist er zurück, wie vom Blitz getroffen, als hätte ihm der unsichtbare Jemand gerade das Gegenmittel dazu direkt ins Hirn gejagt (würde ich Carl Barks bitten, Daniel Düsentrieb eine Sprechblase zu zeichnen, nachdem er gerade eine bahnbrechende Erfindung gemacht hatte, mit blinkenden Glühbirnen und uuups und opssss, so würde er sich diese Szene zur Vorlage nehmen ...), und im Gesicht des Fremden passiert eine Lachen-Freude-Glücks-Explosion. Sein Kopf samt halbem Oberkörper schnellt durch das geöffnete Fenster und umarmt, küsst, streichelt meinen völlig verdatterten, wehrlosen Vater, der aus Zeit- bzw. Reaktionsmangel alles über sich ergehen lässt. Dann lässt er kurz von meinem völlig versteiften Vater ab, um zu brüllen: „Ich bin sein Sohn!" Mein Vater echot wie ferngesteuert die Übersetzung: „Er ist sein Sohn." Wir, die fassungslosen Zuschauer, wollen gerade „Das gibt's doch nicht!" rufen, als Omars Sohn zum nächsten Schlag ausholt: Diesmal reißt er die Fahrertür auf, zerrt meinen Vater, was durch die Versteifung gar nicht so einfach ist, aus dem Wagen, beginnt wieder ihn zu umarmen, zu küssen, zu streicheln, wimmert dazu „Feri, Feri, Feri", und Tränen rinnen haltlos an seinen Wangen herunter. Er nennt meinen Vater beim Namen. Jetzt endlich können wir „Das gibt's doch nicht!" rufen. Kurz fragen wir uns: „Wieso kennt der Fremde, der zufällig eine Straße im Niemandsland namens Bihać-Ripač entlangschlendert, den Namen unseres Vaters?", dann kommen schon die Bilder, die uns allesamt die Tränen haltlos (es sollte nicht das letzte Mal an diesem denkwürdigen Tag bleiben) herunterrinnen lassen. So wie mein Vater diesen

Omar Dupanović aus Bihać-Ripač durch das beständige Erzählen am Leben erhalten hatte, genauso war es auch in einem Haus in Bihać-Ripač mit dem „Feri aus Graz“ geschehen. Mein Vater, diese steifen, scheinbar emotionslosen 1 Meter 94, war für die Dupanoviće genauso zur Märchenfigur hochstilisiert worden wie Omar für uns. Märchenfiguren mit dem Gesicht eines 13-Jährigen und eines 23-Jährigen. So hatten sie sich in Erinnerung behalten, nachdem sie 1918, vor 46 Jahren, auseinandergehen hatten müssen.

Mirko stieg zu uns in den Wagen, natürlich nicht, ohne uns alle herzhaftest an seine Brust gedrückt zu haben, und mein Schwager fuhr los – mein Vater schien nicht mehr fähig dazu. Wir alle im Bus waren fertig, restlos aufgelöst. Und wussten, ahnten, dass das Unglaublichste, das Emotionserdbeben der Stärke 10 auf der Richterskala, der Tränentsunami uns noch bevorstand. Mirko dirigierte uns durch den Ort, viele Male links, viele Male rechts, wir sahen nichts, der Tränen wegen, ausgelöst durch das fortwährende, wie beschwörende „Feri, Feri, Feri“-Gewimmer, als würde er durch Anrufen des Namens das Märchen abschütteln wollen, das 3 Sekunden (so lange hatte die erste Frage meines Vaters gedauert) gebraucht hatte, um Wirklichkeit zu werden. Der Moment, auf den zwei Männer – und ich sage jetzt bewusst: Männer, so richtige – 46 Jahre lang hingeträumt hatten, rückte immer näher.

Mirko verstummte. Mirko flüsterte, „wir sind da“, und Mirko schlug sich die Hände vors Gesicht, als wolle er sich nicht ausmalen, was nun gleich folgen würde.

Ich will es kurz und schmerzlos machen. Denn dieses Bild ist seitdem hunderte Male vor meinem inneren Auge aufgetaucht und hat jedes Mal sofort meine Tränen freigesetzt: vor Glück, als 10-Jähriger einen solchen Augenblick miterlebt haben zu dürfen, der mir schon damals, als er geschah, in seiner ganzen Tragweite bewusst gewesen war.

Wir rollen mit dem Bus auf den Hof eines Bauernhauses und steigen aus. Drei Kinder unterbrechen ihr Spiel und laufen neugierig auf uns zu. Aus dem Stall kommen eine junge Frau und ein junger Mann, bleiben stehen und schauen überrascht. Durch das Haustor tritt eine alte Frau und kommt auf uns zu, als sie sieht, dass Mirko unter uns ist. Er sagt etwas, während er immer noch fortwährend den Kopf schüttelt. Daraufhin schaut sie zu meinem Vater, reißt die Hände vor den Mund, als wolle sie den drohenden Schrei unterdrücken, dreht sich um und beginnt hysterisch „Omar" zu rufen. Dann kommt er. Der alte Mann mit weißem Haar und dem typischen Schnurrbart der Bosnier geht zu seiner Frau und fragt sie etwas – wohl, was denn los sei. Er hat uns noch nicht bewusst wahrgenommen, nur kurz zum fremden Auto herübergeschaut. Dann hört er es. Es dauert ein paar Sekunden, bis er versteht. Er sieht zu uns. Er sieht meinen Vater. Jetzt erst schaue ich zu meinem Vater, den ich zum ersten Mal weinen sehe. Meine Mutter wird mir später erzählen, auch sie habe ihn zum ersten Mal weinen gesehen. Nicht bei der Geburt des ersten Kindes, nicht bei meiner Geburt, des fünften Kindes. Nicht beim Begräbnis seines Vaters und der Mutter. Aber wenn ein Traum sich verwirklicht, werden selbst „richtige Männer" in ihre Kindheit zurückgeführt, wo sie das tun dürfen, was sie tun wollen. Als hätte jemand einen unhörbaren Befehl gegeben, gehen die beiden Männer, der eine von links, der andere von rechts, los. Alles andere am Bauernhof hält inne. Nichts bewegt sich, selbst die Hühner und das

Schwein verharren. Um den beiden Männern zuzusehen, die – hast du den Film „High Noon“ gesehen??? – aufeinander zugehen. Sie rennen nicht, wie es ihnen nach 46 Jahren zustehen würde, sie gehen sogar ziemlich langsam, jeder Schritt ein Jahr und sie wollen jedes ehren, das sie hatten verbringen müssen, ohne einander zu sehen, ohne voneinander etwas zu wissen. Endlich stehen sie sich gegenüber. Sie sehen sich an, wohl um die Gesichtszüge des 13-Jährigen und des 23-Jährigen mit denen zu vergleichen, die ihnen jetzt entgegenlachen. Dann reißt mein Vater den 69-Jährigen, der ihm bis zur Brust reicht, einfach an sich, er hebt Omar hoch, um sein Gesicht auf gleiche Höhe zu bekommen, und dann halten sie einander minutenlang ganz eng Wange an Wange, während Omar Feri über den schütteren Kopf streicht, so wie er es wahrscheinlich bei dem 5-Jährigen gemacht hatte, wenn er ihn zu Bett gebracht und ihm eine Geschichte vorgelesen hatte. Wenn es draußen blitzte und donnerte und nur Omar da war, um den kleinen Feri zu beruhigen. Wir anderen, die Statisten in diesem Melodrama, dürfen uns endlich bewegen. Und wie sich der gesamte Hof daraufhin bewegt! Nun stürmt die ganze Familie, Omars sechs Söhne mit ihren Frauen und unzähligen Kindern, herbei, mittendrin das Schwein, an dem sich keiner stört, Hühner, Enten, Gänse, ein Geschnatter und Schultergeklopfe, ich werde als Jüngster von allen geküsst, hochgehoben (ich war zehn!!!) und Omar meint, in tadellosem Deutsch, ich sehe exakt aus wie mein Vater, als er zehn war.

Das alles hat sich binnen weniger Minuten mitten auf dem Hof abgespielt. Plötzlich unterbricht Omar mit einer kurzen Handbewegung alles Getümmel, nimmt meinen Vater und – klar – mich (nicht meine Mutter, nicht seine Frau oder einen seiner Söhne) bei der Hand, sagt, „ich muss euch etwas zeigen“, und führt uns ins Haus. Wir stehen in der Stube. Eine große, gemütliche Stube. Omar zeigt in eine Ecke, die, wären wir nicht in einem muslimischen Haus, wohl der Herrgottswinkel genannt werden würde. Vater und ich verstehen nicht, was er meint. Er schubst uns beide näher heran, auch die anderen folgen uns, meine Familie neugierig, die Dupanoviće stolz lächelnd, und dann sehen wir, was er uns zeigen will: Auf einem Eckregal, umrankt von frischen Blumen wie bei einem Heiligenbild, steht ein Rahmen mit einem vergilbten Foto. Wir erkennen nichts, ahnen nur, was auf dem Bild zu sehen ist. Omar nimmt es vom Regal und hält es ins Licht: Das Foto zeigt zwei strahlende Jungen: meinen Vater, etwas älter als ich jetzt bin, und Omar. Im Hintergrund die Villa meiner Großeltern, links im Bild ein Pferd. Rechts unten steht, in Bubenschrift, kaum noch leserlich: Feri.

Die Tage in Bihać-Ripač, die wir im Haus von Omar verbrachten, gehörten zu den schönsten meiner Kindheitserinnerungen. Wie oft haben wir uns die Fotos von damals angesehen, Gruppenfotos in allen nur erdenklichen Konstellationen, nur das Zentrum der Bilder war immer dasselbe: mein Vater und Omar. Immer einander umarmend. Immer strahlend. Mein Vater war seit den Tagen in Bosnien wie ausgewechselt. Ein anderer Mensch. Es war uns allen unerklärlich, vor allem meiner Mutter. Und ich war derjenige, der am meisten davon profitierte. Ich hatte, nach diesen Tagen in Bihać-Ripač, einen Vater, so einen richtigen, so einen, wie wahrscheinlich Omar für den kleinen Feri einer gewesen war.

Unsere Familien hielten noch einige Jahre Kontakt, mein Vater besuchte Omar zwei-, dreimal allein und einmal kam sogar Omar zu uns auf Besuch. Dann brach der Kontakt ab und es blieb wieder nur der berühmte Satz, der jetzt natürlich mit schwerwiegenden Bildern verbunden war.

Weil dieses Erlebnis für mich derart prägend war, wuchsen auch meine Kinder mit Omar Dupanović aus Bihać-Ripač auf. Auch bei uns wurde dieser Satz ein geflügelter, genauso wie in meiner Kindheit. Und ich habe meinen Kinder die Geschichte unserer Reise Dutzende Male erzählen, habe ihnen immer wieder die Fotos zeigen müssen. Natürlich war für sie dieser Omar nicht die real gewordene Märchenfigur, wie sie es für mich und meine Geschwister gewesen war. Vielmehr war er wie eine Figur aus dem Lieblingsbilderbuch aus Vaters Kindheit. Und ich hatte etwas von dem Vertrauten, von dem Glück, das ich damit verband, auf sie übertragen.

Im Sommer 2003 waren wir ein paar Wochen mit unserem Jüngsten, Floris, allein zu Hause. Die Mädchen waren alle irgendwo verstreut. Eines Tages stand er plötzlich mit einem meiner alten Fotoalben vor mir und hatte die Seiten mit den Bildern unserer Bosnienreise aufgeschlagen. Er zeigte auf den Jungen mit den kurzen Haaren und sagte: „Das bist doch du? Und das ...“, und er fuhr mit seinem Finger weiter, „... ist mein Großvater (der lange vor seiner Geburt gestorben war) – und der ist Omar Dupanović aus Bihać-Ripač, richtig?!“ Ich musste lachen, diesen Satz aus dem Mund meines Sohnes zu hören.

„Wie alt warst du da auf dem Bild?“

„Ich war …", ich musste kurz überlegen, hatte das Album, die Fotos schon länger nicht mehr in der Hand gehabt. „Das war 1964, also war ich zehn Jahre alt. Genauso alt wie du jetzt bist!"

„Ihr seid im Sommer dorthin gefahren, gell? (Es war die Zeit, als jeder Satz mit diesem ‚gell' endete …) Und warum?"

„Nun, weil mein Vater, dein Großvater, Omar 46 Jahre nicht gesehen hatte. Und er eines Tages plötzlich die Idee hatte …"

Während ich mich diesen Satz fertig sprechen hörte, überkam mich Gänsehaut, weil ich mit einem Mal kapierte – endlich –, worauf Floris hinauswollte.

„Lebt Omar Dupanović noch?"

Vor mir stiegen die Bilder dieser Tage hoch, so klar, so deutlich, als wären sie gerade eben geschehen. Jedes Detail, das mein Leben so beeinflusst hatte, die Begegnung, aber auch das Spielen am Teich mit den gleichaltrigen Kindern der Familie und deren Freunden, wie wir lachten und uns verstanden, und das ganz ohne eine gemeinsame Sprache.

„Papa, lebt Omar Dupanović noch?"

„Nein, sicher nicht, er wäre heute …" – ich rechnete kurz nach – „109 Jahre alt! Nein, er lebt sicher nicht mehr!"

„Aber seine Kinder. Und die Kinder, mit denen du da auf dem Foto spielst, die leben doch noch?"

Ich war elektrisiert. Ich nahm das Album und schaute auf die Fotos. Und sagte:

„O.k. – wir fahren zu Omar Dupanović nach Bihać-Ripač!"

Ich weiß bis heute nicht, wie Floris, mein 10-jähriger Floris, damals auf die Idee gekommen war, eine Reise in das alte Lieblingsbilderbuch seines Vaters unternehmen zu wollen, aber er hatte alles richtig gemacht, um sich und mich an eine Wegkreuzung zu führen.

„Wann fahren wir?“, fragte er triumphierend.

Und ich schaffte es doch tatsächlich, ihn zu verblüffen, indem ich sagte:

„Naja, ich würde sagen, so nach dem Mittagessen!“

Wir fuhren nach dem Essen.

Es war eine andere Fahrt als vor 39 Jahren. Es war sozusagen ein Hüpfer: Wir fuhren gerade mal vier Stunden und waren in einer anderen Welt. Vier Stunden von der farbenfrohen Welt des gemütlich dahinplätschernden Österreichs in die graue Welt einer beklemmenden *post-war*-Atmosphäre: fast kein Haus, an dem nicht immer noch Folgen des Krieges zu sehen waren. Zerbombte Ruinen, Einschusslöcher, weiße Kreuze auf schmalen Wiesenstreifen mitten in Ortsgebieten. Wir sahen und spürten Floris' Entsetzen, mit uns durch eine Szenerie zu fahren, die er nur aus dem Fernsehen kannte. Wir versuchten, dem Bedrückenden ein bisschen von seiner Schwere zu nehmen, indem wir von dem Wenigen, das wir wussten, erzählten. Undenkbar, was sich hier, knapp 400 Kilometer von unserem farbenfrohen Leben entfernt, vor gerade mal zehn Jahren abgespielt hatte, während wir überlegten, welche Höschen wir unserem Neugeborenen kaufen sollten, die aus Baumwolle oder doch besser die aus Alpaka –. Je näher ich dem für mich, neben meiner Heimat, wohl prägendsten Ort meiner Kindheit und ihrer Träume kam (meine Erinnerungen waren tatsächlich eingeteilt in eine Zeit a.B.R. und eine Zeit p.B.R, ante Bihać-Ripač und post Bihać-Ripač ...), desto unwohler fühlte ich mich bei dem Gedanken, dass ich, schon erwachsen, schon „erfolgreich“, das Schicksal, das unfassbare

Leiden der Menschen während des Krieges vor meiner Haustür, ich wagte es kaum zu denken, geschweige denn auszusprechen, ignoriert hatte. Schlimmer noch, denn ein Ignorieren hätte ja ein Wissen darüber vorausgesetzt, aber ich hatte nicht einmal wahrgenommen, dass Bihać-Ripač einer der wichtigen Kriegsschauplätze gewesen war, dass die Kinder, mit denen ich auf den Fotos lachend, einander umarmend zusammenstand, in dem Augenblick, als ich meinen Floris die Flasche gab und über sein Alpaka-Anzügelchen streichelte und vielleicht gerade an einem Glas Arachon nippte, dass im selben Augenblick die ehemals fröhlichen, unbeschwerten Bubengesichter gefoltert, getötet und in Massengräbern versenkt wurden.

Als das erste Hinweisschild nach Bihać-Ripač auftauchte, gab es keine Jubelschreie. Als wir das Ortsschild passierten, stiegen wir nicht aus und fotografierten uns. Das Foto hätte drei stumme und starre Menschen gezeigt. In unseren Gesichtern wäre geschrieben gestanden: „Warum in aller Welt sind wir hierhergefahren? Freiwillig!" Wir wollten dieses Foto nicht, denn es hätte nicht die Wirklichkeit abgelichtet. Denn die Wirklichkeit lautete: Es war für uns alle drei gut und wichtig, dass wir jetzt gemeinsam am Ortseingang von Omar Dupanovićs Heimat in Bihać-Ripač standen und schweigend auf die Ortstafel schauten. Dabei hielten wir uns an den Händen und da war ein tiefes Glücksgefühl unausgesprochener Verbundenheit, hervorgerufen durch unterschiedliche Erinnerungen. Für mich waren es die Erinnerungen an fünf Tage, die so lange, so intensiv nachwirkten, dass sie nach 39 Jahren die exakt gleichen Gefühle hervorzurufen imstande waren. Für Astrid waren es meine Geschichten, die ich immer wieder hervorgeholt und aus denen sie viel über mich erfahren hatte. Und für Floris war es eine erste Ahnung des in uns verborgenen, intuitiven Wissens, dass Märchen, deren gute und deren grausame Seiten, stets Bestandteil der Wirklichkeit sind – und dass wir uns danach sehnen, sie zu erfahren, und nicht, vor ihnen zu flüchten.

Es war eine skurril anmutende Situation: Wir waren vier Stunden durchgefahren, um jetzt vor dem Ortsschild unseres mit Erwartungen gespickten Zieles zu stehen, uns nachdenklich an den Händen zu halten und – wir dachten es alle drei, keiner sprach es aber aus – um eigentlich sofort wieder umkehren zu wollen. Wir wollten mit unserer silbernen Kutsche nicht in den dunkelsten aller Wälder fahren, wir wollten, dass Wünsche in Erfüllung gehen. Dieses Märchen wollten wir nicht hören. Flucht.

Plötzlich klopft es an der Scheibe. Wir werden abrupt aus unserem Märchen gerissen, haben die Frau nicht einmal auf uns zukommen gesehen, vielleicht hatte sie sich ja auch von hinten angeschlichen.

Ich drücke den Knopf, die Scheibe senkt sich lautlos. Sie stellt freundlich eine Frage, auf die ich nur mit „Sorry, english oder deutsch" antworten kann. Die Frau, sie muss so um die 60 Jahre alt sein, hat ein besonders nettes, offenes Gesicht. Jetzt lacht sie und sagt: „Deutsch, bisschen, von Papa lernen!" Und dann fragt sie uns, ob sie uns helfen könne. Ob wir etwas suchen.

Ich weiß zunächst nicht, was ich antworten soll. Soll ich sagen, danke nein, wir sind nur mal eben 400 Kilometer gefahren, um vor einem Ortsschild in Bosnien ein paar Erkenntnisse zu haben? Soll ich ihr von meinem Erlebnis vor 39 Jahren erzählen und dass ich nichts, aber auch gar nichts von dem hier wiedererkenne? Dass ich, und mit mir meine Familie, am liebsten wieder zurück in unser Märchen will?

Irgendwie will ich diese freundliche Frau nicht enttäuschen, also gebe ich ihr doch eine Antwort – in diesem dummen zerhackten Deutsch, das wir anwenden, wenn wir meinen, ein Fremder würde uns so leichter verstehen können: „Ich hier, Bihać-Ripač, 39 Jahre zurück. Omar Dupanović. Du haben gehört Name, Omar Dupanović? Wissen?“

Ich weiß, es klingt völlig verrückt. Ich weiß, wer dies liest, wird sagen: Der Typ ist ja Märchenerzähler. Das ist eine nett erfundene Geschichte.

Hier ist sie, die nett erfundene Geschichte, die so wahr ist, wie du jetzt dieses Buch in deinen Händen hältst:

Das Gesicht der Frau wird schlagartig weiß wie Papier. Wir sehen es, haben aber keine Zeit, diese Reaktion einzuordnen, denn im nächsten Augenblick öffnet sie den Mund, um einen einzelnen spitzen, nicht allzu lauten Schrei auszustoßen und im nächsten Moment den Schrei mit ihrer linken Hand zu ersticken, während die rechte durch das Fenster ins Auto fährt und auf Floris zeigt.

Kennst du Situationen, die dich ansatzlos umhüllen, als würde jemand unerwartet eine Decke über dich werfen – für einen Augenblick bist du starr, dann versuchst du dich zu befreien, willst wieder atmen, dem Angreifer in die Augen sehen. Als wir später, auf der Rückfahrt, diesen Augenblick, diesen einfach so unglaublichen Augenblick analysierten, das heißt, einfach darüber sprachen, wie ein jeder von uns diesen Moment erlebt hatte (und wir darüber Tränen lachen mussten), entdeckten wir, dass es ein sehr ähnliches Empfinden gewesen war: Wir fühlten uns wahrhaftig wie in einem Märchen, auch wenn keiner von uns es ausgesprochen hatte. Die nette Frau, aus dem Nichts aufgetaucht, verwandelte sich in eine Hexe, die es auf ein unschuldiges Kind abgesehen hatte, auf unseren Floris. Das war doch tatsächlich unser aller Bild, als sie, wie es den Anschein machte, durch das Fenster nach ihm griff.

Aber es war anders. Sie griff nicht nach ihm, sie zeigte mit zitternder Hand auf ihn und dazu murmelte sie, kaum hörbar: „Feri, Murki!“ Sie murmelte den Namen meines Vaters und ... sie murmelte meinen Spitznamen: „Murki“, so nennt mich nur meine Familie. Nicht einmal Astrid, meine eigene Frau, hat mich auch nur einmal so genannt.

Wie oft haben wir in den Jahren danach gedacht, wie ist es möglich, dass sich Geschichten eins zu eins wiederholen? Warum standen wir genau zu dieser Stunde am Ortseingangsschild von Bihać-Ripač und nicht eine Stunde früher oder später? Dann wäre uns Majda nie begegnet. Wieso ging sie um diese Zeit die Hauptstraße entlang, das tat sie üblicherweise nie, wie sie uns später erzählte. Was ist die Botschaft?

Diese Geschichte gibt es einfach nicht. Bihać-Ripač hat heute 25.000 Einwohner. Wir treffen, ein paar Minuten, nachdem wir nach einer vierstündigen Fahrt dort ankommen, einen einzigen Menschen. Und dieser Mensch ist Omar Dupanovićs Schwiegertochter.

Wir fahren zu ihrem Haus. Sie führt uns in die Stube, wo in einer Ecke über dem Tisch Bilderrahmen stehen. Sie holt einen, den größten, mit einem goldenen Rahmen, herunter und kann nur noch mit dem Finger darauf zeigen, kann nichts mehr sagen. Es ist das Foto, das auch in unserem Fotoalbum klebt, das Foto, das die beiden Familien zeigt. In der Mitte Omar und mein Vater und zwischen den beiden ich, als 10-Jähriger. Und mit verzerrtem Ausdruck zeigt Majda auf das lachende Bubengesicht im Foto und zeigt auf Floris und umarmt ihn – ja, es ist wirklich verblüffend, es ist, als würde er dort aus dem Foto lachen, beziehungsweise ich jetzt in den Armen des Mädchens liegen, das auf dem Foto, als Nachbarin etwas abseits stehend, zu sehen ist ...

Erzählen hat die wunderbare und tröstliche Macht, eine lange, schreckliche, unfassbar traurige Geschichte auf wenige Bilder zu reduzieren, um sie im Kopf des Lesers, mit Hilfe seiner Fantasie, wieder in ihrer ganzen Wucht aufleben zu lassen und damit das wahre Wesen des Beschriebenen ganz deutlich darzustellen.

Omar war 90-jährig, aber bis zuletzt geistig und körperlich fit, im Jahr 1984 gestorben (mein Vater starb 1983). Alle sechs Söhne, als junge, kräftige, fesche Burschen mit mir auf dem Foto zu sehen, wurden im Bosnienkrieg zwischen 1992 und 1995 unter grausamsten Bedingungen getötet.

Das Haus der Dupanović wurde bei einem Bombenangriff völlig zerstört, damals starben zwei der Schwiegertöchter und vier der Enkelkinder. Es wurde nicht wieder aufgebaut. Seine Ruinen liegen heute unter einer Lagerhalle.

Neun Enkelkinder, davon fünf „Omars", leben zerstreut in aller Welt. Das jüngste, 1964 bei unserem Besuch noch nicht geboren, ist Majdas Sohn und er ist auch der Einzige, der noch in Bihać-Ripač lebt. Wir umarmten uns, als wären wir alte Freunde. Die anderen leben in Sarajevo, Deutschland, den USA, Australien und Argentinien.

Als wir nach drei Tagen wieder nach Hause aufbrachen – wie man sich vorstellen kann, nach einem intensiven Abschied – und das Ortsendeschild von Bihać-Ripač in Sicht kam, bat mich Floris, ich möge stehen bleiben. Wir stiegen aus und machten mit Selbstauslöser ein Foto. Man sieht darauf drei Menschen, in deren Gesichtern die Geschichte eines hart errungenen Glücks zu sehen ist. Nicht ein solches Glück, wie man es empfindet, wenn man auf der Spitze eines Berges steht, hinunterblickt in die Stille, dabei tief ein- und tief ausatmet und sich fühlt, als gehöre einem die Welt. Sondern jenes Glück, das sich in einem ausbreitet, wenn man nach einem schweren, unerbittlichen Kampf am Gipfel steht und dem, an den man glaubt, in aller Demut und Kleinheit dankt, dass man überlebt hat.

Als wir losfuhren und im Rückspiegel die Häuser von Bihać-Ripač immer kleiner wurden, sagte Floris: „Dieses Foto werde ich meinem Sohn zeigen, wenn ich in 39 Jahren mit ihm vor dem Ortsschild halte und darauf warte, dass jemand an unsere Scheibe klopft ..."

Erinnerung Nr. 22
Was ist eine Geschichte?

Erzählen hat auch die wunderbare Macht, dass es mit einem einzigen Satz, zum Beispiel einem, der nur 3 Sekunden misst, eine wunderbare Geschichte erscheinen lassen kann, die Momente großen, stillen Glücks hervorruft.

Aber wie funktioniert dieses Ding, das wir alle tun, das uns allen so schwer fällt, das wir alle lieben und das immer weniger gut funktioniert: eine GESCHICHTE zu erzählen. Was ist das überhaupt, eine Geschichte? Was passiert, wenn wir sie erzählen und warum erzählen wir sie?

Zunächst fällt es schwer, das Ding zu definieren: Bihać-Ripač ist eine sehr persönliche, exakt nacherzählte Geschichte eines realen Erlebnisses mit Hilfe (so hoffe ich zumindest) wohlgesetzter Worte. Aber Hänsel und Gretel ist auch eine Geschichte. Eine, die die Wirklichkeit in eine fiktive (Märchen-) Welt transferiert, und der, der sie hört, ist aufgefordert, seine Vorstellungskraft nicht nur zum Malen der erzählten Bilder, sondern auch zur Dechiffrierung der Symbole darin einzusetzen. In *Hundert Jahre Einsamkeit* verwebt Márquez mit höchster Kunstfertigkeit sein Leben mit Fiktion und erzählt eine großartige Geschichte.

Aber als Geschichte bezeichne ich auch den Augenblick einer Geste, wenn sich eine Augenbraue hebt, ein unwiderstehliches Lachen einsetzt, wenn jemand mit seiner Körpersprache ein eindeutiges Signal setzt. Es sind ganz kurze, knappe, aber nicht weniger aussagekräftige Geschichten, die da erzählt werden – so wie der einzelne, großartige Satz meines Sohnes.

Was haben nun Márquez, der anonyme Jemand, der lacht, und mein Sohn gemein? Was verbindet sie? Wie kommt es, dass sie von mir auf eine gemeinsame Liste gesetzt werden? Márquez' Worte, das Lachen und ein spontan dahingesagter Satz werden erst lebendig, wenn sie auf jemanden treffen, der sie wahrnimmt und sie einem Prozess unterzieht, an dessen Ende ein Verstehen steht. Wir wollen mit unserer Geschichte jemanden erreichen und erst dadurch entsteht ein „Ganzes“: Es wäre unsinnig, Samen in Erde zu pflanzen, ohne die Frucht ernten zu wollen. Wozu ein Gericht kochen, wenn es dann nicht gegessen wird? Niemand schreibt eine Geschichte auf, nur um den Akt des Schreibens willen – zumindest eine Person sollte es lesen: der Verfasser.

> Sei dir bewusst, dass du eine Geschichte erzählst, um das Gegenüber zum Zuhören zu bringen …

Es muss uns bewusst sein, dass unser Leben, das Leben selbst, erst durch die Erzählung darüber für uns greifbar wird. Alles was wir tun, alles was wir erleben, baut auf eine bereits erzählte Geschichte auf. Durch die fortwährende Erzählung materialisieren und manifestieren wir „Zeit“ – also das Aufeinanderfolgen von Augenblicken, die uns mit allem zeigen, was uns als Mensch ausmacht, wie, mit wem und warum wir interagieren (dies gilt übrigens genauso für Tiere und Pflanzen, ja für die gesamte Natur, denn auch Felsformationen oder die Erdkruste unterliegen diesem Wandel). Wir meinen, Zeit mit Hilfe der Uhr, mit Hilfe des natürlichen

Rhythmus' von Sonne und Mond, Frühling und Herbst festmachen zu können, aber dies sind nur Mittel, die uns helfen, unseren Weg besser beschreiben und beschreiten zu können.

Selbst der Blick in die Zukunft, in eine noch nicht erlebte, noch nicht durch Geschichten belebte Zeit, also der Blick in ein Buch mit leeren Seiten, ist nur möglich, wenn wir von irgendwo losstarten, wenn wir auf etwas aufbauen können. Läge die Zukunft hinter einem hohen Zaun, dann würden jene, die nach der Vision streben (und das tun wir alle in unterschiedlichsten Ausformungen), sich eine Leiter, einen Turm bauen, um einen Blick „hinüber" zu werfen. Dazu brauchen sie aber zuerst die *Geschichte* des Leiter- und Turmbaus, ja können überhaupt erst durch das Erlebte bis an den hohen Zaun gelangen. Und ein wesentlicher Antrieb für diesen Blick über den Zaun, in die Zukunft, ist die Erwartung. Die Vision des Physikers ist eine Erwartung, die auf dem Wissen aufbaut, das er sich angeeignet hat und mit dessen Hilfe er Gartenzäune zu überwinden imstande ist. Das junge Paar, das einen eigenen Haushalt gründet, entwickelt erst durch die Erwartung an die gemeinsame Zukunft die Kraft, diesen Akt auch wirklich zu vollziehen. Übrigens der Akt, der sich seit Hunderttausenden von Jahren Menschheitsgeschichte immer nach einem ähnlichen Schema vollzieht: Heirat = Hausrat zusammenlegen – in der Hoffnung, also in der Erwartung, damit erfolgreich zu sein. Also damit Glück zu gewinnen.

> Sei dir bewusst, dass das Leben eine ununterbrochene Abfolge von Wahrnehmungen ist, die wir durch das Erzählen materialisieren, um ein Ziel, Glück, zu erreichen …

Und was machen wir nun mit unseren Geschichten, die zum einen das Vergangene beschreiben und damit dem Vergessen entreißen, zum anderen die Zukunft mit Hilfe der Erwartung auf Erfolg begreifbar machen, beides einzig dazu da, die Gegenwart lebenswert zu machen?

Erinnerung Nr. 23
Warum erzählen wir eine „Geschichte"?

Genauso wie unsere Erwartungen stets dem Prinzip der Dualität folgen – es gibt keine Erwartung ohne das Ziel, das seinen Teil zur Erfüllung beiträgt –, so folgt auch jede Form von Kommunikation diesem Prinzip: Wir wollen unsere erlebten und erdachten Geschichten nicht in eine finstere Abstellkammer sperren. Wir wollen sie mitteilen. In welcher Form auch immer. Wenn wir dies tun, wollen wir, dass sie gehört werden.

Mitteilen: Ich möchte eine Geschichte *mit jemandem teilen.* Jeder Mensch auf diesem Planeten, und zwar wirklich jeder – angefangen vom drei Monate alten Fötus, der zum ersten Mal spürbare Signale aussendet, bis zum Sterbenden bei seinem letzten Atemzug – ist ständig um dieses Spiel bemüht. Würde man sich diesen fortwährenden und nur durch unsere Schlafphasen unterbrochenen Prozess bildhaft vorstellen, würden wir die Welt, das Leben, als einen einzigen, nie endenden Tanz von Geschichten erkennen. Und wir, du und ich, befinden uns mittendrin. Auch jetzt in diesem Moment!

Wir haben also ein perfektes Werkzeug in der Hand, um an diesem nie endenden Tanz teilnehmen zu können: In dem Augenblick, in dem die Menschheit begonnen hat, ihre Gedanken und Gefühle, ihre Angst und Hoffnung, ihre Wut und ihre Sehnsucht in Worte und Gesten zu kleiden, in dem Augenblick hat die Menschheit begonnen, Geschichten zu erzählen.

Aber was ist es nun, was eine Geschichte zu einer Geschichte macht?

ERZÄHLEN (einer Geschichte) bedeutet zunächst nichts anderes, als in seine Rede Persönliches einfließen zu lassen. Unsere Ratio liefert die Basis für die Rede. Sie versorgt uns mit Informationen über die Wirklichkeit, die, wie ich es nenne, Summe der subjektiven Wahrheiten unserer Sinne. Dieses Bild der Wirklichkeit trifft nun in unserem Inneren auf Emotionen – das Ergebnis der Interpretation, Auswertung und Bewertung all unserer bisher gemachten Erfahrungen, das in unserem Inneren, ohne dass wir bewusst darauf Einfluss haben, entsteht. Das Aufeinandertreffen und das folgende Zusammenspiel dieser beiden, Ratio und Emotion, prägen unser Verhalten entscheidend. Das Ergebnis ist *Erzählen.*

> Sei dir bewusst, dass Erzählen nichts anderes bedeutet, als in seine Rede Persönliches einfließen zu lassen. Etwas, im wahrsten Sinn des Wortes, „von sich zu geben" …

Erinnerung Nr. 24
Willkommen, Intuition!

Dass wir *erzählen*, wird von einer für uns immens wichtigen und uns beherrschenden Kraft in Gang gesetzt: unserer Intuition. Sie steht hinter allem, was wir tun. (Wie das, was die Religion „Schutzengel“ nennt, weil Intuition für die Menschen zu wenig plastisch, zu wenig greifbar und erklärbar ist ...)

Sie ist es, die uns zuflüstert, dass wir mit der reinen Wiedergabe der Bilder unserer Ratio unser Gegenüber nichts als langweilen würden. Was zur Folge hätte, dass die Aufmerksamkeit sinkt und die Gefahr bestünde, nicht in für ein Verstehen ausreichendem Maße wahrgenommen zu werden. Worin jedoch, wie wir bereits gehört haben, unsere größte Sehnsucht besteht, das, worauf unser ganzes Streben ausgerichtet ist.

Dazu ein einfaches Beispiel aus unserer Zeit: Fernsehnachrichten. Deren Aufgabe sollte darin bestehen, Informationen zu vermitteln. Um diese Aufgabe optimal zu lösen, wäre es eigentlich logisch, einen Lauftext, der aus möglichst schmucklosen Worten und nicht zu vielen Nebensätzen besteht, am Bildschirm zu zeigen. Doch was sehen wir: Entertainment. Fesche Sprecher und noch feschere Sprecherinnen, die heute – vor ein paar Jahren noch undenkbar – sogar im Studio herumspazieren, deren Beine man sieht – noch vor kurzem waren sie alle Damen und Herren ohne Unterleib. Warum? Die Psychologen würden vom „Unterleib als Symbol für das Sexuelle“ sprechen. Und das würde ablenken. Aber warum wird dann heute genau dieses Signal eingesetzt? Nämlich die Information mit Emotion zu versetzen, mit „geschminkten Schönheiten", die „sexy" zu sein haben (und ich spreche nicht nur von den Moderator*innen*, auch von ihren männlichen Pendants ...). Weil man entdeckt hat, dass – und natürlich sind auch Nachrichten nichts als große Erzählungen – das Gegenüber dann besser zuhört.

Suchen wir nun nach einer gemeinsamen Basis, etwas, was jeder Geschichte, wer immer sie erzählt und wie immer sie auch aussieht, innezuwohnen hat, so kommen wir zu den beiden Hauptkomponenten, aus denen sie besteht: aus der Wirklichkeit, also diesem subjektiven Bild als Resultat dessen, was unsere Sinne uns geliefert haben, und aus der Emotion, also der Verarbeitung, Bewertung und Zuordnung dieses Bildes durch unsere Persönlichkeit.

Die Emotion ist individuell. Ein und dieselbe Wirklichkeit wird von jedem anders empfunden.

Die Wirklichkeit, auf die noch kein Sinn zur Beurteilung und Bewertung getroffen ist, die nackte, bloße Wirklichkeit könnte der gemeinsame Nenner sein, also das, worauf jede Geschichte aufgebaut ist.

Daraus können wir also schließen: Jede Geschichte sollte *Wahrheit* in sich tragen, wobei es sich nicht um *die* Wahrheit, sondern nur um *deine* Wahrheit handeln kann – also das Bild als Summe dessen, was du mit deinen Sinnen wahrgenommen hast, bevor es in die Bewertungsmaschinerie deiner Emotionen gekommen war.

> Sei dir bewusst, dass du stets nach *deiner* Wahrheit streben solltest, also dem Ergebnis *deiner* Wahrnehmung, denn nur mit diesem von dir erschaffenen Bild wirst du eine Erkenntnis nach bestem Wissen und Gewissen weitergeben können ...

(Davon ausgenommen sind natürlich wissenschaftlich fundierte Erkenntnisse aller Bereiche, die – zumindest bis auf Widerruf – als „Wahrheit“ gelten. Obwohl sich, wie die Geschichte zeigt, selbst solche „Wahrheiten“ als falsch herausstellen können …)

Erinnerung Nr. 25
Das Märchen von der Wahrheit!

Es war'n einmal zwei Brüder – holari holaro –
die verließen Haus und Hof – holari holaro –
um das Leben zu entdecken – holari holaro –
und das wahre Glück zu finden – holari holaro –

Der Vater rief die beiden zu sich und sagte: „Geld kann ich euch keines geben, doch habe ich ein Geschenk für euch: zwei Rucksäcke. In einem steckt die Wahrheit. Und im anderen das Märchen. Wer sich mit der Wahrheit auf den Weg macht, hat sich sehr schwer abzumühen. Doch ist sein Gepäck wertvoll wie kein anderes Gut auf Erden. Der andere wird die Last auf seinem Rücken kaum zu spüren bekommen. Märchen haben kein Gewicht, mit Leichtigkeit sind sie zu tragen – holari holaro –

Die Brüder waren sich einig – holari holaro –
über Märchen oder Wahrheit – holari holaro –
irgendwann seh'n wir uns wieder – holari holaro –
auf!, die Wanderschaft beginnt – holari holaro –

Hier will ich mein Glück versuchen, denkt sich der Bruder mit der Wahrheit auf dem Buckel und klopft an das erste Haus auf seinem Weg. „Ich habe euch etwas mitgebracht", und zeigt auf seinen Rucksack.

„Ein Fremder? Mit Geschenken? Was will er? Was bezweckt er? Lieber nicht, nein danke und auf Wiedersehen!"

Seltsam, denkt er sich, wenn die gewusst hätten, welchen Schatz ich ihnen bringe, wär die Freude sicher groß gewesen – holari holaro –

Auch der andere Bruder bleibt beim ersten Haus stehen, ruft: „Hallo, Leute! Ich bringe euch das Märchen! Lasst mich ein!"

„Märchen?! Glaubst du, wir haben nichts Wichtigeres zu tun, als uns Märchen anzuhören? Hast du nichts übers wahre Leben zu berichten, wie wir zu mehr Brot und zu einem besseren Bürgermeister kommen? Das ist's, was wir brauchen, und nicht Kleinkinderkram."

Seltsam, denkt er sich, war wohl das falsche Haus. Beim nächsten wird es sicher besser gehen – holari holaro –

Drei Monat sind vergangen – holari holaro –
doch alle Tür'n blieben verschlossen –
holari holaro –
denn es zeigt sich: Wer will schon von der
Wahrheit hören – holari holaro –
und wer sich an den Märchen freuen –
holari holaro –

Verzweifelt lief der Bruder, der die Wahrheit zu verschenken hatte, durch die Welt. Das Gewicht, das auf seinem Rücken lastete, war kaum noch zu ertragen.

Als er an einen Fluss kam, wollte er schon den Rucksack mit der Wahrheit ins Wasser werfen, für alle Zeiten. Plötzlich aber sah er am anderen Ufer einen Mann, der sich gerade seinen Rucksack vom Rücken nahm und ihn durch die Luft schwang, als wolle auch er ihn für alle Zeiten den Fluten übergeben.

„Halt! Bist du es, Bruder?!“ – Ja, er war’s! Was war das für ein Wiedersehen – holari holaro –

Erzählten Stunden, tagelang, was sie erlebt
hatten – holari holaro –
fanden niemanden, der, was sie herzuschenken
haben, verstand – holari holaro –
wissen nicht, was sie nun tun soll’n –
holari holaro –
mit dem Märchen und der Wahrheit –
holari holaro –

Plötzlich sagte der eine: „Bruder, du hast so schwer zu tragen, dass du kaum noch vorwärts kommst, ich hingegen leide unter der Leichtigkeit, Nichtigkeit meiner Last.“ Und der andere sagte: „Ja, ich verstehe, was du meinst! Lass uns teilen und gemeinsam zu den Menschen gehen!“ – holari holaro –

Und von diesem Tag an – holari holaro –
wandern Märchen und Wahrheit –
holari holaro –
Hand in Hand von Ohr zu Ohr – holari holaro –
und ein jeder liebt sie und ... versteht –
holari, holaro, Holareidulio!

Erinnerung Nr. 26
Voraussetzungen für das Erzählen einer Geschichte

Es wird eine Geschichte erzählt (und nur um sicher zu gehen, dass du noch ganz bei mir bist: Ich spreche nicht von einer Geschichte wie Hänsel und Gretel, Harry Potter oder dem Märchen von der Wahrheit, ich spreche von *deiner* Alltagskommunikation, wenn *du* erzählst, was dir gestern im Geschäft widerfahren ist ...), in der die beiden Hauptkomponenten, die *Wahrheit* und das *Märchen* – also der tatsächliche Informationsgehalt („Ich befinde mich in einem Geschäft. Ich suche Haarshampoo. Es kommt eine Verkäuferin. Ca. 50 Jahre alt. Blondes Haar. Rotes Kleid.") und meine emotionale Sicht davon –, enthalten und zu einem vermischt sind.

Hat der Erzählende (also *du*) das Glück, auf jemanden zu treffen, der bereit ist zuzuhören, *wirklich* zuzuhören und nicht nur nebenbei hinzuhören, ist es nun Aufgabe des Zuhörenden und seiner Wahrnehmungsfähigkeit, die Komponenten der Geschichte herauszufiltern, den Inhalt zu dechiffrieren und ihn wiederum zu einem eigenen Gesamtbild zusammenzusetzen – Grundvoraussetzung dafür, das Gegenüber zu verstehen.

Das klingt jetzt – wieder einmal – hochgestochen, übertrieben und „he, ich will dir einfach erzählen, was ich gestern gemacht habe, und du machst so eine Geschichte daraus ..."

Voraussetzung Nummer 1: Wenn ich etwas erzähle mit dem Ziel, wirklich verstanden zu werden, dann läuft der Prozess wie oben beschrieben ab. (Viele Menschen, ich meine, leider immer mehr, erzählen nicht um der Geschichte, sondern nur um des Redens willen. Nicht der Inhalt ist interessant, sondern dass das Ich zu Wort kommt, sich in den Vordergrund spielen kann, also „etwas zu sagen hat" – völlig egal, was es ist.)

Voraussetzung Nummer 2: Das Gegenüber will wirklich verstehen. Und nicht nur aus Höflichkeit so tun, als würde es zuhören, um den Anschein zu erwecken, in das gemeinsame Spiel einzuwilligen.

Beide Voraussetzungen können jederzeit in der Realität überprüft werden: Du brauchst nur auf einen Empfang, eine Vernissage oder auf ein Fest zu gehen und dort Leute beim Smalltalk zu beobachten – dann findest du alle meine Ausführungen bestätigt.

Um meine Gedanken zu veranschaulichen, möchte ich das Beispiel deiner Geschichte über den Besuch in dem Geschäft weiterspinnen: Du erzählst die Geschichte, in der die Verkäuferin aufgrund ihrer Aufgabe eine Hauptrolle spielt, natürlich so, als wäre es *deine* Geschichte (was sie ja auch ist, sobald sie aus deinem Mund kommt). Von dieser deiner Geschichte wird es aber, sobald du sie erzählt hast, mindestens drei verschiedene Varianten geben! Deine, von der du meinst, sie sei die „Wahrheit". Dann die Variante des Zuhörenden und auch noch die Variante deines Mitspielers, nämlich der Verkäuferin, die die Situation ziemlich sicher anders interpretiert, also höchstwahrscheinlich anders erzählen wird, als du es tust – und sei es nur in winzigen Nuancen.

> Sei dir bewusst, dass es jede Geschichte, sobald du sie erzählst, in mehreren Varianten gibt. Es gibt also nie nur *deine* Geschichte ...

Wir sind aber noch nicht fertig mit deiner Geschichte: Denn je nachdem, *wem* du die Geschichte erzählst, kommen noch weitere Varianten hinzu. Denn erzählst du sie einer anderen Verkäuferin, wird sie sich eher mit ihrer Kollegin aus deiner Geschichte solidarisieren und anders darauf reagieren, als wenn du sie einem Unternehmer erzählst, der das Verhalten der Angestellten aus einem völlig anderen Blickwinkel sieht.

Ein weiterer wichtiger Faktor in der Vermittlung deiner Geschichte ist deine Körpersprache. Sie ist – so seltsam dies auch klingen mag – ein wesentlicher Indikator der „Wahrheitsspuren" deiner Erzählung. Denn sie unterliegt nicht deiner Ratio. Du denkst nicht über sie nach – nur in Ausnahmefällen, wenn du sie bewusst einsetzen willst –, sondern handelst intuitiv, also ehrlich. Mit wenigen Gesten kannst du Aufmerksamkeit, Interesse, Zustimmung (intensiver Augenkontakt, Oberkörper rückt nach vorne, Kopfnicken, Kopfschütteln, um bestimmte Passagen deiner Erzählung direkt zu kommentieren) oder auch Langeweile, Ungläubigkeit, Ablehnung (abschweifender Augenkontakt, Blick auf die Uhr, ablehnende Körperhaltung wie zum Beispiel verschränkte Arme) hervorrufen und damit deinen Spielpartner motivieren oder verunsichern.

Dieses Spiel – und das ist eine für mich ganz bedeutsame Erkenntnis – ist nie nur das Spiel eines Einzelnen, so wie unsere Alltagserfahrungen es uns oberflächlich suggerieren. Immer, und zwar ohne Ausnahme, sind beide „im Spiel". Der Sprechende/Erzählende sowieso, aber auch der Zuhörende. Dieser scheinbar passive Zuhörende agiert ebenso aktiv, erfüllt – schon vor dem Moment, in dem er seine Stimme erhebt – eine ganz wichtige Rolle: Er spielt, ähnlich wie die Wand beim Squash, den Ball zurück. Ohne diese Wand könnte der

Spieler nur einen einzigen Schlag ausführen und der Sinn des Spieles wäre verloren. Unser Ziel ist natürlich nicht Squash, sondern Tennis zu spielen – beide reagieren sofort auf den jeweils anderen. Aber im Zeitraffer betrachtet entspricht der erste Teil der Erzählung dem Squash.

> Sei dir bewusst, dass wenn du eine Geschichte erzählst, du immer ein Gegenüber, einen Widerpart benötigst: Erst durch *ihn* wird die Geschichte lebendig …

Bei meinen Erzählungen, das heißt, wenn ich auf der Bühne stehe, ist diese Erkenntnis eine zentrale: Das Gegenüber, und seien es 500 Menschen in einem Saal, im wahrsten Sinn des Wortes im Auge zu behalten. An ihren Reaktionen wahrzunehmen, wo sie sich befinden – bei mir, inmitten meiner Geschichte, oder abseits. Kann ich sie mit meinen Worten fesseln, oder besichtigen sie in Gedanken gerade eine neue Wohnung? Dies wahrzunehmen, ist durch Erfahrung und Übung in sogar sehr intensivem Maße möglich.

So wie ich den Augenblick mit dem Eiswürfel wahrgenommen hatte, so wollte ich alle Menschen, die mir begegnen, wahrnehmen – natürlich, dessen bin ich mir bewusst, eine sehr theoretische Vorstellung. Das heißt, ich möchte alle Menschen, deren individuelle Wege sich in diesem Moment – zufällig, wie man sagt – in diesem Saal zu einem gemeinsamen Kreuzungspunkt zusammengefunden haben (500 Menschen tun dasselbe: Sie hören mir zu), erfassen und den Versuch unternehmen, den Augenblick zu verstehen.

Diese Menschen erscheinen mir in diesem Moment wie *ein* Körper, es verbindet sie ja auch ein gemeinsames, intensiv betriebenes Spiel. Darin besteht also eine Gemeinsamkeit. Nicht das Zuhören allein ist es, denn meine Geschichte wird in diesem Saal gerade eben in 500 Variationen gespielt. Aber wie, so fragte ich mich eines Tages, kann ich diese Gemeinsamkeit zum Ausdruck bringen? Was bliebe übrig, wenn ich das „Märchen“ aus dieser Geschichte gemeinsamen Erlebens extrahiere?

> Sei dir bewusst, dass du, um mit deiner Geschichte erfolgreich zu sein, stets dein Gegenüber im wahrsten Sinn des Wortes „im Auge zu behalten hast“, um wahrzunehmen, ob du es erreichen kannst, ob es dir zuhört …

Erinnerung Nr. 27
Uns verbindet eine gemeinsame Geschichte!

Eines Tages hörte ich mich ganz spontan – es war so ein Erlebnis wie damals an der Universität in den USA – inmitten meines Vortrages sagen: Ich habe euch so intensiv wahrgenommen, dass ich über jeden von euch eine Geschichte erzählen kann! Ist das nicht unglaublich: Ich kenne euch gerade mal ein paar Minuten und ich kann über jeden eine Geschichte erzählen, die noch dazu (in großen Teilen) stimmt!

Ein mutiger Satz, den ich erst so richtig verstand, als ich mich weiter sprechen hörte: Denn wie ist es möglich, über 50 Paar von 50 unterschiedlichen Designern geformte Lederschuhe eine gemeinsame Aussage zu treffen? Wenn ich sie auf ihr Grundmaterial reduziere: Leder.

Ich musste also, meiner bereits geübten Vorgangsweise folgend, zurückgehen. An den Beginn. Und ich sagte: Für meine Geschichte, die ich nun gleich über euch erzählen werde, brauche ich eure Vorstellungskraft – was ja nicht allzu schwer sein wird, da sie für uns immer, bewusst oder unbewusst, verfügbar ist. Ich führe euch zurück in eure früheste Kindheit – natürlich wird sich niemand von euch daran erinnern –, als ihr ungefähr ein Jahr alt wart, als ihr weder stehen noch gehen konntet. Ihr seid noch gekrabbelt. Als ihr noch keine Worte zu Sprache formen konntet, ihr euch noch in Babysprache verständigt habt.

Meine Geschichte handelt von unserer frühkindlichen Programmierung auf Wahrnehmung. Wir sind damit von unserem ersten Lebensmoment an beschäftigt. Sobald unsere Augen befähigt sind, Dinge nicht nur zu sehen, sondern wahrzunehmen – und das passiert bereits zwischen dem dritten und fünften Tag nach der Geburt –, „liest" das Neugeborene im Gesicht der Mutter ihre Zu- oder Abneigung. Es sind dies die allerersten Be- und Auswertungen von Körpersprache. Und das Kleinkind, noch kein Jahr alt, vollbringt fast unbemerkt von seiner Umgebung eine fantastische Leistung: Es lernt mit Hilfe von Wahrnehmung zwei der wichtigsten Dinge, die uns als Menschen ausmachen: den aufrechten Gang – auf zwei Beinen zu stehen, zu gehen und zu laufen – und Sprache: mit Hilfe der uns zur Verfügung stehenden Werkzeuge Laute so zu formen, dass andere diese Laute hören und verstehen (im besten Sinn des Wortes, also richtig interpretieren). Das Baby würde, so die Erkenntnisse der Verhaltenspsychologie, nicht von allein, nur aus sich heraus und nur aufgrund seiner genetischen Disposition diese hoch entwickelten, spezifischen Fähigkeiten für sich nützen können. Natürlich sind wir mit Hilfe unserer Gene darauf programmiert, aber diese Grundbestandteile, die einzelnen Teile des Motors, sind wie in einem Kasten eingeschlossen. Und ihr, noch nicht ein Jahr alt, öffnet diesen Kasten und holt diese Teile hervor und setzt sie zusammen. Indem ihr beobachtet und zuhört. Wahrnehmt. Und das Wahrgenommene bearbeitet, verarbeitet und ... versteht! Gleichzeitig treibt euch, wie wir bereits gehört haben, das Streben nach Erfolg an. Indem jeder Schritt, der zum aufrechten Gang führt, von der Umgebung bejubelt wird, jedes neu in den Sprachschatz aufgenommene Wort enthusiastisch gefeiert wird – wie der Trainer, der seinen Schützling vorantreibt, ihm immer wieder den Titel des Siegers in Aussicht stellt.

> Sei dir bewusst, dass wir alles, was wir können, durch Wahrnehmung gelernt haben und lernen …

Dass dies so funktioniert, sehen und erleben wir im Alltag mit unseren eigenen Kindern. Was dahinter steckt, eben das sehr frühe Einsetzen des Strebens nach Erfolg, erklären uns die Verhaltenspsychologen.

Aber wer hört schon – im alltäglichen Leben – auf komplizierte Erklärungen von Wissenschaftern (sorry, Leute, das ist keine Kritik, sondern lebensnahe Beobachtung ...)? Viel lieber hören wir Geschichten, und schon kommt eine.

Alle paar Jahre erfahren wir in den Medien vom Auftauchen sogenannter „Wolfskinder". Wir staunen kurz und schütteln ungläubig den Kopf, um uns im nächsten Moment mit der neuesten Entwicklung des Dow Jones oder dem Befinden von Prinz Charles zu beschäftigen. Aber wie wäre es damit: Aus dem sehr dichten und unwegsamen Regenwald im Nordosten Brasiliens tauchte eines Tages etwas auf, das die Menschen, einfache Bauern, zunächst für ein missgebildetes Tier hielten und es schon erlegen wollten. Aber seine große Geschicklichkeit und List bei der Flucht ließ die Männer stutzig werden und (wahrscheinlich hatten sie ihre Frauen um Rat gefragt) sie riefen nach der Polizei, die auch gleich einen Zoologen mitbrachte. Das Etwas, dem nur am Kopf lange, wilde Haare wuchsen, das aber sonst nackt war, das seltsame Laute ausstieß, wie man sie noch nie gehört hatte, wurde aufgespürt und mit viel Geduld gelang es dem Forscher, es von der Spitze eines hohen Baumes herunterzulocken. Und was sich da herunterhantelte und dann scheu vor ihnen hockte, war eine kleine Sensation: Es war ein Mensch! Die nun herbeigerufenen Ärzte und Psychologen und allerlei andere Spezialisten verkündeten bald, dass es sich bei dem Fund um ein ungefähr 18-jähriges Mädchen handeln würde. Und nach einigen Wochen wurden die ersten Details dieser unglaublichen Geschichte präsentiert: Das Mädchen, das war für die Wissenschafter eindeutig und klar, musste als Kleinstkind, durch welche Umstände auch immer, zu einer Affenfamilie gekommen und von ihr aufgezogen worden sein. Das Erstaunliche war, dass das Mädchen zwar über fast alle Fähigkeiten von Affen, über deren nahezu gesamtes Verhaltensrepertoire verfügte, jedoch praktisch über nichts, was sie als Mensch eigentlich hätte können und wissen müssen. So waren ihre kognitiven Fähigkeiten hoch entwickelt, sie konnte jedoch kaum auf zwei Beinen gehen. Ihre Sinne waren überdurchschnittlich geschärft, aber sie konnte (oder wollte) ihre Ausscheidung nicht kontrollieren. Die Art und Weise, wie sie ihre Intuition einsetzte, verblüffte die Wissenschafter. Aber sie konnte sich nur durch Laute, ganz ähnlich denen von Affen, verständigen. Sie verfügte über kein Schamgefühl, und ihr Greifreflex an den Füßen war sehr ausgeprägt: Sie konnte mit ihren Füßen „zupacken", konnte mit ihren Zehen einen Zweig umfassen, sich festhalten, wenn auch nicht mit der Perfektion der Affen (dank derer anatomischen Voraussetzungen). Übrigens ein Reflex, den wir alle besitzen, wenn wir auf die Welt kommen! Wenn du einem Neugeborenen einen Finger gegen seine Sohle drückst, wird es versuchen, mit seinen Zehen zuzupacken, deinen Finger zu umklammern. Wir verlernen diese Fähigkeit nur deshalb sehr rasch, weil wir sie nicht brauchen. Wir brauchen unsere Zehen „nur", um Balance zu halten, zum Stehen, Gehen oder Laufen, aber nicht, um von Ast zu Ast zu springen – das hat die Evolution uns genommen. Das Mädchen jedoch musste sich diese Fähigkeit ihrer Zehen erhalten, um überleben zu können: Wenn Gefahr lauerte und ihre „Familie“ in die Bäume flüchtete, musste sie mit. Hätten sie ihre Fußwerkzeuge im Stich gelassen, wäre sie abgestürzt und aufgefressen worden!

Die Untersuchungsergebnisse dieses Falles wurden als Sensation und als wichtiger Schritt für mehrere wissenschaftliche Disziplinen gefeiert. Für mich war es einfach nur die Bestätigung dafür, dass unsere Wahrnehmungsfähigkeit die Basis ist, auf die alles aufbaut. Dass wir eine in unseren Genen gespeicherte, unglaublich wertvolle und wichtige Begabung besitzen, unsere Intuition, der wir – bewusst – immer seltener vertrauen und uns stattdessen immer öfter in die von außen auf uns einwirkende Maschinerie des Glaubens begeben.

(Auch dazu eine Ergänzung: Die Fähigkeit zu *glauben*, also einem von unserer Vorstellungskraft produzierten Bild dieselbe oder zumindest eine ähnliche Wertigkeit zuzugestehen wie einem Bild, das uns von unseren Sinnen als Wirklichkeit verkauft wird, halte ich für mindestens genauso wichtig und wesentlich. Aber eben nur so lange, solange diese Fähigkeit nicht zu Zwecken der Gedanken- und Gefühlsmanipulation eingesetzt und missbraucht wird ...)

> Sei dir bewusst, dass *Glauben* eine wesentliche Kraft zur Beurteilung und Einschätzung unserer Wirklichkeit ist …

Gerne würde ich jetzt sagen: Schaffen wir es, diese Basiskräfte – Wahrnehmung, Intuition, Glaube, Fantasie – zu bündeln, sie bewusst in unserem Alltag einzusetzen, würde sich unser gesamtes Zusammenleben nicht nur in den kleinsten Zellen, also zwischen zwei Menschen, sondern auch innerhalb von Staaten und Völkern radikal ändern. Aber ich sage es nicht, vergesst den vorigen Satz, ich schreibe nur: Für mich persönlich hat sich durch diese Erkenntnis ein völlig neuer Lebenskosmos aufgetan. Ich kann die aufregende 5th Avenue mit einer stillen Waldlichtung, 235 PS mit biologischer Ernährung, den iPad-Freak mit dem Bücher-Liebhaber locker vereinen ...

Um dies zu entdecken, war nicht jahrelanges Studium, nicht das Wissen aus hunderten gescheiten Schriften notwendig, sondern einzig ein Blick in mein Inneres. Ein Blick, der Jahre dauern kann, oder auch in nur – 3 Sekunden – möglich ist!

Erinnerung Nr. 28
Eine Geschichte wie im Märchen

Es war einmal ein König.

Was könnte das für eine herrliche Geschichte werden – mit einem solchen Beginn! Sofort erscheint vor deinem inneren Auge ein liebenswürdig und warmherzig dreinblickender Monarch auf seinem Thronsessel – oder zumindest Juan Carlos auf seiner Megajacht, vor Mallorca dahindümpelnd.

Aber leider wird nichts daraus: Denn dieser König war nicht nur grausam, ungerecht und – o.k., sonst wär er ja nicht König – herrschsüchtig. Obendrein war er auch noch ein Geizhals, ein raffgieriger Schurke und – o.k., das ergibt sich fast notgedrungen aus den bisherigen Aufzählungen seiner Eigenschaften – ein richtig mieser, gemeiner, hinterhältiger Typ.

Als menschlichen Schutzschild hatte er sich einen Hofstaat gezüchtet, der ihm willfährig zuarbeitete, für ihn intrigierte, korrumpierte und denunzierte. So war es dem Volk, betrogen und geschunden, unmöglich, dieser Schreckensherrschaft ein Ende zu setzen – nur der geringste Versuch endete unweigerlich am Galgen.

Das Schlimmste aber war der Hunger. Während der König mit seinen Getreuen ein nicht enden wollendes Gelage feierte, sich an Spießen drehenden Hammeln, sich an in Betten wälzenden Jungfrauen, an aus Barriquefässern sprudelnden Weinen delektierte, hatte das Volk nichts zu essen, konnte an das Notwendigste nur durch härteste Arbeit gelangen.

Es war einmal ein bettelarmer Wasserträger.

Das könnte eine wirklich traurige Geschichte werden – mit einem solchen Beginn. Sofort erscheint vor unserem inneren Auge ein erbarmungswürdiger Mann in Fetzen, wie er gerade mit seinen schweren Wasserkübeln auf dem Rücken die armselige Hüte verlässt, das Weinen seiner sieben ausgemergelten Kinder noch lange in seinen Ohren dröhnend.

Aber es kann ja nicht angehen, dass diese Ungerechtigkeit ungestraft bleiben soll und so wecken wir nun in dieser bedauerlichen Jammergestalt Kräfte, von denen er keine Ahnung hat, die aber in ihm wohnen, ebenso wie sie auch in jedem anderen Menschen zu Hause sind, auch im grausamsten König – der Widerling hingegen gut damit umzugehen weiß ...

Wir schicken den Wasserträger mit seinen Kübeln auf den Weg. Wie jeden Tag. Als er über den Marktplatz läuft, wie jeden Tag, senden wir ihm einen Gedanken ins Gehirn, den er sicher noch nie gehabt hatte. Che hatte ihn, vielleicht auch mal Mao, ganz sicher Jeanne: Wir müssen den König von seinem Thron stürzen! Revolution!

Aber da wir den Mann so ganz alleine wissen, bis auf die paar Fliegen, denen sein intensiver Schweißgeruch das Paradies verheißt, wird er wohl nicht fähig sein, eine Revolution à la Che, Mao, Jeanne anzuzetteln, und so müssen wir die Fantasie in Gang setzen und zudem fest an die selbstreinigenden Kräfte der Natur glauben.

Er hat diesen Gedanken und wundert sich. Denn das Revolutionärste, das er bisher gedacht hatte, war „zwei und zwei ist fünf“. Er kommt am Stand des Bäckers vorbei und nun greifen wir ein weiteres Mal ein bisschen ein: Nicht wie sonst geht er daran vorbei – was soll er dort, er gehört nicht zu den Getreuen des Königs, kann sich also auch kein Brot leisten –, sondern wir lassen ihn verweilen. Lassen ihn das Brot und seinen Geruch genießen. Und jetzt vollzieht sich seine erste selbstständige Tat: Es dröhnt das Gewimmere seiner Kinder, es blinken die Alarmlichter ihrer aufgeblähten Bäuche in ihm und parallel dazu sieht er die ausgefressenen Gesichter der Bürger, die über den Marktplatz lustwandeln, und eine plötzlich aufsteigende Wut lässt ihn nach einem der Brote greifen – und es einstecken. Im selben Moment denkt er sich, „Scheiße (Sorry, aber ich gebe möglichst wirklichkeitsgetreu den Originalwortlaut wieder), bist du verrückt! Du hast soeben etwas geklaut! Soweit ist es also schon, scheiße! Jetzt aber nichts wie weg von hier, scheiße!" Bis er sich aber mit seinen Wasserkübeln, die an einem langen Balken über seinen Schultern hängen, in eine halbwegs passable Fluchtposition bringen kann, hat der Bäcker den Diebstahl entdeckt, hat natürlich keinerlei Mitleid mit dem Lump und ruft nach den Soldaten. Die kommen, führen den Mann ab (ohne die fürs Wegschleppen lästigen Wasserkübel) und am Gerichtsfließband wird rucki-zucki kurzer Prozess gemacht: Diebstahl wird, ungeachtet des Wertes des Diebsgutes, auf Befehl des Königs mit dem Tod bestraft! Und da das Fließband auf vollen Touren läuft, steht der arme Mann bereits zwei Stunden später unter dem Galgen.

Was auf den ersten Blick ganz danach aussieht, als müssten wir uns bis zu unserem Lebensende bittere Vorwürfe machen, weil immerhin wir es waren, die dem armen Kerl krude Revolutionsgedanken injiziert haben, und nun sieben unmündige Kinder zu Waisen werden, von der armen Frau gar nicht zu sprechen, ist nichts anderes als Teil eines minutiös durchdachten und vorausberechneten Plans.

(An dieser Stelle ist wieder mal so ein kleiner Einwurf vonnöten: Der bisherige Verlauf der Geschichte macht deutlich, worauf die Philosophien des Islam, aber auch des Buddhismus hinauslaufen – die Idee der Vorausberechnung des Lebens, dessen, was wir Schicksal nennen. Gäbe es tatsächlich jemanden, der unverdrossen und unermüdlich an einem solchen Plan sitzt und uns wie Schachfiguren auf dem Brett des Lebens hin- und herschiebt – ich glaube übrigens nicht daran –, so muss er Geschichtenerzähler sein, der genauso erzählt, wie wir es soeben praktiziert haben. Menschen besitzen zwar gewisse Freiräume, folgen aber meistens, wie die Figuren im Schachspiel, vorherbestimmten Regeln; so zieht der Bauer zum Beispiel maximal zwei Felder und geradeaus und links und rechts. Aber dann gibt es zwei, die mit ihrem Willen bestimmen, wie und wann und wo der Bauer seinen Weg zu gehen hat. Wem er sich opfern oder wen er schlagen muss. *Wir*, die die Geschichte erzählen, die das Spiel spielen, haben es in der Hand, mit Hilfe unserer Fantasie dem Spiel jederzeit eine unerwartete Wendung zu geben ...)

Und das wollen wir jetzt tun: Zuerst lassen wir einen Soldaten aufmarschieren mit einem, für das, was wir bisher von diesem Königskerl gehört haben, völlig unlogischen Befehl, aber das macht nichts, auch im wahren Leben stoßen wir ständig auf solche Unsinnigkeiten. Der Soldat wird sagen: „Da unser König ein gerechter, kluger und herzensguter Mensch ist (das *muss* der Soldat sagen, innerlich zieht sich ihm alles zusammen aus Wut über diese Lüge), schenkt er jedem, bevor wir ihn hängen, einen letzten Wunsch. Sag, rasch, was wünschst du dir?“

Jetzt klingelt es zum ersten Mal bei allen märchenerfahrenen Lesern (und wer ist das nicht?!). Dies ist der erste Hinweis auf ein möglicherweise gutes Ende, denn beginnt nicht alles Glück mit einem Wunsch?

Der Wasserträger, der sich längst seinem Schicksal ergeben hat, weil er nichts, aber auch gar nichts von dem versteht, was da mit ihm geschieht, will schon das losstottern, was ein jeder normal Denkende von ihm erwartet, was ein jeder in solch aussichtsloser Situation Befindliche sich wünschen würde: die Kinder noch einmal sehen. Oder die Frau noch einmal küssen. Oder eine letzte Zigarette rauchen (beliebte Szene in Hollywood-Filmen).

Aber wir erzählen ja eine Geschichte. Wir spielen ja in höchster Meisterschaft Schach. Eine solche Antwort wäre kontraproduktiv, denn nach einer kurzen Schilderung einer der drei angeführten Wunschmöglichkeiten käme es zur Exekution. Wir könnten noch ein paar Worte über den indiskutablen König verlieren und alle so vorzüglich aufgebaute Spannung wäre umsonst gewesen, weil *die Geschichte zu Ende wäre.*

Wir schenken dem Wasserträger nun nicht mehr nur einen Gedanken. Das wäre zu wenig. Wir erinnern – nicht mehr ist notwendig – wir *erinnern* ihn daran, dass er Fantasie besitzt. Er wird in Sekunden einen genialen Schachzug ausführen – die Genialität eines solchen Zuges besteht darin, nicht nur seinen eigenen Zug zu planen, sondern die Reaktion des Gegners zu kalkulieren, sich in ihn und seine Gedankenwelt hineinzuversetzen.

Der Wasserträger, vor zwei Stunden noch ein kümmerliches Nichts, seinem Schicksal ergeben, wird über sich hinauswachsen, wird seine Kinder sehen und mit seiner Frau noch mindestens 40 Jahre Sex haben wollen und nebenbei wird er das Königreich von seinem selbstsüchtigen Herrscher befreien. Denn plötzlich hat er einen genialen Plan – er fragt nicht woher und er fragt nicht warum. Er sagt: „Wie ich unseren weisen König kenne (dieses Schlitzohr, unglaublich, das war im Drehbuch gar nicht vorgesehen!), verfolgt er mit diesem Recht eines letzten Wunsches etwas Nachhaltiges. Er will mir ein Zeichen geben, dass ich mir etwas wünschen solle, was über das Profane, das Sinnlose des Todes hinausgeht. Und tatsächlich habe ich einen solchen Wunsch, der mir, das muss ich zugeben, sehr eigennützig erscheint, aber da es ja mein letzter sein wird, brauche ich darauf wohl keine Rücksicht mehr zu nehmen."

Der Soldat steht mit offenem Mund da, kein Wort hat er verstanden von dem, was da aus dem Mund des zerlumpten Habenichts gedrungen ist, er schreibt es dem Zustand des Deliriums im letzten Augenblick des Lebens zu.

Ich wünsche mir, Soldat, fährt der Wasserträger, nun vom Bauern schon mindestens zum Pferd aufgestiegen, fort, ich wünsche mir nichts sehnlicher, als dass ich mein Geheimnis nicht mit ins Grab zu nehmen brauche. Das ist alles.

Der Soldat versteht zunächst nicht. Niemals zuvor wurde je ein solcher Wunsch geäußert. „Ich verstehe dich nicht", sagt er. „Was meinst du mit Geheimnis? Was für ein Geheimnis?"

Das Wasserpferd blickt sich nach allen Seiten um, dann winkt er den Soldaten heran, er solle näher kommen, dann würde er es ihm erklären.

„Ich kenne ein Geheimnis. Ein unglaubliches. Eines, wie du es dir nicht einmal im Traum vorstellen könntest. Und ich habe gehört, dass der König Geheimnisse liebt wie sonst kaum etwas auf Erden. Ich würde es, als allerletzten Wunsch in meinem Leben, gerne meinem hochgeliebten Herrscher (also das ist jetzt hart an der Grenze ...) verraten. Nur ihm, so spüre ich es im Angesicht des Todes, würde es gebühren!"

Im Gehirn des Soldaten bricht Chaos aus. Der Mann, daran besteht kein Zweifel, ist verrückt, denn wie sonst könne er denjenigen, der ihn wegen einer Lappalie an den Galgen gebracht hat, „hochlieben". Der Mann sagt, er kenne ein Geheimnis. Warum sollte ein gewöhnlicher Wasserträger, das Niedrigste vom Niedrigen, ein Geheimnis, noch dazu, wie er vorgibt, ein unglaubliches kennen? Andererseits, warum sollte er lügen, wo er doch gleich tot sein wird. Dass der König Geheimnisse liebt, davon hatte er auch schon gehört, dafür hatten nicht wenige schon ihr Leben lassen müssen. Stimmt es, was der Mann sagt, und bringt er ihn zum König und gefällt dem König das Geheimnis, dann würde für ihn sicher etwas herausspringen, eine kleine Belohnung könnte er dringend gebrauchen. Was hatte er zu verlieren – gibt es ein Problem, kennt der Mann gar kein Geheimnis, versucht er nur einen Aufschub herauszuschinden, so wird die Rache des Königs schrecklich sein. Aber das betrifft nur den Mann, der nun, anstatt schnell und halbwegs schmerzlos am Strick seinen letzten Hauch getan zu haben, langsam aufgeschlitzt und ... egal ... Er aber werde in jedem Fall belobigt werden für die Umsicht, für den Versuch, seinem König etwas Gutes zu tun. Der Tod, so denkt er ganz poetisch, sei ja kein Vögelchen, das davonfliege, schlimmsten Fall werde er den Mann morgen hängen, oder aufschlitzen oder sonst was lassen.

„Gut", sagt der Soldat, „ich habe es mir gründlich überlegt und will dir diesen letzten Wunsch gewähren: Ich bringe dich zum König!"

Das Wasserpferd zieht von A3 nach E3. Souverän. Es hat zwar noch keine Ahnung, was es dem König für ein nettes Geheimnis ins Ohr flüstern wird, aber es beginnt, einem rätselhaften, unbekannten Etwas – ein schwaches Licht, das in seinem Kopf wie aus weiter Ferne leuchtet – es beginnt diesem Etwas zu vertrauen.

Natürlich ahnt der König nichts davon, dass wir in seine – unrühmliche – Geschichte eingegriffen haben, wähnt sich immer noch von Gott ermächtigt. Die Kunde, dass ein gewöhnlicher Soldat mit einem Delinquenten vor dem Tor stünde und ein ungewöhnliches Anliegen vorzubringen hätte, lässt also tatsächlich eine königliche Augenbraue erstaunt hochfahren und lässt tatsächlich mit einem Wink die beiden eintreten und lässt tatsächlich den Soldaten mit einem weiteren Wink wieder hinaustreten (nicht ohne ihm vorher versprochen zu haben, dass ihm, stimme, was der Mann da sage, eine reichliche Belohnung zustünde) und lässt tatsächlich den König den zerlumpten Todgeweihten direkt vor den Thron zitieren.

Mit der Frage des Königs, was dies denn für ein so großartiges Geheimnis sei, und der gleich mitausgesprochenen Drohung, dass, würde er ihn zum Narren halten wollen, er dies bereuen werde (und es folgen Aufzählungen von Todesarten, auf die hier, mit Rücksicht auf Kinder, die dieses Buch zufällig in die Hand bekommen könnten, verzichtet wird ...), beginnt das sonderbare Licht im Inneren des Mannes immer stärker, immer heller zu strahlen. Es will heraus, das Licht, will in das Dunkelschwarz des königlichen Geistes vordringen, um auch dort erinnert zu werden (dies ist nun der erste Hinweis darauf, dass auch bei diesem Ungustlkönig weder Hopfen noch Malz verloren sind ...). Und der Mann gibt dem Drängen seines Lichtes nach, öffnet den Mund und hört sich sagen: „Ja, mein König. Ich kenne wahrhaftig ein Geheimnis, über das nach meinem Tod nur Ihr, mein hochgeliebter Gebieter, verfügen sollt."

Schmeichel, schmeichel. Schleim, schleim. Aber es wirkt. Das Licht braucht bei einem solchen Scheusal natürlich etwas länger, das stählerne, ritzenlose Eingangstor, das zum Herzen führt, zu durchbrechen, aber wir werden dem Tor in unserer Geschichte schnell ein Schlüsselloch anerzählen, durch welches das Licht einen ersten schwachen Schein ins Innere des Königs werfen wird: Der König zieht die zweite Augenbraue hoch, denkt sich, meine Güte macht sich doch bezahlt, ich habe wirklich nette Untertanen. Blickt sich nach allen Seiten um, winkt das Mündchen nahe an das Öhrchen heran und flüstert: „Los, sprich!"

Das Wasserpferd zieht unbeirrt weiter, nun geht es Schlag auf Schlag, mit jedem Schritt nähert es sich unaufhaltsam dem König, der nichts von der Bedrohung ahnt.

Der Mann hat längst aufgegeben darüber nachzudenken, was da mit ihm geschieht und was es mit dem seltsamen Licht auf sich hat, das sich immer mehr ausbreitet und ihm längst befiehlt, was aus seinem Mund zu kommen hat.

„Mein König", sagt er, „ich kenne das Geheimnis des Apfelbaumes!"

Empört schnellt der Königskörper aus der vertraulichen Nähe zurück. „Willst du mich veräpfeln?! Was soll das für ein Geheimnis sein? Dass er im Herbst Früchte tragen wird?!"

„Geduld, mein König", antwortet der Todgeweihte mit siegessicherer Ruhe. „Ich werde Euch verraten, wie man es anzustellen hat, den Samen eines Apfelbaumes so zu setzen, dass am nächsten Morgen ein großer, blühender Baum vor Euch steht!"

Für einen Moment ist der König sprachlos, dann aber legt seine Fantasie los, liefert ihm als Erstes Bilder seiner zahlreichen Schatzkammern, deren Inhalt ihn langweilen, weswegen auch ständig Neues herbeizuschaffen ist, das ihn jedoch alsbald wieder nur zum Gähnen bringt. Dann kommen die nächsten Bilder: von Damen, denen er nicht den üblichen Strauß Rosen, sondern über Nacht einen blühenden Garten vor die Haustür legt. Von Freundschaftsbesuchen in benachbarten Königreichen, wo sein Weg statt von einem lächerlichen roten Teppich von einer Allee tausender blühender Apfelbäume gesäumt ist. Vorsichtig versucht des Königs Vernunft durch die bunten Bilder zu ihm durchzudringen, ihn zu warnen, wie es so was geben könne außer durch Teufelszauberei. Aber mit einem Gedankenwischer ist die Ratio in die Flucht geschlagen: „Was hab ich zu verlieren?", denkt er sich. Der Tod ist ja kein Vögelchen, das davonfliegt. Im schlimmsten Fall wird der Mann morgen hängen, oder aufgeschlitzt und niemand wird von seinem Streich etwas erfahren. „Nun gut, das klingt nicht übel. Gleich morgen werden wir dein Geheimnis ausprobieren."

Am nächsten Tag herrscht Jahrmarktstimmung in den königlichen Gärten: Der gesamte Hofstaat ist auf Befehl des Königs aufmarschiert, Zeugen einer neuen Heldentat Seiner Majestät zu werden. Funktioniert das Wunder, so des Königs Kalkül, ist seine Macht um eine Dimension erweitert: nicht nur über Menschen, sondern auch über die Natur Macht zu besitzen. Und funktioniert es nicht, ist der Tod, live dargeboten, immer noch ein Spektakel ersten Ranges, welches demonstriert, dass er auch Herr über das Leben ist. Der versammelte Ministerrat, die schicken Damen und die feinen Herren des Adels und auch niederer Stände staunen nicht schlecht, als sich durch die Menge ein Mann des einfachen Volkes, sehr einfach, den Weg bahnt, eskortiert von Soldaten. Schnell verbreiten sich Einzelheiten zum nun gleich gebotenen Programm: Ein skrupelloser Mörder soll er sein, nein, ein höchstgefährlicher Terrorist, Blödsinn, ein Dieb, der in eine Schatzkammer eingedrungen ist. Sicher ist: ein zum Tode Verurteilter. Er soll das Geheimnis ewigen Lebens kennen, nein, man habe ihm unter Folter das Geheimnis abgepresst, wie die Weltherrschaft zu erlangen sei, Blödsinn, er gibt vor, ein Geheimnis zu kennen, mit dem alte Männer junge Frauen bis in alle Ewigkeit zum Jubeln bringen können. Seltsam scheint ihnen nur, wie unscheinbar und nett, ja geradezu sympathisch der Mann da durch die Reihen schlendert, als sei er auf Urlaub und schaue mal eben auf einen kurzen Sprung bei seinem alten Freunde, dem König, vorbei.

So marschieren nur Türme über die schwarz-weiße Landschaft: Kerzengrad und aufrecht ziehen sie über das Spielfeld, ihre Positionen bieten den besten Überblick über das Geschehen. Von all seinen Gefolgsleuten geht von ihnen, das weiß der König, die größte Gefahr aus.

Der Wasserturm, gestern um diese Zeit noch ein Träger niedrigsten Standes, gestern noch beschäftigt, die Finger seiner Hand zum Zählen zu gebrauchen, den Hunger zu besiegen und die Ratten aus den Betten zu verscheuchen, spürt, wie dieses Licht – gestern war es, wie durch einen Blitz aus heiterem Himmel entfacht, plötzlich da gewesen – immer mehr zu einer Flamme wird, die bald sein ganzes Inneres, vom Herzen bis zum

Hirn, erfasst hat. Anders als gestern, als das Licht noch wie ein Fremdkörper in ihm wirkte, als das Dunkle seines Daseins und die Helle seiner Kräfte, die irgendwo verborgen geschlummert hatten, noch nicht vereint waren, ist nun das eine erwacht und hat das andere schon umschlungen. Schon verspürt der ehemalige Wasserträger – es scheint ihm, als lägen Jahre zwischen dem Gestern und dem Jetzt – eine leise Ahnung, dass nur noch wenige Meter und wenige Worte fehlen, bis die Flamme zu einem Feuer werden würde.

Mit einer tiefen Verbeugung nimmt er die Schaufel entgegen, die ihm der König reicht, und beginnt, mitten in der Wiese ein Loch zu graben, so breit und so tief, wie es ein ausgewachsener Baum es zum Leben braucht. Was für ein vergnügliches Schauspiel, das der kunstsinnige König seinem Hofstaat bietet: Während man an Champagner nippt und kleine Häppchen zu sich nimmt, schaufelt einer ein Loch. Man sieht ihm dabei höchst interessiert zu, kommentiert seinen Schaufelschwung, diskutiert die natürliche Ästhetik des allmählich entstehenden Erdhaufens und will am langsamen Verschwinden des menschlichen Körpers in der Erde deutlich und klar eine Anspielung, vielleicht auch zarte Kritik, am Existentialismus erkannt haben. Es wird eifrig genickt und eifrig feine Wortconfiserie verteilt, während der Mann – noch ahnt keiner der Anwesenden, er eingeschlossen, das Geringste davon – eine Revolution ausgräbt.

Als er nach einer Stunde – die Gesellschaft ist inzwischen leicht beschwipst – endlich aus dem Loch steigt, startet der Countdown zur Enthüllung des Geheimnisses.

Auf einen Samtpolster gebettet, wird ein Samenkorn eines Apfelbaumes herbeigebracht. Mit einer theatralischen Geste nimmt der Mann das Korn, hält es, zum Versenken bereit, über das Loch und beginnt seine Rede, die noch Jahrhunderte später in den Geschichtsbüchern dieses Reiches zu lesen sein wird:

„Mein König, dieses Samenkorn werde ich nun in die Erde versenken, damit am nächsten Tag ein großer, blühender Baum daraus werde. Das Geheimnis, das große Geheimnis liegt jedoch weder im Samen noch im Loch, sondern in dem, der es in die Erde zu werfen hat. Denn – nun hört genau hin, denn darin offenbart sich das Wunder – nur ein Mensch, der noch nie in seinem Leben etwas gestohlen hat, ist dazu berechtigt. Ich darf und kann es natürlich nicht tun, denn wie ihr alle wisst, und ich bereue es auch sehr, bin ich ein Dieb, der ein Stück Brot unerlaubt an sich genommen hat. Deshalb bitte ich Euch, meinen geliebten König, jemanden zu erwählen, der Euch berechtigt erscheint, das Wunder zu vollbringen."

Turm zieht von E5 auf D3 – Schach.

Der König erholt sich schneller von der überraschenden Wendung als der Hofstaat, der noch nicht recht kapiert, was das zu bedeuten hat, welchen Plan der Künstler, äh, der Dieb damit verfolgt. Der Turm hingegen, der Wasserturm, der Wasserträger ist in dieser Sekunde neu geboren: Er versteht. Er versteht endlich, was die Geschichte ihm erzählt, seit damals, als er mitten auf dem Marktplatz an die Wegkreuzung gekommen war, an der mit diesem seltsamen Gedanken alles begonnen hatte.

Der König kann den Angriff des Turms noch einmal locker parieren: „Was du da verlangst", sagt er, „ist sehr einfach zu erfüllen. Der, dem ich mein ganzes Vertrauen schenke, wird das Samenkorn für uns in die Erde werfen." Die Sekunde, in der der Arm des Königs hochfährt, sich mit dem Finger der rechten Hand zum Zeigen schon bereit macht, in dieser Sekunde schwebt die Frage über dem Hofstaat, wer wird wohl der Auserwählte sein? Der Arm ist oben, der Finger starr gerichtet auf – „Komm, Kanzler, du bist der Rechte, mir dieses einzigartige Geschenk zu machen!"

Stramm macht der Kanzler einen Schritt nach vorne, ganz selbstbewusst, wer, wenn nicht er. Er nimmt das Samenkorn aus den Händen des Verurteilten – mit einem Blick tiefen Abscheus, irgendetwas Unbekanntes, aus ganz weiter Ferne, lässt ihn schaudern vor diesem Mann –, wendet sich dem Loch zu, wirft das winzige Ding schnell, ohne weiteren Aufhebens in die Erde.

Der Mann schaufelt das Loch wieder zu, die letzten Gläser Champagner, die letzten Häppchen, letzte Kommentare da, kleine Rülpser dort und der Garten des Königs leert sich langsam.

Es ist eine schöne Nacht. Der König träumt von der sprudelnden Quelle des weltgrößten Apfelexporteurs, der Wasserträger träumt im Kerker von quadratischen, schwarz-weißen Brettern mit seltsam geschnitzten Figuren darauf und der Kanzler träumt von einer nackten Frau (nicht von *seiner*).

Es ist zunächst ein guter Morgen – zweimal hintereinander eine Party mit Champagner und Häppchen in den königlichen Gärten hat es schon lange nicht mehr gegeben. Doch schnell wird deutlich, dass dieser Morgen doch nicht ganz so gut werden wird und es wohl besser wäre, sich bei den Häppchen zurückzuhalten. Denn es ist leider sehr, *sehr* augenscheinlich, dass es mit dem groß angedachten Apfelexport nichts werden wird: Auf dem Rasenstück ist nichts als frisch umgegrabene Erde zu sehen! Keine Spur von einem Baum. Die Folgen dieses Jammerbildes ist allen Anwesenden apfelklar: Man wird Blut sehen. Also lieber keine Häppchen.

Der König zieht gemeinsam mit dem Turm in den Garten. Schon von weitem hört er das Raunen, sieht er Gesichter, in denen nichts Gutes, auf keinen Fall Freude über den Anblick weißer Blüten im Herbst zu sehen ist. Das Einzige, was an Äpfel erinnert, ist sein Gesicht, das knallrot angelaufen ist. Als sie vor dem kleinen Acker inmitten des englischen Rasens stehen, kann er sich nicht mehr halten und brüllt: „Du bist nicht nur ein verdammter Dieb, sondern auch ein verdammter Lügner! Dafür wirst du büßen, wir werden dich ganz langsam, hier und jetzt auf diesem Platz, kochen und die Suppe meinen Hunden zum Trinken geben!" Die Diener mit den Häppchen verziehen sich auffallend schnell und diskret.

Der König zieht siegessicher auf H7, was ihm die Möglichkeit eröffnet, im nächsten Zug einem Läufer Befehl zu geben, den Turm zu schlagen. Doch hat er nur diese beiden Züge vor seinem Auge, während der Turm, reagiert der König wie geplant, und das wird er, das Spiel bereits bis zu seinem Ende vor sich hat.

„Halt, mein König", ruft der Mann. Keiner kann es fassen, der freche Bursche erlaubt sich auch noch eine Widerrede?! „Wartet! Bei meinem Leben, das nichts mehr wert ist, ich weiß, dann beim Leben meiner sieben Kinder, schwöre ich, dass es nicht an meinem Geheimnis lag!"

Der König schäumt noch immer, aber jetzt hält er kurz inne und seine zusammengekniffenen Augen könnten Ausdruck einer überraschenden Wendung in seinem Gehirn sein. Blitzschnell hat es alle Informationen aus den letzten 24 Stunden zusammengestellt und irgendeine Ampel auf der Großhirnrinde beginnt nun rot zu blinken. „Was meinst du?“, fragt er, weiß aber längst die Antwort.

„Ich schwöre, dass es nicht an meinem Geheimnis lag. Ihr könnt euch doch erinnern, dass ich sagte, dass nur eine unschuldige Hand, eine, die noch nie etwas gestohlen hat, berechtigt ist, das Samenkorn in die Erde zu werfen. So nehme ich an, dass das Problem weder der Same noch die Erde und schon gar nicht ich, sondern ...“, und der Mann wendet sich sehr langsam, alle anderen Augen haben schon das Ziel erreicht, zum Kanzler.

Jetzt müssen wir in die Geschichte noch einmal eingreifen. Ein letztes Mal noch, alles andere ist längst geschrieben. Logisch wäre es natürlich, würde der Kanzler empört alle Anschuldigungen zurückweisen. Klar: Es steht das Wort eines Ehrenmannes, der Nummer 2 im Staat, gegen das Wort eines Nichts, eines praktisch Toten. Aber lassen wir den Kanzler tatsächlich einen Ehrenmann sein, warum denn nicht. Zeichnen wir ihn als den im Staat, der noch viel Schlimmeres verhindert, so könnte es doch sein. Vielleicht hat gerade deshalb der König so viel Vertrauen zu ihm, weil er das Gute, das Aufrichtige repräsentiert, zumindest wäre es so möglich. Und wer weiß, vielleicht schlägt tief in des Königs Brust gar kein so schlechtes Herz, war es nur die Kindheit, eine sadistische Mutter und ein alkoholkranker, schwacher Vater, die ihn so hat werden lassen.

Und der Kanzler, noch hält er den Blicken des Mannes und des Königs und des Hofstaates stand, schaut plötzlich betroffen zu Boden und murmelt, so leise, dass man Mühe hat, es zu verstehen: „Der Mann hat

Recht. Vor vielen Jahren hatte ich einmal eine Münze an mich genommen, die vom Tisch gefallen war. Ich hatte sie, es war mir nicht bewusst, gestohlen. Der Mann – hat Recht."

Die Geschichte zeigt, wie wenig es oft braucht, um Großes in Gang zu setzen. Mit vier Worten, vier einfachen Worten beginnt eine Kettenreaktion, an deren Ende die Revolution, das gewaltsame Überwinden des Althergebrachten, stehen wird. Das Leben in den königlichen Gärten, am Rande eines frisch aufgeworfenen Erdhaufens, hält den Atem an. Alles starrt auf den König und wartet auf den nächsten Spielzug – was wird er tun?

Die Bestätigung des Geheimnisses durch seinen engsten Vertrauten, den Kanzler, lässt ihm nur wenig Spielraum zu reagieren, das hat er blitzesschnell erkannt.

Sein Gehirn liefert in Bruchteilen von Sekunden zwei Lösungsvorschläge: Zieh dein Schwert und töte den Mann, Repräsentant des unterdrückten Volkes, mit einem Schlag und beende damit den ganzen wirren Spuk. Dein Hofstaat wäre nicht einmal erschrocken, diese Reaktion würde das Bild, das man von uns hat, bestätigen und sogar verstärken.

Zweite Möglichkeit: Töte den Kanzler, um ein Exempel zu statuieren, um allen ein für alle Mal zu zeigen, dass in unserem Reich nichts geduldet wird, das gegen das Gesetz verstößt. Und das Gesetz sind wir.

Das Gehirn salutiert und wartet auf Belobigung.

Doch der König zögert, den Befehl seines Gehirns auszuführen. Nur einen Augenblick. Und diesen Augenblick nützt das Licht, das bereits einen schmalen, kaum sichtbaren Schein durch das Schlüsselloch in das Innere hinter der Eisentür geworfen hat, um sich weiter auszubreiten und dem König ein Geheimnis zu eröffnen: dass es da noch einen Raum gebe, von dem er bisher nur eine schwache, verschüttete Ahnung hatte, aber dessen Existenz nun durch das Licht nach außen dringt, nicht mehr zu leugnen ist.

Für alle, die auf den König starren, erscheinen die 3 Sekunden seines Nachdenkens (es sind 3 Sekunden, das wird man später eindeutig bestätigen ...) wie die Ewigkeit, weil sie wissen, dass diese 3 Sekunden auch über ihr Leben entscheiden.

Der König erwacht. Der König hat eine Entscheidung getroffen. Er wendet sich um und sucht etwas. Aber es ist nicht sein Schwert, es ist jemand aus dem Hofstaat, den er jetzt gefunden hat. Den er ansieht und dann sagt: „Schatzmeister! Du wirfst als nächstes das Samenkorn in die Erde!“

Statt belobigt, werden die Gehirnboten geohrfeigt. Die schwere Eisentür ächzt unter dem Druck des Lichtes, die ersten Streben bersten und lassen gleißendes Licht durch die Ritzen strahlen. Der König ist erwacht. Der König hat eine Entscheidung getroffen. Der Kanzler weiß es schon und der Mann, der Turm, dem nur noch ein Zug zum Schachmatt fehlt, weiß es auch. Der Hofstaat schaut weiterhin einfältig dem Schauspiel zu, das sich da vor seinen Augen abspielt.

Der Schatzmeister ist völlig überrumpelt, gerade eben noch hatte er insgeheim auf Erfüllung des Planes B gehofft, das Ende des Kanzlers. Der Mann und sein dümmliches Geheimnis waren ihm egal, aber nicht der Kanzler, dessen Einfluss auf den König ihm sowieso ein Dorn im Auge war. Und nun starren sie alle auf ihn. Und wenn der Mann, dem er bisher keinerlei Beachtung geschenkt hatte, doch Recht hat mit seinem Geheimnis? Wenn er es sogar schaffte, den mächtigen Kanzler zu überführen? Dann doch lieber gleich mit der Wahrheit ans Licht: „Mein geliebter König, euer Vertrauen, über eure Schätze wachen zu dürfen, ist meine größte Freude und all mein Stolz. Doch bin auch ich nur Mensch und einmal, nur einmal, konnte ich nicht widerstehen und habe eine Perle, eine winzig kleine Perle an mich genommen. Ich habe sie noch, ich werde sie sofort ...“

Der König ignoriert den Untreuen – was schlimmer wirkt wie ein Hieb mit dem Schwert –, will sich gerade dem Nächsten zuwenden, die nächste Schande aufdecken, der ganze Hofstaat macht – innerlich – einen Schritt zurück. „Hoffentlich trifft es mich nicht als Nächstes!“, als plötzlich eine Stimme zu hören ist. Der Mann, der zum Tode Verurteilte, der in den letzten Minuten völlig in den Hintergrund gedrängt war, fast schon vergessen, richtet plötzlich sein Wort mit fester Stimme an den König. Wie er dasteht, wie er spricht! Als hätte er in einem Handstreich die Macht im Reich schon übernommen. Der König weiß es und auch der Kanzler, nur der Hofstaat noch nicht. Dem kommt nur seltsam vor, dass er die Worte, die gleich folgen, nicht an den König, sondern, wie ein Regent, an sie, das Volk, zu richten scheint, obwohl er sagt:

„Mein König, wartet, haltet ein! Da Ihr Euch nun davon habt überzeugen können, wie mein Geheimnis wirkt, bitte ich Euch, Nachsicht zu haben mit Eurem Volk, das Euch immer treu ergeben war. Habt Nachsicht, indem Ihr demjenigen die Aufgabe überträgt, dem Ihr als Einzigem *wirklich* vertrauen könnt. Und das – seid Ihr! Mein König, zur letzten, endgültigen Bestätigung meines Geheimnisses: Werft *Ihr* das Samenkorn in die Erde!“

Schweigen. Schreckliches Schweigen. Nun hat es auch der Hofstaat verstanden. Die Stille, die selbst die Vögel des Gartens, ja sogar den Wind erfasst hatte, wird zerrissen von der Stimme des Königs, die kaum hörbar, mit fremdem Klang, als wär es nicht seine eigene, die sich nun dem Mann zuwendet und ihm, ganz allein ihm, dem Todgeweihten, dem Niedrigsten der Niedrigen, voll Demut, fast mit Zärtlichkeit, als würde er ihm danken wollen, endlich befreit zu sein von der Last des Grausamen, aus dem Kostüm des unbarmherzigen Herrschers, die leise, kaum hörbar sagt:

„Du weißt es schon: dass auch ich nicht frei von Schuld bin. Wer als Kind seiner Mutter Süßes aus der Kammer nimmt, kann später nicht einen Samen in die Erde werfen, der im Herbst Blüten zaubern soll. Du hast mir ein wunderbares Geheimnis offenbart. Durch deine Klugheit habe ich ein Licht in mir entdeckt, das hinter einer Tür aus schwerem Eisen verborgen war. Dank deinem Mut, der sich nicht von meinen grässlichen Masken und schauderlichen Kostümen hat abbringen lassen, wurde das undurchdringlich Scheinende gesprengt und konnte dieses Licht, das Wärme schenkt und Weisheit, mein Inneres erhellen. Dir habe ich es zu verdanken, dass ich nun klar den Weg vor mir sehe. Du bist frei. Ihr alle – und nun wendet er sich an den Hofstaat, der, die Zukunft ahnend, die peinlichen Champagnergläser rasch verschwinden lässt –, ihr alle seid frei. Dir, Kanzler, danke ich, dass du stets an meiner Seite warst und an das Gute in mir glaubtest. Dir, Schatzmeister, der du Tag für Tag von meinen Schätzen geblendet worden warst wie kein anderer, danke ich, dass es nur eine kleine Perle war, der du nicht widerstehen konntest."

Nun müsste der Turm nur noch von E3 nach G9 ziehen, dann wäre der König schachmatt. Das Spiel zu Ende. Ein Wort des Mannes, der nun unfassbar groß inmitten der Menschen im Garten des Königs steht, und die Revolution würde losbrechen. Würde aus dem Hofstaat eine blutrünstige Horde machen, die hinter dem Rücken versteckten Champagnergläser in Schwerter verwandeln, die König und Kanzler, wohl auch den Aufrührer selbst hinwegfegen.

Doch der Mann nimmt die Hand vom Turm, setzt ihn zurück auf das weiße Feld, steht auf und geht. Verlässt den Garten. Und läuft zu seinen Kindern.

Weder sie, noch irgendjemand aus dem Volk, wird von diesem Tag an jemals wieder Hunger leiden müssen …

Erinnerung Nr. 29
Wir greifen ständig in Geschichten ein

Wie man anhand der Geschichte im vorigen Kapitel sieht, ist es uns mit Hilfe des Erzählens einer Geschichte sehr wohl möglich, in Handlungsabläufe einzugreifen. Nun wirst du zu Recht einwenden, dass es sich dabei ja nicht um reale, sondern nur um fiktive Handlungen dreht. Und ich werde dir Recht geben, werde aber meinerseits einwenden, dass ich das Problem in diesem Wörtchen „nur" sehe. Durch den Einsatz dieses Wortes relativiere und vermindere ich den Wert fiktiver Handlungen. Legen wir das „reale Leben" gemeinsam mit dem fiktiven, also dem von meiner Vorstellungskraft produzierten, auf eine Waagschale, ist völlig klar, welcher Seite wir „mehr Gewicht schenken", in der Folge also als „wahr" empfinden.

Würde ich aber nun die Behauptung aufstellen, die Waage würde in Balance bleiben, die reale und die fiktive Welt wären gleich viel wert, die eine könne ohne die andere nicht existieren, würde unser gesamtes „Wahrnehmungs-Wertesystem" kippen.

Vor allem in der bildenden Kunst wird diese Balance akzeptiert: Niemand würde sich vor ein Bild von Picasso hinstellen und sagen: Das ist aber *nur* Fiktion. Nein, die Kunstsachverständigen stehen davor und sprechen von der großartigen Interpretation der Wirklichkeit, von den anderen Dimensionen menschlicher Wahrnehmung, die der Künstler in seinem Werk sichtbar macht.

In unserem Alltag, im täglichen Prozess der Wirklichkeitsbearbeitung, ist von dieser Balance nichts zu bemerken – obwohl sie im Grunde immer besteht, aber eben nur unbewusst, ohne dass wir davon eine Ahnung haben. Denn indem wir eine Geschichte erzählen, „manipulieren“ wir die Wahrheit bzw. Wirklichkeit, wir fügen dem realen Bild unsere Interpretation hinzu – und müssten eigentlich ständig und ohne Unterbrechung unser „nur“ einsetzen. Das gilt sowohl für das Beobachten und Erzählen einer Alltagsbegebenheit wie „Ein Auto hat eine Frau – fast – überfahren“ (die drei Menschen, der Autofahrer, die Fußgängerin und der Beobachter, würden die Szene jeweils unterschiedlich erzählen), als auch für die Arbeit von Rating-Agenturen, die ausgehend von der 1:1-Wirklichkeit (wobei auch diese bereits einer Interpretation unterliegt ...) eine fiktive (es kann nur eine solche sein) Zukunft „erzählen“ und damit diese Zukunft direkt beeinflussen (self-fulfilling prophecy). Und alle Welt akzeptiert diese Vorgangsweise und alle Welt würde mich auslachen, würde ich als Märchendichter mit aller Ernsthaftigkeit sagen, „Standard & Poor's erzählt eine Geschichte und greift mit dem Erzählen direkt in den Verlauf der Geschichte ein“ – so wie wir es an ein paar Stellen des „Wundersamen“ im vorigen Kapitel getan haben.

> Sei dir bewusst, dass du durch das Erzählen einer Geschichte direkt oder indirekt in die Wahrnehmung der Wirklichkeit eingreifst ...

Was bedeutet dies nun für den wesentlichen Satz in diesem Buch: „Es gibt nichts Wichtigeres für uns Menschen, als jemanden zu finden, der uns zuhört.“ (Optimal wäre es eigentlich, gäbe es zwei Bücher. In dem einen steht nur dieser eine Satz. Und im zweiten

Band würde dann auf 194 Seiten erklärt, warum im ersten Band nur dieser eine Satz steht.)

Für mich – und alles, was ich tun kann, ist, meinen Rucksack, den ich auf meinem Weg mit allerlei Erfahrungen, Bildern, Eindrücken gefüllt habe, vor dir ausleeren und dir anbieten, sich davon zu nehmen, was du willst, was dir wichtig erscheint –, für mich drückt dieser Satz eine tiefe Sehnsucht nach Interpretation(en) einer Geschichte aus. Ich möchte mit „meiner Wirklichkeit" nicht alleine sein, ein Rätsel, das zu lösen ich Hilfe benötige. Ich will teilen, ich will mit deiner Hilfe den Wahrheitsgehalt meiner Geschichte überprüfen, ich will Realität und Fiktion als eins verkaufen, will damit das einzigartige Wunder der Sinneswahrnehmung mit dem einzigartigen Wunder der Vorstellungskraft vereinen, sie auf eine gemeinsame Stufe stellen, sie in Balance bringen.

Setze ich mal ganz keck voraus, dass dieser Satz unangreifbar ist (ich freue mich schon auf die Reaktionen auf diese Aussage ...), so ist damit ganz klar gesagt, dass es um mich, um *mein* Ego, um *meine* Geschichte geht. Und – nur das kann ich mit Sicherheit bestätigen – fast 40.000 Menschen, die diesen Satz irgendwann bei einem meiner Vorträge gehört hatten, haben genickt – stimmt.

Sie hätten nicht genickt, hätte ich den Satz umgedreht und gesagt: „Es gibt nichts Wichtigeres für uns Menschen, als jemanden zu finden, dem wir zuhören können." Keiner würde diesem Satz großen Wahrheitsgehalt zusprechen, erstens, weil er uns in eine (nur scheinbar, wie wir bereits wissen) passive Rolle drängt, und zweitens, weil er nicht uns, sondern das Gegenüber in den Mittelpunkt stellt.

Diese beiden Sätze sind ein Paradoxon. Sie klingen, als würden sie völlig Unterschiedliches bedeuten und von völlig unterschiedlichen Ansätzen ausgehen, und doch kann der eine ohne den anderen nicht funktionieren. Wir müssen, damit eine Kommunikation funktioniert, damit dieses Spiel, das wir spielen, erfolgreich ist, diese beiden Sätze in Balance bringen. Und dabei hilft uns – unsere Vorstellungskraft, die mir die Fähigkeit schenkt, das von mir Wahrgenommene so darzustellen, dass ich – subjektiv – davon ausgehen kann, dass die daraus entstandene Geschichte auch von jemandem gehört werden will, und die mir auch die Fähigkeit verleiht, einer Geschichte zuzuhören, indem ich sie – mit Hilfe *meiner* Vorstellungskraft – interpretiere und verstehe.

> Sei dir bewusst, dass die beiden Sätze nur funktionieren, wenn sie in Balance sind, das heißt, wenn du dich jeweils des anderen Satzes erinnerst, sobald du die Seiten wechselst – vom Sprechenden zum Hörenden und umgekehrt …

Diese meine Aussagen kann man glauben oder nicht. Es werden sich sicherlich Argumente finden lassen, die das widerlegen. Nema problema, wie der Slowene sagt.

Erinnerung Nr. 30
Am Anfang schuf Gott …

Ich sitze am Ufer des Mississippi. Ich sehe ein blaugrünes Etwas und aufgrund meiner Erfahrung, meines Wissens weiß ich, das ist „Fluss". (Obwohl ich jedes Mal, wenn ich an einen Fluss komme, lachen muss, weil mein allererster Gedanke „Mur" ist: Meine Eltern und Geschwister hatten, als ich zwischen ein und zwei Jahre alt war, in einer Zeit also, in der alles ein Wort zugewiesen bekommt, ungefähr tausend Mal auf den Fluss, der durch meine Heimatstadt Graz fließt, gezeigt und dabei penetrant „Mur" gesagt. Mit dem Erfolg, dass ich mit ebensolcher Penetranz jedes Gewässer, ob Bach oder Meer, „Mur" nannte – ich fand das ziemlich intelligent – und man mich erst viel später und durch jahrelanges Training davon abbringen konnte. Ich weigerte mich, „Fluss" zu sagen, weil es für mich, so interpretiere ich es heute, Symbol einer Täuschung war …). Um aber wirklich zu wissen, was ein Fluss ist, was er für mich bedeutet, was er in mir auslöst und hervorruft, muss ich meine Hand ins Wasser tauchen. So, nur so, kann ich „der Sache auf den Grund gehen", und kehre damit wieder mal zurück an den Anfang. Während meine Hand auf einer Breite von 11,4 cm den Mississippi rückstaut und sich links und rechts meines Handrückens kleine Wirbel bilden, denke ich darüber nach, wo dieser Satz (der eine, nicht der andere) seinen Anfang nimmt. Wo beginnt meine Sehnsucht nach dem, der zuhört? Sie beginnt – logisch – mit einem Zuhören. Gäbe es das nicht, könnte ich auch keine Sehnsucht danach haben – auch logisch.

Ich stelle mir vor, wie Gott (also, jetzt nur bildhaft, ich bin ein glühender Anhänger der Evolutionstheorie, hoffentlich belegen mich die USA dafür nicht mit einem Einreiseverbot ...) am Ufer des allerersten Flusses sitzt, den sie geschaffen hat, und wie sie so hineinsieht in die (damals noch!) glasklaren Fluten, kommt ihr dieser Satz (ja, genau der, nur ein bisschen anders formuliert): „Ich sehne mich nach nichts so sehr, als dass jemand da wäre, der mir zuhört." (Sie sagt auch noch: „... mir zuhört, was ich da Schönes geschaffen habe und noch schaffen werde. Wofür mach ich denn das alles! Der blöde Fluss zieht an mir vorüber, der hat keine Zeit." – und viel mehr als Wasser und Steine gab es ja damals noch nicht.) Und da die Dame mit einer unglaublichen Fantasie ausgestattet war, wohl damals beim Urknall freigesetzt, fährt sie also wie verrückt mit dem Schöpfen fort – das Ergebnis kennen wir ja alle.

Irgendwann kleckste sie dann den Menschen auf die Leinwand. Da wollen wir beginnen. Das soll der „Anfang" sein. Denn Gott schuf den Menschen sicher nicht als Ganzes, in einem Stück, fix und fertig. Picasso begann auch mit einer Skizze. Sie hat also ganz klein angefangen. Wie soll das Dingelchen überhaupt entstehen? O.k. – diesen Teil können wir auslassen, das wissen wir alle.

Ich sitze am Ufer des Mississippi und halte meine Hand ins Wasser. Ja, ich weiß, dass mein Dasein als Fötus begann, nachdem sich Mutti und Vati sehr sehr lieb hatten. Das ist aber auch schon alles, was ich weiß. Und du? Weißt du mehr? Weißt du, wie alles begann?

Du bist ungefähr fünf Millimeter groß. Seit dem „Sehr-lieb-Haben" sind 25 Tage vergangen. Niemand hat eine Ahnung, dass es dich gibt. Nicht einmal deine Mutter. Dein Vater schon gar nicht. Obwohl man dich ab heute „Mensch“ nennt. Ganz offiziell, denn heute hat dein Herz zu schlagen begonnen! Würde man dich unter ein Mikroskop stecken, würde man sehen, dass du nur aus diesem schlagenden Herzen bestehst. Würde man noch ein bisschen näher heranzoomen, würde man noch etwas entdecken, etwas, das Gott gleich auf ihrer ersten Skizze als „wichtig“ vermerkt haben muss, sonst wäre es nicht von allem Anfang an schon da: eine Spirale. Winzigwinzigklein. Eine Form, die Gott besonders gefallen haben muss, denn wir finden sie überall in der Schöpfung. Lassen wir uns überraschen, was Gott damit vorhat ...

Vier Monate sind vergangen, nun weiß es schon alle Welt, dass es da jemanden gibt, der viele Jahre später lesen und Sushi essen und an Flüssen sitzen wird. Der Bauch deiner Mutter und die ersten Geschichten über dich erzählen davon. Ziemlich sicher existiert sogar schon ein erstes Foto von dir. Deine Eltern zeigen das Bild eines dunklen Etwas, zeigen auf einen grauen Fleck und sagen, „seine Arme“, und zeigen auf einen Schatten und sagen, „seine Beine und da der Bauch“. Am ehrlichsten nicken kann man beim Kopf, der ist zumindest deutlich zu erkennen. Wärest du ein Kunstwerk, würde man davor stehen und meinen: Es ist halbfertig. Aber du bist ein Mensch, ein ganz realer, und der Arzt sieht auch schon das halbfertige Herz und die halbfertige Lunge und das halbfertige Auge.

Gott ging das anscheinend nicht schnell genug. Was bereits auf der ersten Skizze als „wichtig“ vermerkt gewesen war, das wirklich Wichtige, Dringliche, sollte auch als Allererstes fertig gestellt sein. Das war, sieht man ihr Werk als Gesamtkunstwerk, wirklich eine weise und weitsichtige Entscheidung: dass es in dir, einem fünf Monate alten Ungeborenen, zumindest *eine* Sache geben soll, die bereits fix und fertig ist. Man kann ja nie wissen. Und da Gott Perfektionistin ist, legte sie mit einem flotten Pinselstrich gleich noch eines drauf: Wenn schon fertig, dann gleich richtig! So ist das, was fix und fertig ist, auch gleich in der richtigen Größe fertig. Es braucht nicht mehr zu wachsen. Dieses Etwas war, als du fünf Monate alt warst, bereits genauso groß wie es heute in deinem erwachsenen Körper ist! Ist das nicht unglaublich! Erzählt uns diese Geschichte nicht etwas: Warum ist der wichtigste Teil unseres Ohres, das Innenohr, bestehend aus Labyrinth und Schnecke, bei einem fünf Monate alten Ungeborenen als Einziges schon fertig? Gewachsen aus dem, was, neben dem Herz, bereits am 25. Tag nach der Befruchtung zu erkennen war: der Spirale, der Urform allen Lebens auf Erden!

Naja, und das Ding ist nicht nur da, es funktioniert auch noch: Du hörst!!! Es wird noch lange dauern, bis du sehen wirst können, riechen oder tasten. Aber du kannst schon hören!

> Sei dir bewusst, dass das Einzige, was bei einem fünf Monate alten Ungeborenen fix und fertig ausgebildet ist und das sogar bereits in der richtigen Größe, der wichtigste Teil unseres Ohres – Labyrinth und Schnecke – ist …

Gott oder der Urknall oder völlig egal, wer auch immer das alles geschaffen hat, wollte uns damit wohl eine deutliche Botschaft geben: Es gibt nichts Wichtigeres, als zu hören. Und das Erste, was du hören wirst, ist die Stimme deiner Mutter.

Nur rund acht Wochen später, du bist jetzt ungefähr sieben Monate alt – am Bauch deiner Mutter wird deutlich, dass ihr beide bald am Ziel sein werdet –, ist dein Gehör schon so weit entwickelt, dass du die Stimme deiner Mutter aus anderen heraushören, unterschiedliche Stimmen unterscheiden kannst.

Bis jetzt ist nur von deiner Mutter (und von den Frauen in ihrer Umgebung) die Rede. Das kommt nicht von ungefähr: Nimmt dein Ohr seine Arbeit auf, kann es nur Töne und Klänge mit hoher Frequenz, also Frauenstimmen, aber auch Musik, deren Klangbild auf hohen Tönen aufbaut, wie Bach oder Mozart, verarbeiten. Es braucht noch ein paar Wochen Training – in der Regel bis knapp vor oder knapp nach deiner Geburt – bis es auch Klänge mit tiefer Frequenz verarbeiten wird können: zum Beispiel Männerstimmen.

Die wie beiläufig hingeworfene Notiz auf dem ersten Skizzenblatt der Schöpfungskünstlerin ist eindeutig: Für das Hören einer ersten Geschichte muss das Ungeborene mit der Mutter kommunizieren können. Darauf konzentrieren wir uns. Der Vater ist – sorry, Papas – vorerst nicht so wichtig, das hat noch Zeit bis zur Geburt, dann, wenn die Wirklichkeit beginnt.

Aber Gott oder der Urknall oder völlig egal, wer auch immer das alles geschaffen hat, hat wirklich an alles gedacht: Damit Papas nicht ganz so blöd dastehen, wenn sie die ersten Dulidulidus von sich geben und keiner versteht sie, wurde – wie bei der Entwicklung komplexer Projekte, wo man auch erst nach und nach auf die wesentlichen Dinge zum Erreichen des Zieles draufkommt – ein perfekter Mechanismus in die Lebensmaschine eingebaut, eine automatisierte Funktion, die eng mit dem großen Zentralrechner, unserer Ratio, verbunden ist. Dieser Mechanismus agiert prinzipiell unabhängig von den Entscheidungen des Zentralrechners, ist aber gleichzeitig so aufgebaut, dass er ihm jederzeit Inputs liefern kann, vor allem dann, wenn der Zentralrechner an seine Grenzen stößt. Dieser kleine, aber ungeheuer wichtige Steuerkasten ist unsere Intuition. Sie ist größer, je kleiner der Zentralrechner, unsere Ratio ist. Vor, sagen wir mal, 10.000 Jahren waren die beiden in Balance, bei Aborigines (zumindest bei den ganz wenigen, die noch in Harmonie mit der Natur leben) oder anderen Naturvölkern, die noch nicht in der modernen Welt angekommen sind, sind sie das sogar heute noch. Das Verhalten von Tieren wird in weitaus größerem Maße von deren Instinkten gesteuert als von deren Ratio und wie ist es bei uns, den Menschen des 21. Jahrhunderts? Wie steht es mit unserer Balance zwischen Intuition und Ratio? Gar nicht so schlecht, wie wir glauben würden! Es ist uns nur in den seltensten Fällen bewusst, dass und wie wir diese wichtige und außergewöhnliche Kraft einsetzen. Papas können ein Lied davon singen! Damit sie nicht frustriert sein müssen, weil ihnen niemand zuhört, tritt der Steuerkasten, die Intuition, in Kraft. Ohne ihr Zutun und ohne, dass sie davon wissen. Und du hast diese Szene – hundertprozentig – schon unzählige Male miterlebt.

Die Mitwirkenden: ein Baby und ein erwachsener Mann. Die Szene: Mann begrüßt Baby. Action: Der Mann erhöht seine Stimme. Er ahmt eine Frau nach. Warum tut er etwas, das ihm überhaupt nicht bewusst ist? Weil der Steuerkasten, seine Intuition, es ihm diktiert! Weil auf dieser ersten Skizze, weil in unserem Urwissen vermerkt ist: Neugeborene können nur hohe Stimmen empfangen. Wollen Männer, dass sie gehört werden, müssen sie ihre Tonfrequenz erhöhen. Selbst ich, der dieses Wissen gespeichert hat, der es folglich bewusst steuern könnte, seine Stimme *nicht* zu erhöhen, sobald er auf ein Baby trifft, schafft es nicht: Ich *muss* es tun. Ich kann mich nicht dagegen wehren! (Diese Beispiele könnte man – nahezu – endlos fortsetzen. Allen, die mehr von diesem Thema erfahren wollen, kann ich nur die Bücher meines von mir höchst verehrten Freundes Joachim-Ernst Berendt empfehlen, wie *Die Welt ist Klang,* oder *Ich höre, also bin ich.* Alles, was mir heute an verblüffenden Tatsachen über das Hören bewusst ist, habe ich ihm zu verdanken. Und wir beide wiederum dem französischen Arzt Alfred A. Tomatis, 1920–2001, der diese Erkenntnisse über das Ohr als Erster beschrieben hat – lies bitte auch seine Bücher und du wirst, so wie ich, zum Hör-Freak werden. Ich brauche, glaube ich, nicht zu erwähnen, dass einige seiner Theorien von der Schulmedizin, also vom Zentralrechner, angezweifelt und abgelehnt werden ...)

> Sei dir bewusst, dass unsere Intuition viel öfter unsere Handlungen leitet, als wir vermuten …

Erinnerung Nr. 31
Sehnsucht nach Erfolg

Das Baby und der Mann verfolgen ein gemeinsames Ziel: Sie wollen beide erfolgreich sein. Das Baby will wahrgenommen werden und signalisiert dies mit Hilfe seiner Körpersprache. Der Mann will gehört werden und erhöht dafür seine Stimme. Beide folgen – unbewusst – diesem allerersten Konzept der Schöpfung, diesem „Erhöre mich", beschrieben in allen Religionen, in allen philosophischen Schriften, die jemals erdacht wurden.

Wir alle sehnen uns nach Erfolg. Und die Basis eines jeden Erfolges beruht auf der Fähigkeit zur Kommunikation. Die Evolution (sorry, Gott, aber jetzt komme ich wieder zu der Wirklichkeit, an die ich glaube. Du bist, zugegeben, eine wunderbare, wenn nicht die wunderbarste Geschichte, die jemals erfunden wurde ...) hat dies von Beginn unseres Menschseins an so eingerichtet: Die erste belegbare Kommunikation startet bereits im Mutterleib, fünf Monate nach der Befruchtung, wenn das Ungeborene zum ersten Mal die Stimme seiner Mutter hört. Und sie endet mit unserem letzten Atemzug – wenn unser Körper, unsere Sinne schon längst versagen, nehmen wir immer noch ein Gegenüber wahr, und das letzte, was wir hören – wir können es nur erzählen, können es nur poetisch erahnen –, ist Stille.

Unser (waches) Leben setzt sich aus zwei zentralen Bereichen zusammen, „Privat" und „Beruf" – eine Trennung übrigens, die in der Menschheitsgeschichte relativ jung ist und erst einsetzte, als Menschen über ein großes Maß an „freier Zeit" verfügen konnten, Zeit, in der sie nicht in vorbestimmte (Arbeits-)Abläufe eingebunden waren –, und wird bestimmt, geprägt, ja manifestiert sich überhaupt erst durch Kommunikation. Ob zwischen Eltern und Kindern, Lehrern und Schülern, ob im Ausdruck von Liebe oder im Vermitteln von Programmen, die bei sportlichen Aktivitäten zum Ziel führen. Rechtsprechung und Politik, wissenschaftliche Arbeit und Schauspiel, Lachen und Weinen – fällt dir ein einziger Bereich unseres Lebens ein, der nicht auf Kommunikation aufbaut? Du könntest nun den Einsiedler, den indischen Guru anführen. Aber selbst die beiden haben ein gemeinsames und eindeutig motiviertes Ziel: die innere Stimme wahrzunehmen und von Gott, welchem auch immer, erhört zu werden!

Und wir wissen, dank unserer Intuition, wie eine erfolgreiche Kommunikation abzulaufen hat: nämlich durch das Erzählen einer Geschichte.

Auch wenn es überheblich klingen mag, weil ich es mit einer solchen Bestimmtheit niederschreibe, noch dazu wo ich keine Quellennachweise in einer Fußnote, sondern nur meine Besuche am Mississippi als Beleg vorweisen kann, behaupte ich, dass jegliche Form von Kommunikation, ob privat oder beruflich, den Prinzipien des Märchens von der Wahrheit entspricht. Denn in jedem Erzählen verbinden wir diese beiden: die Wirklichkeit und unsere ganz persönliche Sicht davon.

Analysieren wir die Geschichte und fragen, was für die Wahrheit steht: Das ist der Moment, in dem wir auf den Auslöser der Kamera drücken und damit einen räumlichen und zeitlichen Ausschnitt festhalten, der genau so stattgefunden hat. Damit spiegeln wir, mit Hilfe unserer Sinne, ein Abbild dieser Wirklichkeit in unserem Inneren, wo es abgespeichert wird. Den Tisch, den wir sehen, zerlegt unser Zentralrechner in jene Bestandteile, für die bereits Daten vorhanden sind: Beim Laien wird dies „groß – klein – rund – eckig – hell – dunkel – hoch – niedrig“ sein. Beim Tischlermeister sind die Angaben spezifischer: Holzart, Bearbeitung und Verarbeitung, Einschätzung seines Wertes. Bereiche, mit denen wir viel, oft und intensiv zu tun haben, verfügen über eine größere Palette an jederzeit abrufbaren Daten als Bereiche, denen wir in unserem Alltag nur selten, oder nur am Rande, beiläufig, begegnen.

> Sei dir bewusst, dass alles, was unser Interesse erweckt, leichter „verstanden“ wird, als das, was von unserer Wahrnehmung nur eingeschränkt aufgenommen wird.

Auf den ersten Blick sieht es so aus, als würden eine Ärztin, die in einem Krankenhaus arbeitet, und ein fanatischer Zuseher von „Grey’s Anatomy“ und ähnlichen TV-Serien, der täglich acht Stunden vor seinem Fernseher sitzt, über die gleichen Bilder im Gehirn verfügen. Aber niemand würde ernsthaft behaupten, dass der Zuseher dadurch befähigt wäre, wirklich in einem Krankenhaus zu arbeiten, ja, es sogar sehr unwahrscheinlich ist, dass er in einer Notsituation auf der Straße richtig reagieren würde. Das kommt daher, weil diese Bilder von spezifischen Situationen völlig unterschiedlich bearbeitet, verarbeitet und verstanden werden: Die Ärztin ist darauf trainiert, solche Bilder in Bruchteilen von Sekunden abrufbar zu haben, um sie zu bewerten und sofort handeln zu können. Der TV-Fan hat seine Bilder in der Entertainment-Abteilung archiviert, wo sie höchstens irgendwann einmal hervorgeholt werden, um zu wissen, ob er eine Serie schon gesehen hat.

Kommen wir zurück zu unserer Geschichte und hinterfragen, wofür „das Märchen“ steht. Das Märchen in dieser Geschichte, das sind wir. Das ist der Mensch, der alles, worauf er trifft, also das, was in ihm als Wirklichkeit, als Wahrheit, abgespeichert wurde, reflektiert, in Bezug zu sich setzt und mit seinem Stempel versieht. Dieser Stempel ist gefertigt aus Intuition, Vorstellungskraft, Liebe, Glaube, Hoffnung, Emotion – allesamt Fähigkeiten, die nur durch ihre Ausführung, in ihrer Wirkung existieren und beschreibbar werden. Denn „dass wir nur mit dem Herzen gut sehen“, ist Poesie, aber kein Fakt.

> Sei dir bewusst, dass wir in allem, was wir tun, „Märchen“ und „Wahrheit“ miteinander verknüpfen, um so ein für uns verständliches Bild zu erhalten …

Das Märchen also steht für die individualisierte Form der Wirklichkeit.

Und das Ende der Geschichte, wenn sich Märchen und Wahrheit finden und gemeinsam durch die Welt gehen? Es bedeutet, dass die Wirklichkeit mit Hilfe des Märchens aufgeladen wird, ein Energieaustausch stattfindet, die beiden sich verbinden und „wenn sie nicht gestorben sind, leben sich auch heute noch!!!“ Für unseren Alltag heißt dies konkret, es wird nicht nur ein vorgegebenes Programm abgespult, ein Dienst erfüllt, eine Zahlenreihe abgearbeitet, sondern das Programm, der Dienst, die Zahlenreihe werden durch den Menschen „aufgeladen“, wir sind der Strom, der die Energie liefert. Wir fügen der starren, stummen Wirklichkeit etwas hinzu und machen sie dadurch lebendig, erfahrbar, begreifbar. Es sind unser Engagement, unser Enthusiasmus, aber auch unsere Sorge, Kritik,

Ablehnung, die ein theoretisches Konzept, das zunächst nur aus Fakten besteht, durch den Stempel, den wir ihm aufdrücken, zum Ziel führen: es erfolgreich werden lassen. Denn das Ziel ist klar: Nicht das Konzept selbst, welches immer es auch sein mag – die Ehe, die Demokratie, Ausbau des Tourismus in einer Region –, ist das Entscheidende, sondern seine Umsetzung. Und diese Umsetzung geschieht ausschließlich mit Hilfe von Kommunikation. Durch miteinander reden. Das Konzept, welches auch immer, muss mit jemandem „geteilt" werden, nur dann kann es eines Tages auch Realität werden. Und wenn wir es teilen wollen, brauchen wir dazu einen Gegenpart, einen Mitspieler. Der zuhört. Und versteht.

Erinnerung Nr. 32
Wie man erfolgreich eine Geschichte erzählt

Das klingt so herrlich einfach. Und ist doch so komplex. Weil es dafür kein Basisrezept gibt. Weil jede Begegnung, die in einer Kommunikation mündet, einen neuen Versuch darstellt, erfolgreich zu sein. Haben wir wirklich etwas mitzuteilen, ist es unser Antrieb, mit dieser unserer Botschaft auch durchzudringen. Dazu müssen wir uns sozusagen immer wieder neu erfinden: Wir können uns weder an Standardsätze noch an Standardgesten halten, weil wir bei den Reaktionen, die unsere Geschichte hervorruft, jederzeit auf Abweichungen vorbereitet sein müssen. Zwar verfügen wir über ein Stammrepertoire, auf das wir zurückgreifen, aber selbst Standardsituationen erfordern oft, spontan reagieren zu müssen.

Um dieses Ziel zu erreichen – und noch einmal: Wir wollen es *immer* erreichen, sobald wir eine Kommunikation starten, die über „Smalltalk" hinausgeht –, greifen wir auf ein Stammrepertoire zum Erzählen einer Geschichte zurück. Es ist ein ganzheitliches Programm, das wir dabei zum Einsatz bringen (Liebe Pragmatiker! Ich weiß, dass bei euch allein schon bei dem Wort „ganzheitlich" Zuckungen einsetzen, weil ihr dabei an Esoterik, Birkenstock, Ayurveda, Walpurgnisnacht und Blumenfeen denkt. Wovon ich spreche, ist ein Programm, das der Putzmann genauso anwendet wie die türkischstämmige Wissenschafterin – und beide tun es unbewusst ...). Es besteht aus der verbalen, gesprochenen, und der nonverbalen, der körpersprachlichen Vermittlung.

Würdest du in einem Kommunikationsseminar sitzen und nicht in das Buch eines Märchendichters starren, wäre jetzt der Moment gekommen, wo der gutaussehende und überzeugende Trainer lässig die Fernbedienung drückt und sagt: „Sehen wir uns jetzt am Alltagsbildschirm (oho, wie poetisch, denken sich die Teilnehmer ...) ein paar Situationen in inszenierten Bildern an, die meine Aussagen illustrieren."

Szene 1: Eine Geschäftsführerin, die ihre Mitarbeiter in den Versammlungssaal bestellt hat, um ihnen etwas Wichtiges mitzuteilen. Als die Leute den Saal betreten, liegt sie bereits auf der Bühne – kerzengerade, stramm wie ein Soldat beim Salutieren, in einem korrekt sitzenden, grauen Kostüm und Highheels und hält in dieser Position eine flammende Rede. Wird sie mit ihren wohlüberlegten Worten ihre Mitarbeiter erreichen und motivieren? Werden die Mitarbeiter anschließend, in den Büros, in der Mittagspause über ihre Argumente diskutieren oder über ...?

Szene 2: Ein arbeitsloser Frisör mit bislang tadelloser Karriere kommt zu einem Vorstellungsgespräch in den Topsalon der Stadt. Er erscheint im durchgeschwitzten Laufdress, mit sichtlich ungewaschenen Haaren, schwarzen Rändern unter den Fingernägeln und hält eine Bierdose in der Hand. In sachlichen Worten und eleganter Sprache erklärt er seinen bisherigen Werdegang und signalisiert, dass er weiß, wovon er spricht, und dass er sich mit den spezifischen Anforderungen des Arbeitsplatzes wirklich auseinandergesetzt hat. Wird er den Job bekommen ...?

Szene 3: Eine klassische Schulsituation – Schüler wird zur Prüfung an die Tafel gerufen. Schüler hat nichts gelernt. Schüler weiß, dass in wenigen Augenblick eine Katastrophe über ihn hereinbrechen wird.

Schüler hasst Lehrerin und sie hasst ihn. Zu sehen ist der Weg von der Schulbank in der dritten Reihe bis hinaus zur Tafel. Wird der Schüler motiviert von seinem Sessel hochspringen, mit geradem, durchgestrecktem Rücken in sicheren, schnellen Schritten zielstrebig in Richtung Tafel schreiten, dabei sofort Augenkontakt mit der Lehrerin aufnehmen und diesen auch während des gesamten Weges halten, um dann mit kräftiger, überzeugender Stimme eine Antwort auf ihre erste Frage in das Klassenzimmer zu schmettern? Oder wird er die Erwartungshaltung seiner Lehrerin erfüllen: sich langsam erheben, so als würde er lieber sitzen bleiben, den Kopf nach hinten zu seinen Freunden wenden, um damit zum Ausdruck zu bringen: „Warum schon wieder ich? Sie hat wirklich ein Problem mit mir. Ich hasse sie!“; zwischen den Reihen hindurch sich in schleppenden Schritten nach vorne hanteln, jeder Schritt ist ein Zeitgewinn, die Schultern hängend, der Rücken krumm, den Blick zu Boden gewandt: „Ich will dich blöde Tussi gar nicht sehen.“ Endlich draußen angekommen, wird eine Antwort mit kaum hörbarer Stimme, zwischen den Lippen herausgepresst, in irgendeine Richtung gegeben, nur nicht dorthin, wo das unzusammenhängende Gestammel auch gehört werden könnte. Wird der Schüler seine Lehrerin verblüffen, oder ihre Erwartungen bestätigen ...?

Erinnerung Nr. 33
Die Wichtigkeit von Körpersprache für unsere Kommunikation

Ohne dass wir das Wissen über die Wirkung unserer Körpersprache (außer in Ausnahmefällen, da denken wir aber vorher darüber nach, oder üben es sogar vor dem Spiegel) bewusst einsetzen würden (ich habe bei diesen Beispielen vorausgesetzt, dass weder die Geschäftsführerin noch der Frisör und auch nicht der Schüler bewusst ein gesellschaftskritisches, künstlerisches oder politisches Statement setzen wollten), erzählen wir unsere Geschichte als „Bilderbuch": ein Drittel Text, zwei Drittel Bild. Auch wenn dir dieses Verhältnis bei erster Überlegung unrealistisch erscheint, daraus setzt sich unsere Kommunikation zusammen! Denk doch einmal darüber nach, wie ein einzelner Blick, ein kaum sichtbares Hochheben der Augenbraue (der König, du erinnerst dich, ist darin Meister ...) oder das einzigartige Gestikspiel italienischer Hände und Arme eine ganze Geschichte zu erzählen imstande ist!

Wenn wir in Alltagssituationen eine Kommunikation starten, denken wir zunächst nicht darüber nach, in welchem Verhältnis wir die verbalen und nonverbalen Signale verteilen werden, wir agieren in den allermeisten Fällen spontan, ohne darüber (noch einmal: außer in Ausnahmesituationen) wirklich nachzudenken, ob und wie die Botschaft beim Gegenüber ankommt. Wir verlassen uns vor allem auf unser Stammrepertoire und seine erprobte Wirkung. Ohne großes, langwieriges Hinterfragen entscheidet die Ratio selbstständig, dass der Bursche, der gerade die Frau seines Lebens erblickt hat, sie nicht zur Begrüßung aggressiv anschreien wird. Und die bildschöne junge Frau wird, wenn ihr am Abend in einer unbelebten Straße zwei düster dreinblickende Jugendliche entgegenkommen, sicher nicht schnell die drei obersten Knöpfe ihrer Bluse öffnen und den ohnehin schon kurzen Minirock noch ein bisschen hochziehen, sondern wird ihren Körper straffen, aufrichten, wird das Tempo ihrer Schritte erhöhen und überlegen geradeaus schauen. Das ist Standard.

Standard ist auch das Verhalten des Mitspielers, also desjenigen, der in diesem Augenblick den zuhörenden Part übernommen hat. Denn er sendet ausschließlich nonverbale Signale (damit erklärt sich auch das seltsam anmutende Verhältnis von ein Drittel verbal und zwei Drittel nonverbal für den Kommunikationsakt: Die eine Hälfte agiert nur und ausschließlich nonverbal, macht 50%, während die aktive Hälfte verbal und nonverbal zu circa gleichen Teilen mischt). Und zwar ganz wichtige: Er ist es, der dem Gegenüber die alles entscheidende Bereitschaft zum Beginn der Kommunikation signalisiert. Unter normalen Umständen (vergessen wir wieder die Ausnahmen ...) wird sich niemand hinstellen und einfach drauflosquatschen. Das wäre ja so, als würden wir am Mississippi Tennis spielen – und jeden Ball, den wir spielen, im Fluss versenken und uns wundern, warum er nicht zurückgespielt wird. Wir spielen auf einem Platz, und wir spielen nur und ausschließlich, wenn auf der anderen Seite ein Mitspieler bereit ist, den Ball, gut oder schlecht, zu retournieren.

Ist als erster Schritt diese Bereitschaft signalisiert, startet – genauso wie beim sprechenden Gegenüber – im nächsten Schritt das Stammrepertoire: Zustimmung wird mit begleitenden Gesten wie Kopfnicken,

Näherrücken des Körpers, vielleicht sogar Körperkontakt wie zum Beispiel auf die Schulter klopfen, mit Gefühlsbezeugungen wie Lachen oder Weinen, wird mit einer ganzen Palette an Lauten wie aha, hm, zzz und noch vielem mehr bekundet. Klassische Gesten für eine ablehnende Haltung sind Gähnen, auf die Uhr schauen, den Körper zurückbeugen – weg vom Sprechenden –, sich ständig nach etwas oder jemandem umdrehen, also nicht den Augenkontakt halten, Reiben des Nasenrückens, Bohren im Ohr („habe ich richtig gehört?!?"), mit den Fingern ungeduldig auf den Tisch trommeln. Und dann natürlich mimische Gesten: die Augenbrauen nicht hochziehen, sondern zusammenziehen, die Mundwinkel oder das ganze Unterkinn nach unten fallen lassen, das Gesicht in Falten legen.

> Sei dir bewusst, dass das Gegenüber, wer immer es auch sein mag, die Geschichte, die du erzählst, durch seine Interpretation mitbestimmt …

So viel, beziehungsweise so wenig, braucht es, um ein simples Alltagsgespräch in Gang zu setzen, in Gang zu halten und zu einem erfolgreichen Abschluss zu führen. Das Ziel: beglückt zu sein.

„Wie geht es dir?" – „Danke, gut!" – 3 Sekunden.

Erinnerung Nr. 34
Die chinesische Fabel

Seit 2005 erzähle ich eine Fabel, die ich in fast jedes Programm einbaue, weil die Menschen diese Geschichte lieben. Das kann ich so unbescheiden sagen, weil – sie nicht von mir ist. Es ist eine jener Geschichten, von denen man sich wünscht, man hätte sie erfunden. Geschichten, die man erzählt, davon bin ich nach 33 Jahren in diesem Metier fest überzeugt, haben einen gesucht und man hat sie gefunden. Sie scheinen auf den ersten Blick nichts mit dir zu tun zu haben, aber du stößt auf sie, so wie man, im Rückblick, es als völlig selbstverständlich empfindet, irgendwann auf einen Menschen, der zu einem wichtigen Freund wurde, gestoßen zu sein. Aus Angst, er könnte nicht oder nicht mehr da sein, vereinnahmt man ihn und so wird er zu einem Teil der eigenen Geschichte. Erzähle ich also diese Geschichte, natürlich in meinen eigenen Worten als Dichter, so wird sie, ob ich will oder nicht, *meine* Geschichte, weil sie nicht nur ihr – großartiger – Inhalt ausmacht, sondern auch unsere erste Begegnung, unser Kennenlernen, die darauf entfachte Liebe, die mich nun schon seit vielen Jahren überallhin begleitet und zehntausende glückliche Lächeln in Gesichter in vielen Ländern zauberte.

Es war damals während meiner dritten China-Tournee. Die Universität von Nanjing war nach Beijing, Shanghai der dritte Stopp. Nach meiner letzten Vorstellung in der Aula der Universität wollte ich, bevor man mich zurück ins Hotel brachte, noch einen kleinen Spaziergang über den wunderschönen Campus machen.

Hier muss ich gleich das erste Mal unterbrechen: Als ich später darüber nachdachte, war dies schon seltsam, da ich so etwas vorher noch nie gemacht hatte. Das übliche Procedere ist: Vorstellung – anschließend kommt ein Haufen Menschen auf dich zu, redet mit dir, will eine Unterschrift. Das dauert meist lange. Deine Begleiter werden schon ungeduldig. Entweder gibt es irgendein Essen oder du musst schnell zurück ins Hotel, weil schon bald der nächste Programmpunkt beginnt, oder du bist müde und willst nur noch schlafen. Ich kann mich auf jeden Fall nicht daran erinnern, je den Wunsch geäußert zu haben, allein einen Spaziergang auf einem Unigelände machen zu wollen.

Ich schlenderte los. Ich war ziemlich glücklich. Der Auftritt war sehr sehr gut gelaufen, ich fühlte eine tiefe Befriedigung. Ich liebte meinen Job. Da es mitten am Vormittag war und in allen Räumen Vorlesungen liefen, war der Campus fast menschenleer. So kamen die dicken, mächtigen Bäume noch mehr zur Geltung. Ich verließ den Weg und lief zwischen den Bäumen hindurch. Dann sah ich ihn. Genauso, wie ich es beschreibe, war es: Ich gehe zwischen den Bäumen, schaue mal links, mal rechts auf die wie gemeißelten Stämme, bleibe plötzlich ruckartig stehen, weil irgendetwas irgendwie meine Aufmerksamkeit auf sich gezogen hat, mache einen Schritt zurück, wende meinen Kopf noch einmal nach rechts, wo eingerahmt von zwei Baumriesen ein Bild, eigentlich ein unter diesen Umständen – China, Universität, Park – ganz gewöhnliches Bild auftaucht: Auf der Steintreppe eines Vorlesungsgebäudes sitzt ein alter Chinese. Er trägt die typische blaue Mao-Uniform, auf dem Kopf eine Schirmkappe in derselben Farbe. In der Hand hält er einen Strohbesen. Alles deutet darauf hin, dass der

Mann ein Straßenkehrer, ein Universitätswegekehrer ist.

Der Mann blickt mich an. Das war es wahrscheinlich, was meine Aufmerksamkeit auf sich gezogen hatte. Denn sofort habe ich das Gefühl (eben: Ich weiß es nicht, auch heute noch nicht, aber etwas in mir produzierte eine Erwartung, eine ganz seltsame Erwartung ...), er blickt mich an, als hätte er dort auf mich gewartet, und nicht, als würde er zufällig einem zufällig vorbeikommenden Ausländer nachschauen. Sein Blick muss so stark gewesen sein, dass er mich damit hatte aufhalten können. Ich wende mich ihm nun frontal zu und wir sehen uns an. Seine Erscheinung faszinierte mich. Es war kein Einklang herzustellen zwischen dem schönen, eleganten Gesicht eines weisen Alten und seiner augenscheinlichen Tätigkeit eines Straßenfegers. Ich wusste nicht, was ich tun sollte. Zu ihm gehen, oder ihm verlegen zuwinken und weitergehen, zwischen den Bäumen hindurch, vielleicht sich noch einmal umdrehen und wenn sein Blick immer noch bei mir ist, nochmals winken? Er muss meine Gedanken gelesen haben, denn er lächelte. Das Lächeln hatte seinen Ursprung primär in seinen Augen, der Mund war nur Statist, wie ein Einweiser, der nach oben zeigt: Dort liegt es. Sein Lächeln war eine Einladung, deren Text ich auf Anhieb verstand, und mich sofort in Bewegung setzte.

Hier muss ich wieder unterbrechen: Ich bin an sich ein schüchterner, zurückhaltender Mensch. Unter normalen Umständen hätte ich gewunken, als Zeichen der Dankbarkeit, dass er mich wahrgenommen hatte, und wäre weitergegangen. Zwischen den Bäumen. Aber der Wegweiser an dieser völlig, wirklich *vollkommen* unscheinbaren Wegkreuzung, wo es keinerlei Anzeichen dafür gab, dass überhaupt eine existiert, zeigte eindeutig in die Richtung des alten Chinesen. Ich dachte weder nach, noch analysierte ich, ich ging einfach los.

Als ich nach ein paar Schritten vor ihm stand, tat ich wieder etwas, was außerhalb meines Stammrepertoires lag, was im Rückblick geradezu lächerlich anmutet: Ich hockte mich vor ihn hin, sodass unsere Augen auf gleicher Höhe waren, wie man sich vor ein kleines Kind hockt, um es nicht zu erschrecken, oder vor jemanden, den man küssen möchte, um es nicht von oben herab tun zu müssen. Da hockte ich jetzt also, lächelte, verlegen, weil ich keine Ahnung hatte, was da gerade ablief, und sagte das einzige chinesische Wort, das ich kenne bzw. aussprechen kann. Ni hao. Hallo. Es war zum einen dieses Wort, das ich anscheinend ziemlich authentisch ausgesprochen hatte, zum anderen der jenseits seiner Vorstellung liegende Gedanke, es könne jemanden geben, der *nicht* seine Sprache spreche und verstehe. Zuerst nickte er einen Gruß zurück und dann redete er drauflos.

Daraufhin meine nächste völlig rätselhafte Reaktion: Normalerweise hätte ich ihn – ich kenne mich ziemlich gut – ein paar Sekunden reden lassen, ihn dann mit einem „Sorry, I don't speak any Chinese" unterbrochen (als ob die Chance, dass ein chinesischer Straßenfeger Englisch sprechen kann, größer wäre, als dass er Deutsch beherrscht ...), mit den Schultern gezuckt, noch einmal „sorry" gesagt, wäre aufgestanden, obligatorisches Winken, hätte untertänigst ein, zwei Schritte rückwärts gemacht (als wär er ein König ...) und wäre dann schleunigst zu den Bäumen zurückgekehrt und verschwunden. Aber was tat ich: Ich hielt inne, wohl mit einem ziemlich verzweifelten Gesichtsausdruck, berührte ihn an beiden Schultern, schüttelte dabei den Kopf und sagte: „No Chinese! Ich spreche kein Chinesisch. Warte." Da mir offenbar klar war, dass er dieses deutsche Wort nicht verstehen würde, deutete ich ihm „Warten". Mehrmals. Irgendwie aufgeregt. Bis er verstummte, mich ansah und wieder nickte. Dieses Mal wohl ein Ja. Und ich? Ich sprang auf und rannte los. Ich rannte zurück zur Halle, wo ich vor einer halben Stunde meinen Vortrag gehalten hatte. Ich rannte, als würde mich die Angst treiben, der Alte könne sterben, bevor ich erfahre, was er mir zu sagen hatte.

Dort fand ich noch ein paar Studenten, die zusammenstanden. Ich kam ziemlich außer Atem bei ihnen an, in ihren Gesichtern konnte ich lesen, dass sie vermuteten, mir müsse Schreckliches zugestoßen sein. Ich atmete zwei, drei Mal tief durch und sagte dann, ich bräuchte dringend jemanden zum Übersetzen, ein Chinese wolle mir etwas sagen und ich verstünde nicht, natürlich nicht. Während die meisten aus der Gruppe, vier Burschen und ein Mädchen, unsicher lächelten – immerhin war ich vor einer halben Stunde der „Big Guy" aus Weitweg gewesen, dem sie frenetisch applaudiert hatten, und jetzt stand ich verzweifelt Hilfe suchend vor ihnen –, verstand das Mädchen (klar, wer sonst ...) sofort meine Stimmung. „Natürlich", sagte sie ganz cool und zog mich mit sich.

Der Alte saß noch genauso da, wie ich ihn verlassen hatte. Mit demselben Lächeln wie vorhin, und als hätte er dieses Mädchen ebenso erwartet, begrüßte er sie. Ohne gewusst haben zu können, dass ich es vorhin so gemacht hatte, hockte sie sich vor den Alten, ich neben sie und er begann sofort, das zu wiederholen – so kam es mir zumindest vor –, was er vor ein paar Minuten zu mir gesagt hatte. Es war nur ein kurzer

Satz, auf den sie mit einem Lachen und einer längeren Antwort reagierte, worauf er wiederum nickte und ihr mit nur wenigen Worten antwortete. Nach einer kurzen Nachdenkpause, in der sie den Alten anschaute, und einem Kopfschütteln, das von einem ungläubigen Lächeln begleitet war, übersetzte sie endlich: „Er sagt, er möchte Ihnen eine Geschichte erzählen. Worauf ich ihm antwortete, das sei aber lustig, weil Sie ein berühmter Geschichtenerzähler von Weitweg sind und von einem alten Chinesen mit einem Besen wahrscheinlich keine Geschichte zu hören brauchen. Darauf sagte er" – sie machte eine kleine Pause und lachte wieder, als müsse sie sich für ihn schämen –, „ja, er wisse wohl, dass Sie ein Geschichtenerzähler seien!"

Der Alte und ich sahen uns an. Meine Augen wurden feucht. (Das passiert mir ständig. Wenn Sebastian Vettel über die Ziellinie rast und per Boxenfunk rührende Worte an seine Mechaniker rausschreit, wenn ich auf einem Hügel stehe und es still ist und plötzlich von links eine Krähe ins Bild segelt, wenn ich in einer Polytechnischen Schule in einem Ausländerbezirk vor einer Gruppe 15-jähriger Burschen und Mädchen sitze, vor denen mich der Direktor gewarnt und erzählt hatte, dass einige dieser Mädchen schon auf den Strich gingen und einige der Burschen als Bandenmitglieder ihr Unwesen trieben, und alle – *alle* – sitzen mit großen, leuchtenden Augen vor mir und sie hören mir zu und sind zu Kindern geworden, die nichts als Liebe und Aufmerksamkeit und Zeit haben wollen.) Ich hatte es gespürt. In dem Augenblick, als er in dem Bild, eingerahmt von zwei dicken, alten Bäumen, aufgetaucht war. Und ich dachte mir – das war es, was mir die Tränen in die Augen trieb: War ich an die Uni, war ich nach Nanjing, war ich nach China gekommen, hatte ich deshalb den Brief des österreichischen Botschafters in Beijing mit der Einladung zu dieser Tournee sofort beantwortet, weil ich ihn, den Alten mit dem Besen auf den Stufen eines Vortragssaales, habe treffen *müssen*?

Er begann wieder zu sprechen, jetzt an mich gewandt, das Mädchen war nicht mehr da, war nur mehr Mittel zum Zweck (das klingt hart, aber so war es und als ich mit ihr nach dieser Begebenheit darüber sprach, sagte sie, sie hätte sich wahrhaftig als Werkzeug, aber in einem sehr positiven Sinn, gefühlt ...). Und das sagte er:

„Ich kehre seit 40 Jahren die Wege hier an der Universität. Ich muss meine Augen immer zu Boden gerichtet haben, um wirklich allen Schmutz wahrzunehmen. Ich nehme meine Arbeit sehr ernst, weil ich mir denke, wie würde es hier sonst aussehen. Wo all die jungen Menschen studieren, um eines Tages die Welt noch besser zu machen, als sie schon jetzt ist. Ich bin verantwortlich für ein kleines Stück der Welt, das ich zu reinigen habe. Wenn ich Pause mache und mich auf die Stufen setze, dann blicke ich auf. Schaue ich in die Augen der Menschen, die auf meinen Wegen laufen, und bin stolz. Aber kaum einer erwidert meinen Blick. Es ist selbstverständlich für sie, dass auf den Wegen, auf denen sie einem Ziel zueilen, von hier nach da, von da nach dort, keine Hindernisse liegen. Das verstehe ich, weil ihre Augen auf das Ziel und nicht auf den Weg gerichtet sind. Findet mal jemand meine Augen, lächle ich. Das letzte Mal, dass ich ein Lächeln zurückbekommen habe, war am 16. August 1981, vor 24 Jahren. Ich kann mich sehr genau daran erinnern. Es war ein junger Mann, der langsam, mit gesenktem Kopf auf mich zukam. Plötzlich sah er vor sich eine kleine, weiße Feder liegen. Gleichzeitig musste er wohl den Klang wahrgenommen haben, den mein Besen macht, wenn ich ihn gleichmäßig und rhythmisch von links nach rechts über den Boden ziehe. Er sah kurz zu mir auf, unsere Blicke trafen sich, er sah bedrückt aus, etwas musste ihm widerfahren sein, dann bückte er sich schnell, hob die Feder, knapp bevor mein Besen sie aufgewirbelt und in den Rasen links und rechts des Weges geweht hätte, auf und hielt sie zwischen zwei Fingern, wie etwas Wertvolles. Ich war vor ihm stehen geblieben und beide schauten wir auf diese kleine, weiße Feder, dann sahen wir uns an und dann lächelten wir. Ich dachte mir, er hat die Feder vor mir gerettet und er lächelt, weil er sich wünscht, dass jemand auch ihn retten würde. Dann ging er weiter. Und auch ich setzte meinen Weg fort. Mit meinem Besen, der gleichmäßig von links nach rechts fährt. Es war der 16. August 1981, knapp vor Mittag. Jeden Tag muss ich an diese Geschichte denken. Was wohl aus dem jungen Mann geworden ist? Ob er sich auch noch an diesen Augenblick erinnert? Vielleicht liegt die weiße Feder nun auf seinem Schreibtisch. Es ist ein großer, brauner Schreibtisch in einem Büro eines wichtigen Ministeriums. Sie liegt dort in einem kleinen Kästchen aus Glas und wenn Besucher kommen und Platz nehmen und dem wichtigen Mann, der vor ihnen sitzt, ein bisschen ängstlich in die Augen sehen, fällt ihr Blick unweigerlich auf das Kästchen, und sie sehen die Feder und denken sich, was hat die wohl zu bedeuten. Warum liegt sie hier? Und sie beginnen, sich darüber Geschichten auszumalen, und plötzlich sehen sie den Mann, der vor ihnen sitzt und vor dem sie gerade noch ein bisschen Angst gehabt hatten, mit anderen Augen. Sie denken sich, ein Mann, der so ein kleines, unscheinbares Ding auf seinem Schreibtisch liegen hat, statt eines Schwertes, statt einer goldenen Uhr, statt eines Fotos, das ihn mit einem noch wichtigeren Mann zeigt, ein solcher Mann muss ein guter sein. Und dann lächeln sie, die Menschen, die dort am großen, braunen Tisch sitzen. Und der Mann lächelt zurück. Am Ende des Gespräches, wenn beide aufstehen und sich verabschieden, fällt ein letzter schneller Blick auf die Feder, wie aus Dankbarkeit, gerade so, als wäre sie es gewesen, die das Treffen mit dem Mann zu einem guten hat werden lassen. Ja, das denke ich mir. Jeden Tag denke ich mir eine andere Geschichte zu dieser Feder aus.

Die Geschichte, mit der ich heute beschäftigt war, als ich auf den Stufen saß, hatte so begonnen: Wieder einmal war jemand vor dem großen, braunen Schreibtisch gesessen, es war eine junge Frau, und natürlich hatte sie die Feder gesehen, als sie Platz genommen hatte. Natürlich hatte sie auch gelächelt und natürlich war es ein gutes Gespräch geworden. Doch als sie aufstand und sie sich verabschiedeten und als sie sich schon zum Gehen wenden wollte, hielt sie noch einmal inne und fragte den Mann hinter dem Schreibtisch, was es denn mit dieser wunderschönen, kleinen, weißen Feder auf sich habe. Der Mann sah die Frau erstaunt an, kurz schien er fassungslos, verunsichert. Die Frau erspürte sofort die Unsicherheit, die ihre Frage bei ihm ausgelöst hatte, und wollte eine Entschuldigung vorbringen, um dann schnell zu verschwinden, aber schon hatte sich der Mann wieder unter Kontrolle, er lächelte, ein anderes, ein ganz anderes Lächeln als vorhin, setzte sich und bat die junge Frau, sich auch wieder zu setzen. ‚Diese Feder', sagte er und nahm das Kästchen vorsichtig in die Hand und betrachtete die Feder mit einem Ausdruck von Liebe,

Freude und Glück, ‚liegt nun schon seit Jahren hier auf meinem Schreibtisch. Jeder, der zu mir kommt, wirft einen Blick darauf. Und fast ein jeder lächelt. Manche vielleicht, weil sie eine so einfache, klare Schönheit ausstrahlt, andere, weil sie an einen Vogel erinnert, der vielleicht ein Lied singt. Einige werden lächeln, weil sie es seltsam finden, dass so ein Ding auf meinem Schreibtisch steht. Wissen Sie, viele der Menschen, die zu mir kommen, haben ein bisschen Angst. Sie wissen nicht, was sie erwarten wird. Ob ich ihre Hoffnungen, ihre Sehnsucht erfüllen werde. Und dann sehen sie dieses kleine unscheinbare Ding, das ich hier wie einen Schatz hüte. Und sie denken sich, wenn er dieses Kleine, dieses Unscheinbare schätzt, wird er vielleicht auch mich Kleines, Unscheinbares schätzen. Daraufhin haben sie ein bisschen weniger Angst und wir können ein gutes Gespräch beginnen. Es sind immer nur ein paar Sekunden, vielleicht so 3, die über den Ausgang entscheiden: der Blick auf diese Feder hier. Aber noch nie, in all diesen Jahren, hat jemand gewagt, mich zu fragen, was es mit dieser Feder auf sich hat. Obwohl es eigentlich nahe läge. Als ich nach und nach begriff, welche Bedeutung diese Feder auf meinem Schreibtisch hat, was sie in den Menschen, die zu mir kommen, auslöst, begann ich, mir immer öfter auszudenken, wer es wohl sein wird, wer eines Tages diese Frage an mich richten würde. Ich war mir sicher, dass es eine Frau sein würde. Frauen benötigen 3 Sekunden, sie zu entdecken, Männer 30. Meist werfen Frauen sogar ihren ersten Blick darauf, oft noch bevor sie mich begrüßt haben, während Männer immer zuerst mir in die Augen sehen, um die Situation besser einschätzen zu können.

Und weil ich Märchen liebe, tauchte natürlich irgendwann das Motiv auf, dass diejenige – verzeihen Sie mir, dass ich Ihnen dies nun erzähle, nehmen Sie es bitte als Spaß und Spiel meiner Fantasie – dass diejenige die Frau meines Lebens wäre, die mich als Erstes danach fragt. Es ist inzwischen so weit, dass ich alle Menschen, die mein Büro betreten, einer ersten Beurteilung dahingehend unterziehe, ob, und wenn ja, wie sie dieser kleinen Feder begegnen. Ich sagte Ihnen schon, fast alle bemerken sie und fast alle reagieren darauf. Mit jenen, die sie nicht bemerken, ist ein gutes Gespräch nur ganz selten möglich, ja, ich denke mir oft, dass ich vorverurteile und denen, die sie ignorieren, von vornherein keine Chance gebe. Ich empfinde die Feder wie ein Kind, das auf meinem Schoß sitzt. Und was soll ich mit Menschen anfangen, die mir während des Gesprächs starr in die Augen blicken und – peinlich berührt, weil sie nicht wissen, wie damit umgehen – so tun, als wäre das Kind gar nicht da. Die meisten aber schenken zuallererst dem Kind ihre Aufmerksamkeit, natürlich, wer, der ein Herz besitzt, würde das nicht tun – und lächeln. Dann weiß ich, es wird ein gutes Gespräch. Und die Erste, die mich danach fragen würde – verzeihen Sie, ich meine dies natürlich nicht ernst, es ist nur meine Fantasie –, wäre die, auf die ich all die Jahre gewartet habe. Ich würde sie einladen, sich zu setzen, und ich würde ihr die Geschichte erzählen, wie die Feder zu mir gekommen ist. Ich würde ihr erzählen, dass es während meiner Zeit an der Universität Momente gab, in denen ich sehr unglücklich war, in denen ich zweifelte, ob ich am rechten Weg sei. Ich lief und lief und lief und kam doch nie an eine Kreuzung, an der ein Wegweiser stand, mir eine Richtung anzuzeigen, ein Ziel, dem ich all meine Aufmerksamkeit und Liebe schenken konnte. Als ich eines Tages wieder ganz bedrückt vor Sorge einen Weg entlanglief, lag da plötzlich diese Feder vor mir. Wäre ich glücklich gewesen, hätte ich meinen Kopf dem Himmel und der Sonne und den Kronen der alten Bäume entgegengestreckt, aber ich war unglücklich und starrte zu Boden. Und da lag sie. Ich weiß noch jeden einzelnen der Gedanken, die ich damals hatte: Denn ich hatte mich gewundert, warum dieser Weg, auf dem ich ging, so rein, so unglaublich sauber war, und mir dazu meine Gedanken gemacht. Ich hatte den Zustand dieses Weges als Gleichnis für mein Inneres empfunden. Die Feder erschien zuerst als Makel, ja, ich sah sie als Makel, als „Schmutz", etwas, das dieses Bild des Makellosen störte. Bis eine innere Stimme mir mit einem Mal zurief, dass dies die Wegkreuzung sei, die ich so gesucht, auf die ich so sehnsüchtig gewartet hatte. Es war ein so klares, so deutliches Zeichen: eine kleine weiße Feder, die dort entgegen jeder Logik lag, als würde sie auf etwas warten. Dann hörte ich das Geräusch, das meine Gedanken der letzten 3 Sekunden erklären sollte: das gleichmäßige Wischen eines Besens, der hin und her, hin und her am Boden entlangfährt. Also deshalb war der Weg so makellos, deshalb fand ich keine Zeichen auf meinem Weg, weil ein großer Besen alles fortnahm. In wenigen Augenblicken würde der Besen auch dieses Zeichen erfassen und würde es für alle Zeit von meinem Weg und aus meinem Blickfeld nehmen. Immer klarer wurde mir, dass die Feder nur für mich bestimmt war: Wäre ich nur 3 Sekunden später an diesen Ort gekommen, wäre sie nicht mehr dort gelegen, sondern irgendwo im Gras, wo ich sie nicht hätte sehen können, und hätte ich sie gesehen, wäre es irgendeine Feder gewesen, die ein Vogel bei seiner morgendlichen Reinigung dort verloren hatte. Aber sie lag mitten auf dem Weg. Und ich musste sie retten. Ich hatte keine Zeit zu verlieren. Ich bückte mich, gerade noch rechtzeitig, bevor der Besen sie erfasst hätte, ich hob sie hoch und hielt sie, wie einen Schatz, einen unfassbaren Schatz, den ich soeben gefunden hatte, in meiner Hand. Der Wegefeger, ein alter Mann, blieb vor mir stehen und wir sahen uns an. Ein seltsames Gefühl durchjagte mich: Denn war nicht *er* es, der dies alles ausgelöst hatte? Hätte er seinen Besenschwung nur ein ganz wenig beschleunigt, um schneller an den Ort seiner Pause zu kommen, hätte er an diesem Tag nur 3 Sekunden früher seine Arbeit begonnen, oder hätte er sich an diesem Morgen gesagt, heute, ja heute, werde ich meine Routine brechen und als Erstes diesen Weg und nicht den anderen reinigen, dann wäre die Feder nicht mehr dagelegen und mein Schicksal wäre ein anderes geworden. Und plötzlich war mir, als würde ich in den Augen des alten Mannes genau diese Gedanken lesen, als wüsste er Bescheid. Als hätte er, nur für einen Augenblick, seinen Schwung verzögert, als er sah, dass ich langsamer wurde. Als wären wir in einen Gleichklang eingetreten. Ein Gleichklang, der uns nun beide lächeln ließ. Wir lächelten einander an und wussten es. Wir wussten alles. Einen Moment lang – waren es 3 Sekunden gewesen? – hatten wir einander Glück geschenkt. Dann setzte ich mit der Feder in der Hand meinen Weg fort und er seinen – ich lauschte dem Klang seines Besens, wie er über den Boden fuhr, wie er immer leiser wurde, bis er in der Ferne ganz verstummt war. Jeden Tag denke ich an den Alten, ob er wohl noch lebt. Und die Wege kehrt, auf denen die Studenten laufen, auf der Suche nach Zeichen. Seitdem vergeht kein Tag, an dem ich mir nicht den Moment ausmale, an dem wir uns wiedertreffen: Ich laufe durch den Park der Universität. Ich bin schon alle Wege auf der Suche nach ihm abgegangen. Ich bin erschöpft, gehe durch die Wiese zwischen den großen, alten Bäumen hindurch, als plötzlich irgendetwas meine Aufmerksamkeit auf sich zieht. Ich bleibe stehen, mache einen Schritt zurück und sehe, eingerahmt von zwei alten, dicken Bäumen, auf den Stufen eines der Vorlesungsgebäude den Alten sitzen. Und wieder: Er sitzt da, als hätte er auf mich gewartet. Seit dem 16. August 1981. Dem Tag unserer ersten Begegnung.

Ich laufe zu ihm, hocke mich vor ihn hin, so wie man einem Kind ganz nah, Auge in Auge sein will, und erzähle ihm meine Geschichte. Die Geschichte der Feder. Dass sie seit dem Tag, an dem ich sie fand, bei mir ist. Ich sie sogar mit nach Europa genommen habe, wo ich meine erste Arbeit fand. Und sie auch wieder mit mir brachte, als ich zurückkehrte nach Beijing, um ein Büro mit einem großen, braunen Schreibtisch zu beziehen. Vor meinem ersten Arbeitstag war ich zu einem Juwelier gegangen und hatte eine Glasschatulle gekauft – ich wollte die Feder überraschen. Vielleicht dachte sie, ich hätte vergessen, dass sie es gewesen war, die mir das alles geschenkt hatte. Nein, hatte ich nicht. Sie war das Erste, was ich auf meinen Schreibtisch stellte. Und dort steht sie bis heute und ist mir unersetzlich. Sie ist es, die die Menschen lächeln macht, und diese daraufhin mein Büro ein bisschen glücklicher verlassen, als sie es betreten hatten. Aber kein Tag vergeht, an dem ich nicht an Sie denke, und es war mein größter Wunsch, noch einmal hierherzukommen, Sie zu finden und mich zu bedanken. Der Alte lächelt. Und dann sagt er: Auch ich denke noch immer jeden Tag an unsere Begegnung. Und ich war mir ganz sicher, dass Sie eines Tages hier vor mir hocken und mir diese Geschichte erzählen werden. Ich danke Ihnen, dass Sie gekommen sind. Aber jetzt verzeihen Sie, ich muss weiter. Wissen Sie, es gibt sie immer noch, die Studenten, die hier alles Wissen geschenkt bekommen, aber trotzdem die Wege nach kleinen, weißen Federn absuchen. Sonst komme ich womöglich zu spät, Sie verstehen. Und dann stand er auf und ich wandte mich nicht nach ihm um, weil ich den langsam verstummenden Klang seines Besens, wenn er auf dem Weg von links nach rechts wischt, genießen wollte. So war es, das ist die Geschichte der Feder.'

Die junge Frau wird dasitzen und den Mann hinter dem Schreibtisch ansehen", fährt der Alte fort. „Er sieht gut aus, wird sie sich denken. Er könnte ein Prinz sein, ja, auch sie liebt Märchen. ‚Darf ich?', wird sie fragen und auf das Glaskästchen mit der Feder deuten. Und während sie das Ding behutsam in die Hand nimmt und es ganz nah vor ihr Gesicht hält, wird er sich denken: Wie schön sie ist; vielleicht verwirklichen sich in diesem Augenblick meine Träume, war alles nur auf diesen Augenblick ausgerichtet.

Sie schaut auf die Feder und wird sich denken, ich hätte diese wunderschöne Geschichte nie gehört, wenn ich nur dem ursprünglichen Ziel gefolgt wäre: Vorsprache bei L., Erläuterung des Problems, Anhörung der Lösung, Verabschiedung, Ziel erreicht. Aber ich konnte meine Augen, meine Gedanken nicht mehr von der Feder lösen. Und die Frau wird sich denken, kann ich mich überhaupt an seine Rede erinnern, oder haben nur die Worte seiner Geschichte überlebt? Bin ich nicht gerade eben in dieselbe Geschichte hineingezogen worden? Hat die Sehnsucht, die mich angetrieben hatte, diese Frage zu stellen, die unerhörte Frage angesichts des großen, braunen Schreibtisches und der Position dieses Mannes, nicht eine ebensolche

Wegkreuzung hervorgebracht, wie er sie damals auf einem Weg am Universitätscampus von Nanjing wahrgenommen hatte? Und in Bruchteilen von Sekunden werden in ihrer Erinnerung alle Stationen aufgerufen, die notwendig waren, um jetzt auf diesem Stuhl, vor diesem Glaskästchen mit einer kleinen, weißen Feder darin, zu sitzen. Musste das alles geschehen, um wahr zu werden, oder dient dies alles nur der Geschichte eines alten Mannes, um sie eines Tages einem österreichischen Geschichtenerzähler auf den Stufen eines Vorlesungssaales der Universität Nanjing zu erzählen?"

„Was geschah weiter im Büro?", fragte ich den Alten.

„Woher soll ich das wissen", antwortete er. „Als der junge Mann damals hier auftauchte und mir seine Geschichte erzählte, hat er weiter nichts davon berichtet. Mir fiel nur auf, dass er einen Ring, einen Ehering an seinem Finger trug. Es kann also durchaus sein, dass die wunderschöne junge Frau damals seinen Blick erwiderte; das Glaskästchen mit der Feder behutsam wieder an seinen Platz stellte, sich langsam erhob, noch immer ihn fixierend, und dann stehen blieb. Sie sehen sich an. Dann lächeln beide. Und sie sagt – ihr Lächeln hat sich inzwischen zu einem unwiderstehlichen Lachen gewandelt: ‚Das haben wir dem alten Mann mit dem Besen zu verdanken! Wir sollten ihn besuchen und ihm erzählen, wie unsere Liebe begann!'"

„Also doch", sage ich.

„Ich weiß es nicht mit Sicherheit", wimmelt er mein Insistieren ab. „Als mich der Mann nach vielen Jahren noch einmal besuchte ..."

„Was", rief ich dazwischen, „er kam noch einmal, ich dachte ..."

„‚Ja, das sollten wir unbedingt tun', antwortet der Mann, erhebt sich ebenso langsam, noch immer lassen sie sich nicht aus den Augen, er kommt um den großen, braunen Schreibtisch herum auf sie zu und bleibt atemweit vor ihr stehen.

‚Ich habe etwas verschwiegen, das ich von dem Alten damals gehört hatte, bevor er weggegangen war. Ich wusste nicht, ob es schicklich ist, auch davon zu berichten, wo Sie doch nichts als der Zufall in mein Büro geweht hat. Da Sie aber nun die Erste waren, die nach der Feder gefragt hat, will ich Ihnen auch noch das Ende der Geschichte erzählen.

Nach vielen Jahren kam ich wieder. Ich musste wiederkommen, denn meine Frau und ich hatten beschlossen, dass, sollten wir jemals ein Kind haben, es hier an dieser Universität studieren sollte, wo Federn am Weg liegen, die die Richtung weisen. Und als unsere Tochter 18 Jahre alt wurde, sie tatsächlich in Nanjing aufgenommen worden war, wollte ich sie unbedingt persönlich dorthinbringen – meine Frau blieb bei unseren beiden anderen Kindern.

Auf der Fahrt von Beijing nach Nanjing erzählte ich meiner Tochter, warum ich sie unbedingt begleiten wollte. Natürlich kannte sie die kleine, weiße Feder, die ich wie einen Schatz in meinem Büro verwahrte, aber wir hatten ihr nie die ganze Geschichte erzählt. Sofort, als wir auf dem Campus ankamen und während sie das Anmeldeprocedere hinter sich brachte, lief ich durch den Park auf der Suche nach dem alten Mann mit dem Besen. Aber ich konnte ihn nirgendwo finden. Sie können sich vorstellen, wie traurig ich war. Ich war sicher, dass er gestorben war, es waren ja so viele Jahre vergangen, seit ich ihn das letzte Mal gesehen hatte. Ich wollte schon zum vereinbarten Treffpunkt mit meiner Tochter aufbrechen, als ich plötzlich diesen Klang hörte. Und da kam er daher. Er hatte seinen Blick zu

Boden gerichtet und kehrte mit großer Konzentration und Hingabe. Als er vielleicht zwei Meter von mir entfernt war, bemerkte ich ein kurzes, ein ganz kurzes Innehalten in seiner rhythmischen Bewegung. Er musste meine Füße, die sich nicht bewegten, die mitten auf *seinem* Weg standen, entdeckt haben. Aber er sah noch nicht auf, machte noch den einen Schritt, bis er knapp vor mir stand, stoppte den Besen und jetzt erst schaute er auf, mir in die Augen. Und lächelte. Wissen Sie, wenn man mit jemandem durch eine so unglaubliche Geschichte verbunden ist, wenn man ihn so viele Jahre lang nicht sieht, dann hat man eine Erwartung. Ich hatte mir schon lange vor der Abreise nach Nanjing unser Wiedersehen bis ins kleinste Detail ausgemalt. Ich wollte ihm um den Hals fallen, wollte ihm danken für alles, was er für mich getan hatte. Der Erfolg in meinem Beruf, meine Frau und somit auch unsere Kinder – das alles hatte eigentlich mit unserer Begegnung 1981 begonnen. Und jetzt war der Moment gekommen, wo sich Wirklichkeit und Erwartung treffen und – im optimalen Fall – sich übereinanderlegen.

Er lächelt. Und sagt: Es ist gut, dass Sie Ihre Tochter hierhergebracht haben. Die Wege hier ...

Die Position ihrer Körper ist noch immer unverändert. Während der Mann bis hierher erzählt, stehen sie sich immer noch ziemlich nahe gegenüber und sehen sich in die Augen – als wolle keiner von beiden dem Blick des anderen weichen. ‚Unglaublich', unterbricht ihn die Frau und lächelt, ‚woher wusste er, dass Ihre Tochter ...'"

„Das kann doch nicht sein!", rief ich wieder dazwischen, „wie konnten Sie denn wissen, dass der Mann eine Tochter hat!"

„Wenn Sie die Geschichte zu Ende hören wollen, dürfen Sie mich nicht ständig unterbrechen", sagte der

Alte – aber er meinte es nicht böse, es schwang eher Stolz in seiner Stimme.

„‚Die Wege hier sind sauber, sie wird sich wohl fühlen und vielleicht – wieder lächelt er und zwinkert sogar mit einem Auge – vielleicht wird sie eines Tages eine kleine, weiße Feder finden ... Es war schön, Sie wieder getroffen zu haben. Ich muss weitermachen. Bald ist Mittag und ich muss mich ausruhen. Und er ging weiter und kehrte. Diesmal drehte ich mich um, ich konnte es einfach nicht fassen. Dass er über meine Tochter Bescheid wusste, und dass ich sie hierhergebracht hatte, bewegte mich gar nicht so sehr wie die Tatsache, dass er unsere Begegnung mit einer solchen Selbstverständlichkeit behandelt hatte, so als würden wir uns hier an dieser Stelle jeden Tag treffen und als würde er meine Tochter auf seinem Schoß gehütet haben. Das gab es doch nicht. Und zum ersten Mal, auch das überraschte mich, zum ersten Mal überlegte ich ernsthaft, ob meine kleine, weiße Feder in dem Glaskästchen auf meinem Schreibtisch überhaupt existiert, oder ob dies alles nur ein Traum war.‘

Die junge Frau holt das Kästchen vom Schreibtisch und hält es zwischen ihrem und seinem Körper. ‚Hier‘, wird sie sagen und wieder in seine Augen blicken, ‚fassen Sie es an. Fühlen Sie es?‘ Und er wird mit beiden Händen nach dem Kästchen greifen und wird ihre Hände, die es halten, dabei berühren. ‚Sie haben Recht‘, wird er antworten, ‚es ist kein Traum. Alles ist wahr.‘“

Ich wollte schon fragen: „Und?!“

Aber der Alte kam mir zuvor und sagte: „Nun ja, es wäre ein guter Moment gewesen, sich zu küssen, aber ich weiß es nicht. Davon hatte er mir nichts erzählt.“

Ich hockte noch immer vor dem alten Mann, der während seiner Geschichte völlig regungslos auf den Stufen des Vorlesungssaales gesessen war. Wir sahen uns an, ich war wie weggetreten. Was für eine Geschichte! Durch die nun entstandene Stille wurde mir erst bewusst, dass ich zwar ohne Unterbrechung dem Alten, während er erzählte, in die Augen gesehen, jede seiner Regungen wahrgenommen hatte, dass jedoch die Stimme, die mir das Verstehen ermöglichte, von rechts gekommen und dass es eine Frauenstimme gewesen war. Das Mädchen! Das wir beide völlig ausgeblendet hatten, er durch sein Erzählen und ich durch mein Zuhören. Aber – und ich war von dieser Erkenntnis völlig überrascht – ich hatte ja eigentlich ihrer Stimme zugehört, er hatte durch sie gesprochen. Jetzt wandte ich mich ihr zu, mich zu bedanken, mich zu entschuldigen, dass ich ihr, respektlos, keinerlei Aufmerksamkeit geschenkt hatte. Ich wandte mich ihr zu und – ich kann es nur unzureichend beschreiben, was in diesem Augenblick mit mir, mit dem Mann und mit dem Mädchen geschah – sie hatte Tränen in den Augen und zitterte. Sie war blass und sie starrte auf den Alten, als würde dort ein Gespenst sitzen. Bis vor wenigen Sekunden war ihre Stimme gleichmäßig, stark und sicher gewesen, nichts von alldem, was offenbar in ihr vorging, war in ihrer Stimme zu spüren, zu bemerken gewesen. Der Alte wandte seinen Blick zu ihr, beide sahen wir sie nun an, aber ich spürte, dass ich mit einem Schlag zum nebensächlichen Beobachter geworden war. Sein ganzes Gesicht verwandelte sich in ein einziges Lächeln und in die mit dem Ende seiner Erzählung entstandene Stille hinein sagte er: „Nun ja, seit dem 7. Oktober letzten Jahres sind schon ein paar Monate vergangen, aber ich wusste, dass du eines Tages hier bei mir auftauchen würdest. Ich hatte es deinem Vater ja versprochen ..." Und er griff in seine linke Jackentasche, holte etwas hervor, nahm die Hand des Mädchens, drehte ihre Handfläche nach oben und ließ eine kleine, weiße Feder hinabschweben.

Das ist NICHT die Fabel, die ich vorhin angekündigt hatte, das war nur das Vorspiel, die Geschichte, wie sie zu mir gekommen war. Denn es ging ja noch weiter: Am nächsten Tag klopfte es an meiner Zimmertür und als ich öffnete, stand zu meiner großen Überraschung Liu, so hieß das Mädchen, vor mir. Sie entschuldigte sich umständlich auf die typisch chinesische Art, wie unschicklich es sei, als junge Frau in ein Hotel zu kommen und an die Tür eines fremden Herrn zu klopfen (fand ich gar nicht ...), und dann bat sie, kurz eintreten zu dürfen, sie hätte etwas für mich, eine Nachricht des alten Mannes, der mit dem Besen, von gestern. Er hätte heute frühmorgens am Eingang zur Universität auf sie gewartet, ihr einen Zettel in die Hand gedrückt und sie gebeten, ihn zu übersetzen und dann mir zu übergeben. Und er hatte gesagt, da er und ich uns ja nicht mehr sehen würden, wolle er sich bedanken, dass ich ihn gefunden und er mir seine Geschichte habe erzählen dürfen. Dafür schenke er mir diese kleine Fabel, eine Erinnerung an China, sie sei Tausende von Jahren alt. Er habe sie von seinem Vater gehört und der von seinem und so fort, und jedes Kind in China kenne sie und er wünsche sich, dass jeder Mensch in Weitweg diese Geschichte auch kenne, denn sie erzähle die Geschichte eines jeden Menschen. Und da ich doch Geschichtenerzähler sei, solle ich diese Geschichte wie eine Medizin, die glücklich macht, verteilen. Dann drückte sie mir ein mit fein säuberlicher Handschrift beschriebenes Blatt Papier in die Hand, verneigte sich, bedankte sich für alles und wollte gehen. Ich hielt sie zurück. „Verzeih mir“, sagte ich, „das, was da gestern passierte, die Geschichte mit der Feder ... Ich konnte die ganze Nacht nicht schlafen, weil dies alles so unglaublich war. Wenn die Geschichte wahrhaftig so stimmt, wie wusstest du, dass du mit mir mitzukommen hattest, unter dem Vorwand zu übersetzen, aber eigentlich um *deine* Geschichte zu hören? Denn wenn der Alte sie nur erfunden hatte, hättest du es ja gewusst und hättest mitgespielt. Dann wäre ja alles inszeniert gewesen.“ Und sie antwortete: „Ich konnte heute Nacht auch nicht schlafen. Die Geschichte ist Wort für Wort wahr. Mein Vater hat sie mir genauso erzählt. Als Sie kamen, um zu fragen, wer übersetzen könne, da musste ich nicht nachdenken, ob ich mich melden solle, mir war, als würden Sie mich abholen kommen. Ich war auch als Einzige nicht überrascht, als Sie atemlos zurückkamen, es war alles so selbstverständlich, es war so, wie der Alte heute Morgen gesagt hatte: Die Geschichte hat mich gefunden. Und als ich heute Nacht darüber grübelte, wurde mir bewusst, dass ja alles schon vorher da war: der Alte, ich, mein Vater und seine Feder. Die Geschichte war ja da. Und um sie lebendig werden zu lassen, musste nur jemand kommen, der sie hören wollte ...“

Sie ging und ich stand da, mit dem Papier in der Hand, und – verdammt – Sebastian Vettel raste schon wieder über irgendeine Ziellinie ...

Erinnerung Nr. 35
Und hier ist die Fabel des alten Mannes

Im Flugzeug auf dem Weg zurück nach Österreich, irgendwo über Kirgistan, verwandelte sich die Fabel des alten Mannes mit dem Besen mit Hilfe meiner Worte zu *meiner* Geschichte. Eine kleine Fabel, die, wenn ich sie erzähle, 2 Minuten und 45 Sekunden dauert und die immer – wirklich immer, egal, wo ich sie erzähle, ob in einem kleinen österreichischen Dorf, irgendwo in den USA, im Iran, in Bosnien oder Indien – ein Lächeln auf die Gesichter der Menschen, die vor mir sitzen, zaubert. Und nur ich weiß (und seit ein paar Minuten auch *du*), wer in Wahrheit hinter diesem Lächeln steckt …

Ein Hund hatte von einem ganz besonderen Ort gehört: von einem „Haus der tausend Spiegel"! Obwohl der Hund nicht wusste, was „Spiegel" bedeutet, war da irgendetwas, was ihn danach suchen ließ. Er lief viele Tage und viele Nächte, er suchte da und suchte dort, er fragte Alte und Junge, aber niemand hatte je davon gehört.

Eines Tages stand er, völlig erschöpft, vor einem großen Haus. Eine uralte Hündin saß davor. „Das Haus der tausend Spiegel suchst du? Gratuliere, du hast es gefunden. Tritt nur ein!" Und voller Freude und mit einem Mal munter sprang er die Treppen hinauf, öffnete das Tor und trat ein: Welch wunderbarer Anblick erwartete ihn! Aus tausend Spiegeln sahen ihm tausend Hunde entgegen. Und der Hund freute sich so sehr, sie alle zu sehen. Und er wedelte mit dem Schwanz und hüpfte auf und ab. Und in den tausend Spiegeln freuten sich tausend Hunde, wedelten mit dem Schwanz und hüpften auch auf und ab. Und der Hund dachte sich: Die Welt ist voller glücklicher und zufriedener Hunde! Hier werde ich bleiben und dieses Haus jeden Tag besuchen. Und wirklich: Von diesem Tag an kam er immerzu in das Haus der tausend Spiegel.

An diesem Nachmittag erreichte ein anderer Hund nach langer Suche das „Haus der tausend Spiegel“. Auch ihm wies die uralte Hündin den Weg. „Na, endlich“, antwortete er, schleppte sich die Treppen hoch, öffnete mit letzter Kraft das Tor und trat ein. Da sahen ihm aus tausend Spiegeln tausend Hunde entgegen. Da war der Hund zu Tode erschrocken und alle Hunde waren über ihn erschrocken. Und er bekam Angst und alle Hunde hatten vor ihm Angst. Und er knurrte und alle Hunde knurrten ihn an. Und er zog seinen Schwanz ein und alle Hunde zogen ihren Schwanz ein. Und er rannte davon. Und alle Hunde rannten davon. „Dieses Teufelshaus betrete ich nie wieder!“, rief er noch und ward wirklich nie mehr gesehen.

Was glaubst du, was ist dieses „Haus der tausend Spiegel“ und wo steht es?

Ich sage dir: Dieses „Haus der tausend Spiegel“ ist – die Welt!

Denn derjenige, der mit einem bösen Gesicht durch die Welt geht, wird Menschen treffen, die mit bösen Gesichtern durch die Welt gehen. Derjenige aber, der mit offenen Augen und offenem Herzen durch die Welt geht, der wird Menschen treffen, die mit offenen Augen und mit offenem Herzen durch die Welt gehen ...

Erinnerung Nr. 36
Die Geschichte sucht dich

Die Geschichte ist da, es muss nur jemand bereit sein, ihr zuzuhören.

Der Mississippi ist da, schon seit Tausenden von Jahren, heute sitze ich an seinem Ufer und höre ihm zu. Würde ich nicht da sitzen, würde er trotzdem seine Geschichte erzählen. Darin ginge es um das *Sein*, das pure, bloße, blanke *Sein*. Darum geht es auch in den Geschichten der Felsen. Und der Sonne. Darum geht es in allem, was *ist*. Aber reicht das? Ist das genug für das, was wir Leben nennen? Gereicht dem Mississippi (geben wir ihm für Augenblicke eine Seele, nur um ihm diese Frage zu stellen und eine Antwort von ihm zu hören ...) zu seinem Glück, dem Meer entgegenzuströmen, um daraufhin innerhalb des ewig währenden Kreislaufes wieder zu einem fünf Meter breiten Bach zu werden, der dem Itascasee entspringt und sich auf die Reise macht, zum Meer, um wieder ... Wurzelt sein Glück (also ich empfinde ihn als ziemlich glücklich!) nicht auch in der Tatsache, dass er Getreide wachsen, Schiffe schwimmen und Menschen, die an seinen Ufern leben und mit ihm träumen, glücklich werden lässt? Würden wir mit Hilfe des Märchens einem Felsen Sprache schenken, würde er wahrscheinlich antworten, dass fünf Millionen Jahre lang so rein gar nichts passierte, ziemlich langweilig also, es nun aber ganz schön witzig sei, mit diesen Menschen zu spielen, die meinen, ihn bezwingen zu können, und es ihm sogar Spaß mache, ihnen dies auch zuzugestehen – meistens, er sei ja doch der Stärkere und Ältere. Und würden wir, weil es gleich in einem geht, auch die Sonne nach ihrer Meinung fragen, würde sie uns Ähnliches antworten: Was wäre sie ohne das Wachsen, den Solarstrom und das Sonnenbad?

Glück zeigt sich nicht im immer Wiederkehren oder im Verharren, sondern zeigt sich erst in der Interaktion, wenn also das pure, bloße, blanke *Sein* belebt wird, wenn die Wahrheit in die bunten Gewänder des Märchens schlüpft und die beiden gemeinsam durch die Welt ziehen. Und in dem Augenblick, wo sie das tun, beginnt sich ihr (gemeinsames) Dasein zu einer Geschichte zu wandeln.

Da aber ein Spiel nur dann „lustig" ist, wenn man es auch wirklich spielt, nicht nur die Anleitung liest oder auf das Brett starrt, sucht die Geschichte nach einem Mitspieler, der auf der Waage mit ihr eine Balance bildet: also jemand, der ihr zuhört und sie dadurch lebendig werden lässt!

Die Geschichte sucht uns. Und hat sie uns gefunden, beginnt das Spiel, nach dem wir alle solche Sehnsucht haben: der Mississippi, der Fels, die Sonne und *du*!

Auf irgendeinen geheimnisvollen Befehl hin (sollte es Studien oder wissenschaftliche Erkenntnisse über etwaige Synapsenarbeiter, die in dem Zusammenhang wirken, geben, bitte ich dringend, mir diese zu melden, damit ich in der zweiten Ausgabe diese lächerliche Redewendung korrigieren kann) springt der Steuerkasten, also unsere Intuition, offenbar wieder an, weil diese Sehnsucht nach dem Erzählen wie automatisch, das heißt ohne dass der Zentralrechner, unsere Ratio, eingreift, das Zuhören in uns in Gang setzt. Denn in dem Augenblick, in dem wir „Erzählen" signalisieren, steigt beim Gegenüber automatisch sowohl die Konzentrations- als auch die Zuhörfähigkeit! – Was inzwischen sogar wissenschaftlich bewiesen ist. (Da ich nicht mehr weiß, wo ich darüber gelesen habe, ich zu faul bin, tagelang im Internet danach zu suchen, streiche ich das „wissenschaftlich" wieder, also vergiss es bitte, und ich erzähle es einfach als eine nette Geschichte, von der „ich glaube, dass sie wahr ist" ...)

> Sei dir bewusst, dass du mit Hilfe des Erzählens einer Geschichte (wenn du dabei die wesentlichen Parameter beachtest) bei deinem Gegenüber automatisch die Konzentrations- und Zuhörfähigkeit steigerst ...

Erinnerung Nr. 37
Was passiert, wenn wir erzählen

Es war einmal (uups, kleines Scherzchen fürs Herzchen!) an irgendeiner Universität in den USA ein Forschungsteam, das an einer Studie über die Veränderung von Gehirntätigkeiten bei unterschiedlichen Sinneseindrücken arbeitete. Sie maßen die Gehirnströme von Probanden, die ein und denselben Inhalt einmal in Form eines nüchternen Informationsberichts und dann in Form einer erzählten Geschichte vermittelt bekamen.

Der Informationsbericht hörte sich zum Beispiel so an: Straßenkehrer in Los Angeles verdienen in der Woche durchschnittliche 300 Dollar. Die statistisch errechneten Fixkosten einer durchschnittlichen Familie mit einem Kind betragen im Mittel 295 Dollar. Der Familie bleiben somit für etwaige Extras wie Kino, auswärts essen gehen etc. 5 Dollar pro Woche.

Und jetzt die erzählte Geschichte: Wenn ein Straßenkehrer in Los Angeles am Freitag in seine Lohntüte blickt, findet er dort ... 300 Dollar. Wie soll ich das schaffen?, wird er sich denken. Da bleiben für uns drei gerade mal 5 Dollar, um mal ins Kino oder irgendwohin ein Eis essen zu gehen ...

Es ist ein und derselbe Inhalt, einmal als nüchterne Rede und einmal als erzählte Geschichte. Und was die Wissenschafter auf den Displays ihrer Maschinen sahen, war verblüffend: Es bestand jeweils ein großer Unterschied in der messbaren Reaktion der Gehirnströme – die Ausschläge, die eine größere Aktivität des Gehirns anzeigten, waren bei der Geschichte um mehr als ein Drittel höher als bei der Information. Und dazu kam, dass die Gehirntätigkeit beim Informationsbericht weitaus schneller abnahm, bereits nach dem ersten Viertel des Berichts um ein Drittel niedriger war als bei der Geschichte, bei der die Messungen auch noch zum Ende hin über 75 % Aufmerksamkeit aufzeichneten.

Es passiert also etwas in unserem Gehirn, wenn wir erzählen. Es wird ein ganzheitliches Programm gestartet, das nicht nur unsere Ratio, sondern auch unsere Emotionen erfasst. Vereinfacht ausgedrückt: Es findet ein Emotionstransfer statt. Ich verpacke Inhalte (die Wahrheit) in eine Geschichte (das Märchen) und schicke die beiden los. Sie erreichen das Gehirn und werden dort auseinandergenommen und dechiffriert. Das Märchen löst eine Emotion aus, die Wahrheit liefert die Basis. Jetzt wissen wir aber, dass die Aufnahme und Speicherung von Informationen in unserem Gehirn mit Hilfe der Emotion viel wirkungsvoller funktioniert. Bestes Beispiel: Wie lernen wir rechnen? Indem uns unsere Eltern große ausgeschnittene Einsen und Zweien hinhalten, oder indem sie uns sagen: „Ein Apfel und zwei Äpfel sind, na, sind ...?“ Apfel kennt das Kind, deshalb ist er eher mit Emotionen besetzt als die Eins, die für ein Kind etwas Abstraktes, Unerklärliches ist. Und so bleibt es unser ganzes Leben lang. Wir erzählen, um Emotionen auszulösen, und Emotionen sind es, die uns besser und intensiver hinhören lassen.

> Sei dir bewusst, dass Informationen jeglicher Art nachhaltiger gespeichert und dadurch auch besser wieder abgerufen werden können, wenn sie mit Hilfe von Emotionen zu Geschichten verpackt werden …

Erinnerung Nr. 38
Wir erzählen ohne Unterbrechung Geschichten

Erzählen und Zuhören, miteinander Reden, Interagieren – das sind die wesentlichen Ingredienzien dessen, was wir Leben nennen. Sie machen unser Menschsein aus. Denn in allem, was wir tun, sehnen wir uns danach. Wir sehnen uns danach in Ämtern, beim Arzt, in der Schule, im Büro und in der Familie. Weil wir ganz zu Recht erwarten, dass die Menschen, denen wir in Ämtern, beim Arzt, in der Schule, in Büros, Geschäften oder zu Hause begegnen, dass diese Menschen beim Betreten ihres Arbeitsplatzes (und da schließe ich jetzt auch das Zuhause mit ein) nicht die Kostüme und Masken des Menschseins ablegen und stattdessen in die Kostüme der jeweiligen Berufe schlüpfen, sondern dass sie in all ihrem Tun stets diese Werte (des Menschseins) mitschwingen lassen. Lass in Gedanken ein paar klassische Alltagssituationen ablaufen, um zu sehen, was ich meine: Du sitzt oder stehst einem Beamten gegenüber, der dich mit allem, was ihm zur Verfügung steht – verbal: durch seine Wortwahl, seine Stimmfärbung, und nonverbal: durch seine Haltung, seine Mimik –, spüren lässt, wie sehr er diesen Augenblick hasst: seinen Job, dich, und dass ihm einfach alles auf die Nerven geht.

Du bist in einem Geschäft und suchst etwas, nehmen wir an, es geht um ein Parfüm für deinen Partner. Du rufst eine Verkäuferin, um dich beraten zu lassen. Wie würdest du reagieren, würde die Frau beginnen, mit monotoner Stimme die Inhaltsstoffe und deren chemische Formel, die Wirkungen des Duftstoffes anhand psychologischer Untersuchungen aufzuzählen? Du würdest vermutlich den Kopf schütteln und das Geschäft verlassen. Folgt sie jedoch dem Programm zum Erfolg, so wird die Frau antworten: „Also, ich empfehle Ihnen dieses hier. Das habe ich vorige Woche auch für meinen Mann gekauft. Und ich sage Ihnen, es ..." Und du wirst lächeln, ihr danken und es kaufen.

Du bist ein Kind, sitzt vor dem Fernseher und siehst etwas unfassbar Langweiliges. Du erinnerst dich daran, wie schön es ist, eine Geschichte erzählt zu bekommen. Du läufst zu deinem Vater, aber er bügelt gerade und sagt: Frag doch die Mama. Du läufst zu deiner Mutter, aber die repariert gerade an ihrem Motorrad herum und sagt: Frag doch den Papa. Hab ich schon, wirst du antworten. Dann frag ihn noch einmal, wird sie sagen.

Wenn du Pech hast, wird die Fernbedienung dein einziger Trost sein. Wenn du Glück hast, wird es im Kopf deines Vaters *Ping* machen und er wird – von weit her – eine Stimme hören, die sagt: Wenn du deinem Kind eine Geschichte erzählst, schenkst du ihm Zeit, Liebe und Aufmerksamkeit. Und es wird *Ping* im Kopf deiner Mutter machen und sie wird – von weit her – eine Stimme hören, die sagt: Wenn du deinem Kind eine Geschichte erzählst, förderst du nicht nur seine sprachliche, sondern auch seine soziale Kompetenz – damit er später einmal *seine* Geschichte erzählen kann ...

> Sei dir bewusst, dass Erzählen nicht nur die sprachliche, sondern auch die soziale Entwicklung von Kindern fördert ...

Wenn wir ein Kostüm tragen, oder wir es, aus welchen Gründen auch immer, tragen müssen, und wir uns darin nicht wirklich wohlfühlen – und ich würde mal locker formulieren, dass davor höchstwahrscheinlich kein Mensch gefeit ist, wir ständig in Situationen kommen, in denen wir uns „zu verkleiden" haben –, dann tragen wir es doch nur, weil wir in diesem Augenblick Sorge haben, mit unserem nackten, bloßen Menschsein nicht erfolgreich zu sein. Weil wir uns – im wahrsten Sinn des Wortes – „nicht bloßstellen wollen". Denn diese Frage ist es, mit der wir uns fortwährend auseinanderzusetzen haben: Werden wir mit unserer Geschichte, die wir erzählen, erfolgreich sein?

Erinnerung Nr. 39
Die Geschichte vom kleinen Vogelhändler

Mit jeder Geschichte, die ich schreibe, versuche ich – natürlich – erfolgreich zu sein. Das gelingt – natürlich – nicht immer. Die Erfahrung, die ich in 33 Jahren mit dem „beruflichen Geschichtenerzählen" gemacht habe, ist die, dass jene Geschichten besonders erfolgreich sind, das heißt bei meinen Zuhörern und Lesern am besten ankommen, die nicht *„erfunden"*, sondern von mir direkt erlebt, also „*ge*funden" und anschließend mit Hilfe der Sprache, der Poesie, materialisiert wurden.

(Wichtiger Einwurf: Kein Einziges meiner Märchen wurde „erfunden". Alle haben sie einen realen Hintergrund, der bei all jenen, die nicht in die obige Kategorie – direkt selbst erlebt – fallen, mehr im Verborgenen, im Transzendenten liegt ...)

Schüler-Meister-Geschichten haben eine lange Tradition, sind in praktisch allen Kulturen verbreitet und werden vor allem in den Religionen zur einfachen Vermittlung von Lebensregeln und Werten eingesetzt. Am berühmtesten und geläufigsten sind vermutlich die der Sufis und der Buddhisten.

Ich mag diese Geschichten sehr, weil sie es schaffen, in ganz einfachen Bildern große Lebensweisheiten zu vermitteln und dadurch vielen Menschen (dies war ja die Ursprungsidee) den Zugang zu einer erweiterten Sicht auf die Dinge ermöglichen.

Natürlich habe auch ich welche geschrieben, sie gehören sozusagen zum Handwerkszeug eines anständigen Märchendichters. Eine, die ich persönlich sehr mag, hat ihren Anfang während einer Tournee in Ägypten, in Kairo genommen. (Es ist für mich eine der faszinierendsten Aufgaben, in meinem Inneren nachzuforschen, wo Geschichten, die ich geschrieben habe oder schreibe, ihren Ursprung haben, wer und was ihre Auslöser waren, um so – zunächst einmal nur mir selbst – zu beweisen, dass wirklich all unsere Gedanken und Gefühle Folge von erlebten *Geschichten* sind ...)

Ich war wieder einmal zu Gastspielen dort eingeladen und anschließend verbrachten Astrid und ich mit unserem ägyptisch-österreichischen Freund Alfred (einem Sufi!) noch ein paar herrliche Tage in Kairo. Auf einem unserer Streifzüge durch die Gassen der Innenstadt kamen wir an einer der unzähligen Moscheen vorbei.

Während Astrid und Alfred den Innenhof schon betreten hatten, blieb ich noch draußen, irgendetwas war da, das mich anzog. In solchen Momenten vertraue ich ganz meiner Intuition, ja, ich würde sogar sagen, ich trainiere sie, indem ich sie bewusst wirken lasse, ihr das Vertrauen schenke, dass sie etwas für mich bereithält, das ich nur zu suchen brauche. Finde ich es, bin ich beglückt und habe mein Vertrauen in die Intuition gestärkt. Finde ich es nicht, werte ich es als Zeichen, dass ich nicht wach genug war, denn, dessen bin ich mir sicher, die Geschichte war da, nur ich war – aus welchen Gründen auch immer – nicht fähig, sie zu hören. Das Training besteht folglich darin, zu erkennen, dass es immer zu einer Win-Situation kommt, ich aus solchen Momenten immer eine positive Lehre ziehe.

Dieses Suchen darf man sich nicht so vorstellen, dass ich mich krampfhaft nach allen Seiten umwende, Türen öffne, durch Fenster schaue, um *die* Geschichte zu entdecken. Dass es in meinem Kopf hämmert: Wo ist sie! Vielmehr kann man sich eine solche Situation im übertragenen Sinn wie ein Stehenbleiben vorstellen, ein „Die Augen schließen und tief einatmen". Es weht ein sanfter Wind, den du jetzt erst, da du innehältst, spürst. Und mit einem Mal riechst du etwas. Der Geruch kommt angeschlichen, bis er dich völlig umhüllt hat. Da du ihn nicht einordnen kannst, aber wissen willst, woher er kommt, öffnest du deine Augen und folgst der unsichtbaren Spur. Manchmal ist es einfach, die Quelle zu entdecken: Sie liegt direkt vor deinen Augen. Ist vielleicht ein Kochkessel, das Parfüm einer aufregenden Frau, oder du entdeckst einen in eindeutiger Position hockenden Hund. Und manchmal bleibt dir der Ursprung des Geruchs verborgen: So sehr du dich auch anstrengst, du hast keine Ahnung, woher er kommt. Aber er war trotzdem da, hatte deine Fantasie aktiviert, die dir unterschiedliche Bilder davon lieferte, was es hätte sein können.

Ich blieb also stehen und ließ den Augenblick auf mich wirken (das klingt jetzt wieder ziemlich esoterisch, aber ich versinke ganz einfach, schalte meine Gedanken aus, versuche nur zu „sein"). Um mich herum ein Gewirr von eilenden, schlurfenden, redenden Menschen – jeder, der schon mal in Kairo war, weiß, wovon ich spreche. In diesem Trubel nahm ich nur eine Sache wahr, die aus dem Rahmen fiel, anders war, ein Ruhepol, eine kleine Insel inmitten der Hektik orientalischen Großstadttreibens: An der Mauer des Hofes der Moschee saß ein kleiner Junge. Er hatte neben sich auf dem Boden einen Vogelkäfig stehen, in dem ein wunderschöner Vogel saß. Mit einer eigenartig klingenden Regelmäßigkeit rief er etwas, es hörte sich an, als wäre eine Schallplatte hängen geblieben. Er starrte abwesend vor sich hin, spielte mit seinen Händen, und als wär's so was Selbstverständliches wie Atem oder Herzschlag, kam dieser kurze Satzschrei immerzu aus seinem Mund. Niemand nahm Notiz davon. Niemand blieb stehen, niemand hörte hin, es war, als würde er nicht existieren, trotz des Schreis, trotz seiner physischen Präsenz. Die Szene faszinierte mich: Ich kniff meine Augen zusammen und alle Menschen wurden zu unscharfen, ineinanderfließenden Farbklecksen, nur er, der Junge, blieb mit allen Konturen und Umrissen sichtbar. Vielleicht hatte er gerade dasselbe gemacht, hatte plötzlich etwas scharf Gezeichnetes in all dem Verschwommenen wahrgenommen, denn sein Rufen stoppte und er starrte in meine Richtung: Er hatte mich entdeckt. Einen Fremden, der dastand und – selbst für dieses Kind offensichtlich – der Einzige war, der ihm Aufmerksamkeit schenkte. Für ein paar lange Momente rührte sich gar nichts – beide waren wir verwundert darüber, dass der eine den anderen in diesem Gewühl aufgespürt hatte. Das Gehirn des kleinen Burschen brauchte jedoch nicht lange, um tätig zu werden, das Bild war klar: Ausländer = Geld. Nimmt Notiz von mir = leichte Beute. Er sprang auf, lief auf mich zu, nahm mich bei der Hand und zerrte mich – es war unmöglich, sich zu wehren – zu seinem Platz. Er riss den Vogelkäfig so heftig hoch, dass der wunderschöne Vogel im Inneren auf seiner Stange zu schwanken begann, und – es war eindeutig und nun wurde mein Hirn tätig und übersetzte sofort die Bedeutung seines Rufes von vorhin – er bot mir den Vogel zum Kauf an. Nicht mehr nur mit diesem eintönigen, höchstwahrscheinlich „Vogel zu verkaufen", sondern nun mit vielen Worten, einem schönen Singsang, es mussten alle Vorzüge, Besonderheiten, Einzigartigkeiten seines Schatzes sein, die er da anpries. Dabei rollten seine Augen, ruderten seine Arme (wohl um zu zeigen, wie majestätisch zu fliegen der Vogel imstande wäre) und er ließ, als wolle er den Vogel dazu bringen, in seine Lobpreisungen einzufallen, den Käfig mit der erbarmungswürdigen, traurigen Gestalt darin hin und her pendeln. Ich machte das internationale Zeichen für „Warte", nahm ihm den Käfig aus der Hand und hielt ihn mir nah vors Gesicht, um mir den Vogel genauer anzusehen. Der Kleine nahm dies wohl als klares Zeichen meiner Kaufabsichten und rief nun: „Five Dollar! Five Dollar nur." Sein Englisch verblüffte mich nicht, sein „Nur" war das Erstaunliche. Kurz blickte ich ihn an und lachte (das hätte ich natürlich nicht tun sollen, denn mein Lachen übersetzte er als Einverständnis mit seinen Preisvorstellungen ...), wandte mich aber sofort wieder dem Käfig und dem Vogel zu. Er war klein und schwarz, nur die Ränder seines Gefieders glänzten in allen nur erdenklichen Farben – er war wirklich wunderschön. Doch seine Körperhaltung bot ein einziges Bild des Jammers: Wäre er fähig gewesen, zu weinen, er hätte geweint. Hätte er mir die elende Geschichte seines Lebens erzählen können, hätte ich geweint.

Inzwischen zupfte der Junge unaufhörlich an meinem Hemd, an meiner Hose, begleitet von einem Redeschwall, aus dem ich immer wieder „Five Dollar nur" heraushören konnte. Ich war so beschäftigt mit dem Vogel, ihn mir von allen Seiten anzusehen, ihn durch ein fröhliches Pfeifen aufzumuntern, ihn damit vielleicht zu einem Antwortton zu motivieren, dass ich heftig erschrak, als der Kleine plötzlich jäh aufschrie und offenbar von irgendjemandem fortgerissen wurde, denn ich wurde mitgerissen, weil die Hand des Jungen gerade in meiner Hosentasche steckte. Es war

Alfred, der zusammen mit Astrid aus dem Hof gekommen war, mich zu suchen. Und mich entdeckte, und gerade sah, wie die Hand des Kindes in meiner Hosentasche verschwand – für ihn klar: Der Bursche will mich bestehlen. „Lass ihn", hielt ich ihn zurück, „das ist mein Freund, der mir unbedingt seinen Vogel verkaufen will. Außerdem spricht er tadellos Deutsch!" Jetzt, da Alfred hier war, wurde die Verständigung natürlich einfacher, wir erfuhren alle Wundertaten, Vorzüge, Einzigartigkeiten des Vogels – am besten gefiel mir jene Geschichte des kleinen Meistererzählers, in der er mit überzeugender Mimik und wohlgesetzten Worten schilderte – wie faszinierend ist doch Sprache, auch wenn man kein Wort versteht –, wie er und sein Vater den Vogel aus dem Eingang der Großen Pyramide hatten fliegen sehen (klar, woher sonst ...), ihn durch die halbe Wüste verfolgten, immer seiner wunderschönen Stimme hinterher, bis sie ihn endlich ... Hier unterbrach ich Alfreds Übersetzung: „Frag ihn noch einmal, ob der Vogel wirklich gesungen hat?" Nach einem kurzen Zwiegespräch zwischen einem Professor der Al-Azhar-Universität und einem kleinen, zerzausten Vogelhändler versicherte mir Alfred, der Vogel habe gesungen. Der Kleine habe gesagt, er hätte so gesungen, wie er und sein Vater es noch nie zuvor gehört hätten. Die Leute wären zusammengelaufen, Frauen und Kinder wären in Tränen ausgebrochen und ein Kranich wäre beim Hören des Gesanges tot vom Himmel gefallen. „Das hat der Bursche gesagt?!? Du willst mich wohl verarschen?!" (Sorry, aber ich will möglichst authentisch wiedergeben, wie es sich abgespielt hatte ...) Alfred, mein Alfred, der seit 30 Jahren in Kairo lebt, machte eine Geste, die alles sagte: Du kennst doch Kairo! Du kennst doch die Orientalen. Die Übertreibungen, die

Lust am Fabulieren beginnen mit den ersten Worten, die sie sprechen. Das alles sagte er mit einer Geste – die spinnen, die Ägypter!

Ich bat Alfred, das Kind zu fragen, warum der Vogel denn nun keinen Ton mehr von sich gebe und überhaupt der traurigste Vogel sei, den ich jemals gesehen hatte. Ich würde doch keinen stummen, todtraurigen Vogel kaufen!

Der Junge nimmt mir den Vogelkäfig aus der Hand, stellt ihn zurück auf den Boden, setzt sich daneben und beginnt mit einer weinerlichen Stimme folgende Erklärung abzugeben (ich liefere gleich die Übersetzung dazu): Der Vogel hat seine Stimme verloren, ist so unglücklich, weil er in diesem Käfig eingesperrt ist. Wo er doch Würmer picken, in Bäumen sitzen und sich aus dem Nil Wasser holen will. Er sitzt so traurig da, weil er den ganzen Tag und die ganze Nacht von der Freiheit träumt. Weil er davon träumt, dass ein Mensch von Weitweg kommt, die Tür des Käfigs öffnet und ihn befreit. Aber solche Menschen gibt es nicht, weil Menschen essen müssen, und dafür Vögel jagen und in Käfige sperren. Damit Menschen diese Vögel kaufen können, um sie in ihre Häuser zu nehmen, damit es drinnen ein bisschen bunter wird. Der Vogel kostet 5 Dollar, dann können meine Familie und ich eine Woche essen. Und so viel kostet eine Minute des schönsten Gesanges der Welt …

Astrid und ich standen da, sahen uns an und konnten einfach nicht glauben, dass diese Worte tatsächlich aus dem Mund eines vielleicht Achtjährigen gekommen waren. Jetzt erst bemerkten wir, dass sich eine ganze Traube um uns gebildet hatte, Männer und Frauen, alte und junge, die dem Kind, das da am Boden kauerte, zuhörten. Als es fertig gesprochen hatte, setzte, nur für Augenblicke, eine gespenstische Stille ein. Dann begann unter den Herumstehenden ein heftiges Palaver – typisch für den Orient. Jeder gab seinen Senf dazu, einer, so sagte Alfred, wolle das Kind davonjagen, diese Bettelei sei eine Schande für ganz Ägypten, ein anderer warf dem Kind eine Münze vor seine Füße, die meisten lächelten und waren gerührt von seinen Worten – so wie wir.

Ich hole aus meiner Hosentasche einen 5-Dollar-Schein hervor, drücke ihn dem Jungen in die Hand, hebe den Käfig hoch, öffne sein Türchen und halte den Käfig über die Köpfe. Noch zögert der Vogel, noch kann er nicht glauben, dass seine Träume sich in wenigen Augenblicken verwirklichen würden. Er hopst von der Stange zum Türchen, zögert wieder, ob da nicht doch noch Böses lauere, dann hebt er ab und fliegt in die Höhe. Setzt sich direkt oberhalb von uns auf die Mauer des Hofes der Moschee, sitzt dort, als würde er es genießen, eine inzwischen ansehnlich gewordene Menschentraube zum ehrfürchtigen Starren, Staunen, Schweigen gebracht zu haben, öffnet seinen Schnabel – alle starren, staunen, schweigen und dann – dringt ein Gesang über die Gasse, den Hof der Moschee, so schön, so eindringlich, wie ich es noch nie gehört hatte. Und anscheinend nicht nur ich, sondern auch alle um uns Stehenden. Denn Augenblicke, nachdem der Vogel sein Lied angestimmt hatte – es können maximal 3 Sekunden gewesen sein ... –, bricht ein Applaus los, ein frenetischer Jubel über so viel Schönheit inmitten dieser trostlosen, staubigen, grauen Gasse von Kairo. Und während sich die Menschen in ihrer Freude zunicken, auch die, die gerade vorhin den Jungen noch in die Wüste hatten schicken wollen, sich auf die Schultern klopfen, als hätten sie etwas zu der Sache beigetragen, ist der kleine Vogel durch den plötzlich einsetzenden Lärm, den Jubel, den Applaus erschrocken hochgeflogen, dreht noch eine Runde über die Gasse, der Lärm verstummt schlagartig, als man den Vogel entschwinden sieht, noch einmal singt er, dann ist er fort. Genauso schnell sind die Menschen fort, als wäre das „Freeze" mit einem Fingerschnipsen aufgehoben, wimmelt es wieder in der Gasse, nur der Junge, der noch immer an seinem Platz sitzt, und ich, mit dem leeren Vogelkäfig in der Hand, erinnern an die Geschichte. Und wie man im Theater nach der Vorstellung, nachdem das Publikum den Saal verlassen hat, noch erschöpft zusammensteht, durchatmet und darüber redet, wie es war und wie es morgen werden wird, so stehen wir jetzt da und wissen nicht recht, vor allem ich weiß es nicht, was tun. Ich fühle mich dem Jungen so nahe, eine gemeinsame Geschichte verbindet, hinterlässt Spuren, die von der Zeit, die drüberweht, nicht so leicht zum Verschwinden gebracht werden können. So wie es in diesem Moment nicht den leisesten Hinweis darauf gab, dass ich die Geschichte aufschreiben, sie damit wieder lebendig machen würde – vielleicht sogar um noch eine Spur lebendiger, als die real geschehene gewesen war, weil diese ja nur die Summe vieler Einzelereignisse, Einzelerfahrungen und Einzelwahrnehmungen sein kann, während die Erzählung darüber eine Ganzheit zu schaffen imstande ist –, also nicht den leisesten Hinweis, weil um die Ecke, oder hier an der Mauer des Hofes der Moschee schon unzählige andere Geschichten lauern, warten, um erzählt und gehört zu werden, so läuft in dem Moment auch alles einfach weiter. Der Junge steht auf, nimmt mir den Käfig aus der Hand, ruft mit strahlendem Gesicht „Thank you! Danke scheen!", und verschwindet in der Menschenflut. Alfred klopft mir auf die Schulter, Astrid nimmt meine Hand und sie ziehen mich weg von dort. Wir tauchen ein in die Wogen der eilenden, schlurfenden, redenden Menschen. Punkt.

Den Rest des Tages verbrachte ich in einer seltsamen Stimmung. Astrid wusste, warum sie mich zu trösten hatte. Am Abend, in Alfreds Wohnung, entschuldigte ich mich nach dem Essen und zog mich zurück. Und schrieb folgende Geschichte:

Erinnerung Nr. 40
Der Vogelkäfig des Meisters

Der Schüler hatte viele Monate eifrig studiert. „Du warst ein leeres Gefäß", hatte sein Meister abschließend zu ihm gesagt, „in das ich meine Weisheit leeren durfte. Nun liegt es an dir, jeden, der darum bittet, daraus trinken zu lassen – es ist an der Zeit, dich zu prüfen."

Sein Meister führte ihn in einen Raum, in dem ein Käfig stand. Ein wunderschöner Vogel saß darin und starrte stumm vor sich hin. „Höre die Aufgabe: Der Vogel hat die Kunst des Singens verloren. Du brauchst nichts anderes zu tun, als dich an das zu erinnern, was ich dich in den letzten Monaten gelehrt habe. Dann wirst du es spielend schaffen, ihn von seinem Unglück zu befreien. Nur eines ist dir verboten: die Türe des Käfigs zu öffnen!" Und damit ließ er seinen Schüler allein zurück.

Der Schüler stand vor dem Käfig und überlegte.

Vielleicht, dachte er, hat der Vogel alle seine Lieder vergessen? Und er begann, dem Tier alle Lieder vorzusingen, die er kannte. Aber der Vogel blieb stumm.

Vielleicht hat er Hunger und Durst? Und der Schüler brachte dem Vogel zu essen und zu trinken. Aber der Vogel blieb stumm.

Dann versuchte er es mit allerlei Spielzeug – gegen Langeweile. Ließ einen kleinen bunten Vogel singen – zur Erinnerung. Und zuletzt erzählte ihm der Schüler die schönsten Geschichten von Bäumen, von Flüssen und dem Wind. Aber der Vogel blieb stumm.

Am nächsten Morgen kehrte der Meister zurück.

„Meister, Euer Vogel muss eine schwere Krankheit haben. Ich habe alles versucht, aber er war nicht zum Singen zu bringen.“

„Du hast nichts von meinen Lehren verstanden“, antwortete der Meister. Ging zum Käfig, öffnete die Tür, der Vogel flog hinaus, zum Fenster, und mit lautem, glücklichem Gesang verschwand er in die Freiheit.

„Aber Meister“, rief der Schüler entsetzt, „Ihr hattet mir doch verboten, die Tür des Käfigs zu öffnen!“

„Damit gab ich dir ja zu verstehen, dass dies die einzige Lösung des Problems sei. Aber das von mir ausgesprochene Verbot war stärker als deine Vernunft.

Und deine Angst vor den Folgen, wenn du es brichst, war stärker als dein Mitgefühl. Du hast nichts von meinen Lehren verstanden, nichts verstanden ...“

Unser Alltag besteht aus dem immer wiederkehrenden Bemühen, die Wirklichkeit und das Märchen in Einklang zu bringen, um daraus die Geschichte zu weben, die uns dem Ziel näher bringen soll, nach dem wir uns alle sehnen: den Weg zum Glück zu finden.

Unsere Wirklichkeit ist ein Konglomerat aus den Kostümen, die wir – alle – zu tragen haben: die Kostüme der Erziehung, der Politik, der Kultur, der Religion, der gesellschaftlichen Zwänge, die uns bestimmten Mustern folgen lassen.

Das Märchen: Das sind all jene Fähigkeiten, die wir unter *Menschsein* zusammenfassen: Fantasie, Intuition, die ganze Palette an Gefühlen, unser Denkvermögen.

Das Äußere und das Innere. Erfolgreich sind wir dann, wenn wir es schaffen, eine harmonische Verbindung dieser beiden herzustellen, wenn wir sie in Balance bringen. Erfolgreich sind wir, wenn wir mit Sensibilität und Vertrauen auf unsere Intuition den aufgestellten Regeln, den Vorschriften und Gesetzen begegnen. Wir scheitern, wenn wir ihnen blind folgen, weil dann die Balance gestört ist, weil die Codes, die nicht die unseren sind, sondern von außen kommen, überhand nehmen.

Aber – und das ist das ungemein Tröstliche – wir besitzen *alle* Fähigkeiten, um unseren Alltag zu einer gelebten Geschichte werden zu lassen. Es liegt an uns!

> Sei dir bewusst, dass, um zum Erfolg zu gelangen (welcher auch immer), das Äußere (die Wahrnehmung) mit dem Inneren (deren Interpretation) in Einklang zu sein hat …

Erinnerung Nr. 41
Wie aus einer Wahrnehmung eine Geschichte wird

Ich war noch nie am Itascasee im Norden des US-Staates Minnesota. Ich hab noch nie die Wälder, die den See fast vollständig umgeben, durchstreift. Bin noch nie auf den Felsen gesessen, die seinen einzigen Ablauf markieren. Die groben Steine bilden ein etwa fünf Meter breites Tor, eine Öffnung, durch die der See abfließt. Der See wird zu einem Bach.

Ich ahne: Es ist sehr still dort oben, der See gibt, außer es kommt Wind auf, kaum ein Geräusch von sich. Alles was man hört, ist das Wasser, wenn es durch das Steintor rinnt und zum Bach wird. Sobald der See zum Bach wird, klingt er. Man muss nur nah genug an der Stelle sitzen, dann hört man es.

Genau dort würde ich sehr gerne sitzen, dem Klang des Baches lauschen und mir eine Geschichte ausdenken. Es muss keine besondere sein, so eine ganz normale, eine Geschichte, die jeder erleben könnte, damit es nicht wieder heißt, klar, du bist Märchendichter, du tust ja den ganzen Tag nichts anderes, als hinter Geschichten herzujagen. Du kannst es dir ja erlauben, mitten unterm Jahr an einem Bach im Norden von Minnesota zu sitzen und über Geschichten nachzudenken. O.k. – zu Demonstrationszwecken also eine ganz normale Geschichte.

Ich stehe in einem Bus. Der Bus bringt mich und ca. 30 weitere Passagiere vom Flughafenterminal München zu unserer Maschine nach New York. Ich tue, was man so tut, wenn man drei Minuten mit vom

Schicksal zusammengewürfelten Menschen in einem gemeinsamen Raum verbringt. Ich schaue sie mir an. Versuche mir vorzustellen, warum sie ihr Weg nach New York führt. Eine Frau sieht so aus, als wäre sie auf einem Businesstrip – ihre ziemlich männliche Aktentasche ist prall gefüllt und sie lässt sie, ziemlich weiblich, trotz des Gewichtes lässig baumeln. Männer, so sie Taschen tragen, klemmen sie fest unter ihren Arm. Der Rest in meiner Umgebung sind Männer. Fast alle in grauen oder schwarzen Anzügen. Da fährt, glaube ich, keiner seine Oma besuchen. Ein paar von ihnen schaue ich in die Augen, ein paar erwidern meinen Blick, einer mit einem Lächeln. Der Bus ist angekommen, die Leute stürmen zu den Gangways, als gelte es, einen besten Platz zu erwischen.

Ende des ersten Teils der Geschichte. Während ich dem Klang des Baches lausche, denke ich mir, gewöhnlicher, trivialer kann eine Geschichte wirklich nicht sein. Nichts passiert. *Gar nichts.* Kein Unfall. Kein Ohnmachtsanfall, die Frau hat mir nicht heimlich in den Schritt gegriffen, mir zugeflüstert, in einer halben Stunde auf der Toilette ganz hinten rechts, typisch dumme Männerfantasien (das gäbe aber eine gute Geschichte, die man ausbauen könnte, weibliche Schriftsteller tun dies ja jetzt wie verrückt, die männlichen hinken da erstaunlicherweise ziemlich hinten nach). Aber sorry, so war es eben. Es geschah echt nichts, was soll ich machen. Das ist gar keine Geschichte, sondern taugt höchstens für einen Anfang, Auftakt für irgendetwas, was da noch kommen könnte. Vielleicht fliegt ein schwarzer Vogel mit schimmernden Flügeln aus einer EgyptAir-Maschine und der Lenker des Busses ist davon so überrascht, dass er ... halt. Unsinn. Ich könnte natürlich als Gag einbauen, dass der Name auf der Nase der Lufthansa-Maschine nicht Regensburg, sondern Bihać-Ripač lautet. Gut, auch nicht lustig.

Kommen wir also zum zweiten Teil der Geschichte, der genauso atemraubend fortsetzt, wie der erste geendet hat. Neun Monate später. Es ist März und Astrid und ich sind in Paris. Als wir am Morgen aufbrechen, schlägt Astrid einen Spaziergang zu diversen Museen, dann noch in den Jardin du Luxembourg und dies und das vor. Ich bin normalerweise sehr froh und dankbar, wenn Astrid, sind wir privat unterwegs wie jetzt, den Weg vorgibt und sich Gedanken macht. Aber diesmal sage ich, wir sollten mal dorthin, wo wir mit Sicherheit noch nie waren. Fahren wir doch mit der Métro in irgendeine Richtung und steigen irgendwo aus. Und lassen uns überraschen.

Merkst du, wie die Dramaturgie zunimmt? Wir biegen von dem vorgesehenen Weg ab, das hat was zu bedeuten, das machen Schriftsteller immer, um langsam, aber sicher dorthin zu kommen, wo das lauert, was der Leser erwartet. Der Leser will auf Wege geführt werden, die ihm unbekannt sind, die ihm neue Einblicke eröffnen.

Astrid sagt: „Lustig, das machen wir.“ Wir schauen weder auf den Métroplan noch auf die Nummer des Zuges, der gerade einfährt, wir steigen ein und es geht los. Lass uns bei der 13. Station aussteigen, lacht Astrid – 13 ist unsere Glückszahl. Es ist unglaublich, was wir mit ihr schon erlebt haben. Aber die Geschichte mit der 13 hebe ich mir auf, wenn ich wieder mal am Mississippi sitze – jetzt am Itascasee, gibt es die Geschichte aus Paris.

Zwölf – bei der nächsten steigen wir aus. Wie in einem Themenpark, wo man voller Spannung, was einen nun erwartet, den nächsten Raum betritt, steigen wir aus – ich kann mich nicht mehr erinnern, wie die Station geheißen hat, es hat auch nichts mit der Geschichte zu tun, deshalb lasse ich es weg. (Wäre dies eine anständige Geschichte eines richtigen Schriftstellers, hätte dieser natürlich recherchiert, hätte auf der Website der Pariser Métro irgendeine Station herausgesucht, die gut klingt, und hätte sie an dieser Stelle eingefügt – kann ja sowieso keiner überprüfen, ob es wirklich die Station war, an der wir damals ausgestiegen sind ...)

Wir kommen die Treppen hoch, sehen uns kurz um und fragen einander, in welche Richtung wir gehen sollen. Klar: Astrid zeigt nach links, ich nach rechts. Das ist typisch für uns, vielleicht sollte ich mal ein Buch über unsere Ehe schreiben. Was jetzt nach einem drittklassigen Drehbuch klingt, geschah aber wirklich genau so: Wir können uns nicht einigen und da keiner nachgeben will, werfen wir tatsächlich eine Münze. Wir gehen nach rechts. Es ist ein hübsches Viertel mit hübschen Häusern und hübschen Menschen. Gott sei Dank – keine Geschäfte. Ein paar nette Bars, Restaurants. Wir flanieren und sind glücklich (der für Astrid fatale Münzentscheid ist nach einem Kuss – Paris! – vergessen ...).

O.k. Gut. Und? Wo ist die Geschichte?!

Der Anfang – „Ich lausche dem Klang des Baches und würde mir gern eine Geschichte ausdenken ...“ – hatte einiges versprochen, von diesem Anfang hätte man sich eine romantische Geschichte erwarten können, etwas Sphärisches, Fantasievolles. Aber außer unappetitlichen Männerfantasien und einiger Langeweile gab's bisher gar nichts.

Wir flanieren und sind glücklich. Wir biegen in eine kleine Seitengasse. Es herrscht normaler Personenverkehr. Ungefähr in der Mitte dieser Gasse ist ein

Hotel – sein Schild ragt auf die Gasse hinaus, sodass man es schon von weitem sehen kann. In dem Augenblick, als wir am Eingangstor vorbeikommen, tritt ein Mann aus dem Hotel auf die Straße. Um nicht zusammenzukrachen, müssen wir alle drei ruckartig stehen bleiben. Wir sehen uns an, dann lachen wir, für – ja, genau, es sind – 3 Sekunden. Dann gehen wir weiter.

Ja??? War der Kerl George Clooney? Fiel ihm vor Schreck eine Smith & Wesson aus der Tasche, ein Schuss löste sich und traf …? Fiel ein Kranich tot vom Himmel?

Wir sind ungefähr zehn Schritte gegangen, haben nach der kurzen Unterbrechung unser Gespräch weitergeführt, darüber, wo wir was essen werden. Plötzlich schreie ich auf, reiße mich von Astrid los, stürme wie ein Beknackter die zehn Schritte zurück, halte das Taxi auf – wie im Film: auf die Motorhaube greifend, um das Fahrzeug zu stoppen –, in das der Mann, mit dem wir vor Augenblicken fast zusammengestoßen wären, gerade eingestiegen war, klopfe an sein Fenster, er öffnet es und ich schaue ihn durchdringend an. Ich spüre, dass er völlig verunsichert ist, weil ich doch der Mann bin, mit dem er vor wenigen Augenblicken fast zusammengestoßen wäre. Was will ich von ihm? Seine Augen ziehen sich zu schmalen Schlitzen zusammen, als erwarte er, gleich einen Schlag parieren zu müssen.

„Ja", sage ich, „Sie sind es wirklich! Sie sind im Juni des Vorjahres von München nach New York geflogen, oder?"

Der Mann starrt mich entgeistert an. Er überlegt. Und nickt mit dem Kopf – ein „Ja" bringt sein Mund im Moment nicht zustande.

„Sie standen neben mir im Autobus, der uns zum Flugzeug brachte. Unsere Blicke hatten sich getroffen und wir haben uns kurz angelächelt!"

Der Mann starrt immer noch. Aber jetzt ist es eher ein wütendes Starren, dass ich ihm seine Zeit stehle für eine solche Lächerlichkeit.

„Ja, und?“ sagt er, gibt dem Fahrer einen Klaps auf die Schulter, befiehlt „Allez!“ und sie brausen davon. Ich stehe da, Astrid ist inzwischen zurückgekommen, fragt, was denn los sei. Ich erzähle es ihr. Ich bin völlig aufgelöst. Nicht nur dieses großartigen Momentes wegen, sondern auch wegen der Reaktion dieses Arschlochs. (Wieder einmal sorry, du weißt schon ...) Wir stehen noch da, Astrid hat ihre Arme um meine Schultern gelegt, um mich zu trösten. Da bleibt mit quietschenden Reifen ein Auto neben uns stehen. Das Taxi. Der Mann, der von München nach New York geflogen war, springt heraus, kommt auf mich zu, er weint, er umarmt mich, sagt „Danke“, springt in den Wagen und sie fahren davon.

Wir halten noch kurz inne, als wäre ein Kranich vom Himmel gefallen, als wäre eine weiße Feder von einem Fenster des Hotels langsam auf den Boden geschwebt, dann gehen wir weiter, lachen, überlegen, wo wir was essen werden. Und zwischendurch denke ich mir, dass ich diese Geschichte irgendwann einmal aufschreiben sollte – und ich stelle mir vor, dass ich dafür an einem See sitze, an dem es ganz still ist. Nur von der Stelle, wo der See einen Bach gebiert, würde ein Klang zu mir dringen.

Erinnerung Nr. 42
Suche das Glück, das in allem verborgen liegt

Als ich zu *meiner* Stelle am Mississippi komme, sitzt dort auf *meinem* Stein eine Frau. Wäre dies ein normales Märchenbuch, wäre diese Frau natürlich uralt, oder wunderschön, eine Fee oder eine Hexe, aber sie ist nichts von alldem. Sie ist durchschnittlichster Durchschnitt. Nett, sympathisch, eine Frau, wie man sie von den Supermarktkassen dieser Welt kennt. (He, das ist keine Diskriminierung, das ist echt ein Phänomen: Wenn in Texten durchschnittliche Frauen beschrieben werden sollen, sind es immer Supermarktkassiererinnen. Ich habe nachgedacht: Klar, wo bist du in deinem Alltag, also fast täglich, gezwungen, mit einer bestimmten Kategorie Mensch zu kommunizieren – an der Kassa im Supermarkt. Und auf wie viele Männer bist du dort schon gestoßen?!? Das sind fast alles Frauen!!!) Ich grüße sie freundlich, sie grüßt zurück (wir blenden jetzt gleich die Untertitel ein – ich fände es doof, was sie sagt, in Englisch zu schreiben ...). Ich frage sie, ob sie öfter hierherkommt. „Nein, das erste Mal."

„Ich komme sehr oft hierher", sage ich, „immer wenn ich auf der Suche nach etwas bin, dann komme ich hierher und der Fluss gibt mir eine Antwort."

„Vielleicht können Sie ihn dazu überreden, es auch für mich zu tun!" – und sie lacht. „Haben Sie ihn schon einmal gefragt, was Glück bedeutet?"

„Darüber reden wir ständig", antworte ich ihr.

„Und?!"

„Nun ja, ich glaube, ich habe eine ganz passable Antwort von ihm bekommen: Er sagte mir, jede Geschichte – welche immer es auch ist – führt zu einem Glück – welches immer es auch sein mag. Du musst die Geschichte nur finden und du musst bereit sein, das Glück, das sie in sich birgt, oder das sie auszulösen imstande ist, bedingungslos anzunehmen."

„Das verstehe ich nicht."

„Ich habe es auch nicht gleich verstanden, aber dann ist ein Kranich vom Himmel gefallen und es bedeutete einen Augenblick Glück für mich. Eine weiße Feder wurde vom Wind auf einen Weg geweht und ich habe tiefes Glück wie schon lange nicht mehr empfunden. Wenn Sie dies hören, ohne die Geschichte dazu zu kennen, werden Sie nichts, aber auch gar nichts erkennen, was mit Ihrem, was mit dem allgemeinen Begriff von Glück zu tun hat. Glück, so sagte mir der Fluss, wahres Glück kann nur im Zusammenklang mit einer Geschichte entstehen und von uns als solches erkannt werden."

> Sei dir bewusst, dass *jede* Geschichte grundsätzlich das Potential in sich trägt, zu einem Glück zu führen – eines, das du vielleicht im Augenblick nicht wahrzunehmen imstande bist. Sei bereit, diese Herausforderung anzunehmen …

Die Frau sieht mich an und ich spüre, wie sie in ihren Erinnerungen nach Geschichten kramt, um dort eine Erklärung, einen Beweis für die Worte des Flusses zu finden. Nach einer Weile sagt sie: „Ja, das kann sein, bei dem, was mir jetzt spontan eingefallen ist, hat es gestimmt. Da war ein Gefühl von Glück dabei. Ich habe seit langer Zeit einen immer wiederkehrenden Traum: Ich sitze an einem Bach und werfe meine Gedanken ins

Wasser. Weit entfernt von diesem Ort wirft ein Mann seine Angel in einen Fluss und jedes Mal zieht er meine Gedanken an Land. Und er ist so glücklich, als wär's ein großer Fisch. Er sieht diese Gedanken vor sich liegen und weil's ja ein Traum ist, sehe ich sie aus der Entfernung auch dort liegen, sie sind so rein und klar, das muss die reinigende Kraft des Flusses gewesen sein. Erwache ich, denke ich mir, der Fluss ist der Weg. Ich muss mich nur auf den Weg machen, um den Mann zu finden, damit er das Bild zusammenfügen kann, mich und diese reinen und klaren Gedanken. Das macht mich jedes Mal glücklich."

„Leben Sie in Minnesota?"

Die Frau zuckt zusammen und ihre Augen weiten sich: „Ja, verdammt? Woher wissen Sie das? Sie sind doch Ausländer, an meinem Akzent können Sie das doch nicht erkannt haben?!"

„Immer wenn Sie Fragen haben, wenn der Alltag Sie erdrückt, fahren Sie an einen kleinen See?"

Sie sieht mich an und schüttelt den Kopf, wie es Ungläubige tun, die gerade ein Wunder erleben.

„Der See heißt Itascasee und ist ganz umgeben von Wäldern. Es ist dort völlig still. Das Einzige, was man hört, ist das Plätschern des Wassers, wenn es über Felsen aus dem See rinnt und zu einem Bach wird. Es ist ein schmaler Bach. Fünf Meter breit. Aus diesem Bach wird der drittgrößte Fluss der Erde geboren. Der Mississippi."

> Sei dir bewusst, dass ein Mississippi auch
> in *deiner* Nähe fließt …

Die Frau hat den Atem angehalten.

„Seit vielen Jahren komme ich hierher und schöpfe mit meinen Händen Gedanken aus dem Wasser. Ich fühle mich wie ein Fischer, der jedes Mal, wenn er die Angel ins Wasser wirft, einen riesigen Fisch an Land zieht. Das ist ein Glück, das jeder sehen kann. Aber um Gedanken zu fischen, die einen glücklich machen, braucht es mehr. Es braucht dazu eine Geschichte. Ich habe nicht geträumt, ich habe gewusst, ja, ich war mir ganz sicher, dass sich eines Tages die Gedanken zu einem Bild zusammenfügen werden. Ich weiß nicht, warum Sie aus Minnesota hierhergekommen sind, warum Sie gerade diese Stelle gewählt haben, um Ihren Traum Wirklichkeit werden zu lassen, aber es erfüllt mich mit Glück."

Die Frau – ich werde sie nicht fragen, aber ich bin sicher, sie ist Supermarktkassiererin – sitzt bewegungslos da. Sie sieht mich an und sie lächelt. Genau so lächelte der Mann im Flughafenbus, in dem wir Passagiere vom Terminal zum Flugzeug gebracht wurden. Die Frau steht auf, taucht ihre Hand in den Fluss, verweilt noch kurz, dann sagt sie: „Der Fluss hat Recht. Das ist eine gute Geschichte. Aber ich werde mit dem Taxi nicht einmal um den Häuserblock fahren müssen, um sie zu verstehen. Ich würde noch gern mit Ihnen hier sitzen bleiben, um Gedanken zu fischen, aber ich muss zurück, nach Minnesota sind es 1500 Meilen, ich muss morgen früh wieder arbeiten."

„Walmart", frage ich?

„Nein", lächelt sie, „Safeway."

Erinnerung Nr. 43

Der Stein der Weisen

Da ich – ausnahmsweise – auch mal was echt erfunden habe (obwohl ich mir oft gewünscht habe, dass irgendwann mal eine Frau, sie hätte auch ruhig märchenhaft, eine Fee und so, sein können, an *meiner* Stelle am Mississippi sitzt), hätte ich die Frau eigentlich gern noch sagen lassen: „Da jagen Wissenschafter den Fragen über das Glück hinterher, werden Studien über Studien verfasst, wird ‚Glücksforschung' betrieben, und Sie holen aus den Fluten eines Flusses den Stein der Weisen. *Die* Glücksformel. Gratuliere." Aber leider, sie war schon weg. Ich hörte das dumpfe Gurgeln ihres Pickups, das immer leiser wurde. Ich hätte ihr gern nachgerufen: „Ja, Sie haben Recht! Ich habe die Glücksformel tatsächlich gefunden. Der ‚Stein der Weisen' sind eigentlich die Sandkörner der Wüste, und die Formel lautet 1 + 1 = 2. So einfach ist es."

Sie musste es gehört haben (unglaublich bei dem traumhaften Sound des Achtzylinders ...), denn sie war umgekehrt und stand plötzlich wieder neben mir. „Sorry, aber das müssen Sie mir erklären, erstens, weil ich es nicht verstehe, und zweitens, würde ich es verstehen, es doch nicht so einfach sein kann."

Der Stein der Weisen: Das sind die Sandkörner der Wüste.

Der Stein der Weisen verwandelt nicht-edle Metalle zu Gold und Silber.

Erste Überlegung: Das Ding ist natürlich eine Metapher. Denn wozu in aller Welt sollten Weise (also nicht nur kluge Köpfe, sondern solche, die auch echt den

Gesamtdurchblick haben ...) auf die Idee kommen, sagen wir mal, Quecksilber, von dem es ja auch nicht mehr soviel gibt, in Gold verwandeln zu wollen. Um reicher zu werden? Um sich *was* damit kaufen zu können? Um sich mit materiellen Werten zu be*reichern*? Hätten sie das geglaubt, die Weisen, wären sie ganz schön dumm gewesen. Waren sie aber sicher nicht.

In der Mythologie bzw. in der Alchemie gilt diese Formel sozusagen als Urformel, die von der „materia prima", dem Urstoff, handelt. Über diesen Stoff gibt es tausend Erklärungen – zum Teil echt lustige (Eigenurin!!!). Da heute die Alchemie nur noch Anziehungspunkt schwindliger Esoteriker ist, die sich in Birkenstockschuhen im Wald zum Wochenend-Veganer-Seminar zusammenfinden und gemeinsam mit Feen und Blütenelfen den Paradigmenwechsel mit Mantras herbeibeten, wird dieser Begriff „Stein der Weisen" höchstens dafür verwendet, um der „großen Erkenntnis" einen hübschen Begriff zu verpassen. Klingt einfach besser: Ich habe den Stein der Weisen gefunden, als würde man sagen: Gestern hatte ich die große Erkenntnis. (Siehe Erinnerung Nr. 18.) Um erfolgreich mit seiner Erzählung zu sein, wird der Seminarteilnehmer „den Stein" verwenden, der Wissenschafter „die Erkenntnis" ...

Nun interpretiere ich mal ganz locker: Die Ursubstanz, das wonach wir alle suchen, ist ein Gegenüber, das uns wahrnimmt und zuhört. Danach streben wir *alle*. Von der ersten Minute unseres Dasein an. Nur das – *nur das* – führt in letzter Konsequenz zu einem Glücksgefühl: erhört zu werden. Das Verwandeln von etwas, das nicht von Wert ist, in etwas, das großen Wert besitzt – Leute, klingelt es schon in euren Köpfen?! Die Rede, die Worte, die niemand hören will oder hört, die aus meinem Mund brabbeln wie der Fluss, der nirgendwohin fließt, der wieder in der Erde versickert, diese Worte sind „sinnlos", sind null und nichtig, dienen nur sich selbst, wenn sie niemals auf ein Gegenüber treffen, haben folglich keinen Wert. Die Verwandlung in etwas Wertvolles, das passiert über das Erzählen, das Wertvolle ist die Geschichte. Ich verwandle die Rede in eine Erzählung und schaffe damit *Wert*: Man hört mir zu. Meine Gedanken, meine Gefühle (gibt es etwas Wertvolleres?!) treten in einen Austausch, werden wahrgenommen, verstanden und führen zu einer Reaktion. Das, und nur das, hat beständigen Wert, wie „Gold"!

Und die zweite Überlegung: dass der Stein der Weisen die Sandkörner der Wüste sind. Es gibt ihn *tatsächlich*. Und ein *jeder* Mensch auf Erden – das sind so viele, wie es Sandkörner in der Wüste gibt (nagelt mich nun ja nicht an einer Zahl fest, das ist der – zugegeben simple – Versuch eines poetischen Vergleichs ...) hat ihn, diesen „Stein", in seiner Hand. Dieser verdammte Singular, „der" Stein, hat uns geblendet. Das Einzigartige, das dieser kleine Artikel zum Ausdruck bringen will, dieses dumme Machtstreben (der Männer – es gibt nur „den Alchemisten", Alchemistinnen kommen in der Mythologie praktisch nicht vor ...), als würde es nur diesen einen einzigen Stein geben, der seinem Besitzer die Allmacht verleiht. Ist die Wüste nicht gerade deshalb unglaublich schön, ein echter Hammer, weil sie aus Billionen von Sandkörnern besteht? Jedes Sandkorn trägt zum Gesamtbild bei, wie es auch jeden Wassertropfen braucht, um den großen Fluss zu bilden. Jede Geschichte, und davon gibt es Billionen, ist ein Sandkorn. Ist ein Wassertropfen. Gemeinsam bilden sie die Wüste und den Fluss. Bilden unser Leben. Und erst im Zusammenspiel wird die Wüste zu dem, wie wir sie erleben: zu einem faszinierenden Naturereignis, das seit Millionen von Jahren die Menschen inspiriert. Erst in einem Fluss können wir uns treiben lassen, erst der Fluss als Ganzes schenkt Leben.

> Sei dir bewusst, dass jeder, auch *du*,
> einen „Stein der Weisen" besitzt …

Jeder besitzt dieses Wunderding! Jeder versucht immerzu, das Wunder zu vollbringen! Und nicht immer gelingt es. Aber ... es liegt an uns, diesen *Stein der Weisen* in uns zu erkennen und ihn sein Werk vollbringen zu lassen – Tag für Tag. Von unserer Geburt, wenn wir ihn von denen, die uns lieben, in die Hand gedrückt bekommen, bis zu unserem Ende, wenn wir ihn an die Menschen weiterschenken, denen wir durch Liebe verbunden waren, und er von da an die Erinnerung „verzaubert" und uns damit für immer am Leben erhält.

Erinnerung Nr. 44
Eine Supermarktkassiererin erzählt vom Glück

Die Frau, die bei Safeway als Supermarktkassiererin arbeitet – die, während ich dem Fluss meine Geschichte erzählte, am Ufer stand und den Wellen lauschte –, hat sich wieder neben mich gesetzt. „In unserer Gegend leben noch ein paar Nachkommen der Anishinabe-Indianer, die das Gebiet rund um den Itascasee bevölkerten. Als ich einmal dort saß, genau dort, wo auch Sie gesessen sind, auf den Felsen, wo aus dem See der Bach fließt, kam eine Anishinabe-Frau, eine ältere, und setzte sich neben mich. Ich kannte sie, aus dem Supermarkt. Die Frau erzählte mir, sie käme öfters hierher. Das sei ein besonderer Ort. Ob ich wüsste, dass Itasca „Das Haupt der Weisheit“ bedeute. Hier heroben seien ihre Gedanken immer ganz klar. Sie fühle sich hier so, als hätte sie den Stein der Weisen gefunden. Wir sprachen über alles Mögliche. Und natürlich auch über Glück. „Als ich ein Kind war“, sagte sie, „erzählte mir mein Vater eine Geschichte, die er von seinem ... Sie wissen schon, eben eine uralte Geschichte. Ein Enkelkind, ein junger Mann, kommt zu seiner Großmutter und fragt, ob sie denn wisse, was Glück bedeute. Die Großmutter sieht sich kurz um, greift nach etwas, hält es in ihrer Faust und antwortet: Ich habe das Glück soeben gefangen, es liegt in meiner Hand! Das Kind versteht nicht – so einfach soll es sein, das Glück zu erklären? Was liegt in deiner Hand?, fragt der Junge. Ein Marienkäfer, antwortet die Alte. Dann hat der Arme aber gerade eben kein besonderes Glück gehabt, du hast ihn gefangen, du könntest ihn mit einem einzigen Druck deiner Hand zerquetschen. Die Frau hält ihre Faust vor das Gesicht ihres Enkels und dann öffnet sie die Faust, ganz langsam. In der Mitte sitzt der Marienkäfer, dreht sich ein paar Mal im Kreis, dann packt er seine Flügel aus dem Panzer und hebt ab, ganz langsam, und fliegt, am Gesicht des Jungen vorbei, in die Freiheit. Der junge Mann und die alte Frau sehen dem Marienkäfer nach, wie er wieder auf der Blume landet, die Augenblicke zuvor noch sein Unglück bedeutet hatte, und – lächeln. Wir haben es in der Hand, sagt die Großmutter, dem anderen Glück zu bereiten – dies ist die sicherste Art, uns selbst mit wahrem Glück zu beschenken."

„Am Abend desselben Tages", sagt die Frau, die neben mir sitzt, „träumte ich zum ersten Mal diesen seltsamen Traum mit dem Gedankenfischer. Jetzt muss ich aber wirklich, Sie wissen ja, 1500 Meilen – und morgen muss ich wieder an der Kassa sitzen ..."

> Sei dir bewusst, dass *alles*, was dich bewegt, dich ausmacht, dich bestimmt, letztendlich in *deiner* Hand liegt ...

So eine Geschichte, oder eine so ähnliche, würde mir in den Sinn kommen, würde ich am Itascasee sitzen, der mir inzwischen richtig vertraut ist: Alles ist mit einem Mal so deutlich, so klar und so einfach. Durch das Erzählen wurden die Frau aus dem Safeway, der Mann aus dem Flughafenbus und die Anishinabe-Frau aus dem Kreis des Gewöhnlichen, des Nicht-Aufregenden, aus dem grauen Hut der Normalität hervorgeholt, wurden sie auf neue Art lebendig, haben sie – und sei es nur für Augenblicke – Glücksmomente empfunden. Wir haben es in der Hand, sagte die alte Indianerin.

Lasst mich jetzt auch ein bisschen Indianerhäuptling spielen: Ich sitze auf einem Felsen über dem Itascasee, mein Blick ist auf das fünf Meter breite Wasserband gerichtet, das einmal der drittgrößte Fluss der Erde werden wird. Ich hebe meinen rechten Arm (wie Winnetou) und verkünde ein paar unumstößliche, uralte Weisheiten, zurückgehend auf meine Vorfahren (nein, nicht Wilhelm von ...). Ich würde sagen (wäre ich ein Anishinabe-Indianer): Alles liegt in unserer Hand. Es liegt an uns, zu erkennen, dass wir alle Werkzeuge zu dem Erfolg, der uns zum Glück führt, in uns und mit uns tragen. Und das wichtigste darunter ist: unser Gegenüber, wer immer es auch sein mag – dein Partner, dein Kind, deine Freunde und Mitarbeiter, deine Vorgesetzten und Mitmenschen – und *dich* selbst wahrnehmen. Und das, was wir als „wahr angenommen" haben, mit jemandem teilen – wer immer es auch ist: ein Gegenüber, die Natur, Gott (o.k., eigentlich: Manitu ...). Das ist das Spiel. Das wir seit Zehntausenden von Jahren praktisch unverändert spielen.

Erinnerung Nr. 45
Jetzt wird Resümee gezogen

Ja, ich weiß: 50 von 100 werden – so sie überhaupt bis zu dieser Stelle gekommen sind – sagen, dass dieses Buch eine Anhäufung von dem ist, was jeder sowieso weiß, und dass es wunderschön wäre, wäre es sooo (sie werden es mit drei ooo's sagen) einfach. Ist es aber nicht, lieber Folke Tegetthoff, werden sie sagen, verlasse doch mal bitte für ein paar Tage dein Kloster in der Südsteiermark, deine Wohnung in Piran, wo natürlich alles so einfach und klar und herrlich ist, und geh hinaus in die harte Wirklichkeit. Dort sieht es nämlich anders aus.

Ich kann die Leute verstehen, die so urteilen, ehrlich, ich kann es nachvollziehen, weil es ja wirklich danach aussieht. Aber ich habe überhaupt keine Lust, vor diesen 50 auf die Knie zu fallen, und mit 100 Argumenten anzufahren, warum ich mich berechtigt fühle, das alles in einem Buch aufzuschreiben. Leute, würde ich sagen, lasst es einfach so stehen. Ich habe euch mit dem Titel des Buches getäuscht, das gebe ich ja zu, habe es gleich auf der ersten Seite zugegeben. Ihr hättet das Geld sofort zurückhaben können – jetzt natürlich nicht mehr, jetzt habt ihr das Schnitzel ja schon gegessen, jetzt ist es zu spät, zu sagen, das war zäh wie Leder, nicht runterzukriegen. Dass ihr euch habt beeindrucken lassen von dem Titel, ist aber Zeichen dafür, dass ihr auf der Suche seid, nach dem Glück, sonst bräuchtet ihr ja wohl kein „Handbuch". Und wenn ihr jetzt, nach so vielen Seiten, draufkommt, dass da nichts, aber auch gar nichts steht, was neu für euch ist, was ein cooles Rezept zur Verwirklichung *eurer* Träume wäre, dann – muss ich leider sagen – ist das *euer* Problem, Leute. Denn, nehmen wir an, hier stünde wirklich nichts Neues, das heißt, ihr kennt alles schon, was ich da an großartigen Weisheiten von mir gegeben habe, dann frage ich mich, warum ihr das nicht schon längst umgesetzt habt? Ich würde mir einen von euch rauspicken, an die Tafel holen, so richtig vorführen, ein paar Mal mit einem Rohrstock auf das Pult hauen (jetzt also kommt mein wahres Wesen hervor: autoritärer Lehrer ...) und fragen: Hast du deiner Frau (ich nehme ziemlich stark an, dass ich mir einen Mann holen würde, die einzige Frau der Gruppe würde ich schonen) immer zugehört? Hast du ihr Achtung und Respekt entgegengebracht? Hast du sie wahrgenommen? Hast du nicht jeden Tag mindestens einmal das Gefühl, dass dir nicht zugehört wird? Ist das Gefühl, das du damit verbindest, ein gutes? Wenn du mit deinen Freunden zusammensitzt und du berichtest über ein Ereignis, das dich bewegt hat, zählst du dann nüchtern die Fakten auf, oder *erzählst* du, schmückst du aus, variierst deine Stimme, setzt deine Körpersprache ein, illustrierst die Geschichte damit? Hm? Ist es so? Sag was! Steh nicht so stumm da!

O.k., ihr 50, lasst es einfach so stehen, oder diskutiert es mit euren Freunden, zieht mich dabei ruhig durch den Kakao, denn während ihr darüber diskutiert, werdet ihr alles, jedes Sätzelchen aus meinem Büchlein beherzigen, berücksichtigen und fein säuberlich umsetzen. Das genügt mir. Damit kann ich gut leben.

Verzeiht mir, ihr anderen 50, die ihr erst jetzt drankommt. Ihr seid die, die inzwischen fünf Packungen Tempotaschentücher verbraucht haben, solltet ihr solche Heulsusen wie ich sein, die in einer Art kollektivem

Bewusstsein etwas nachvollziehen können – als wärt ihr es, die gerade über die Ziellinie rasen und wissen, sie haben den Himmel erreicht. Euch konnte ich an etwas erinnern: was ihr sowieso wusstet, aber nun bestätigt bekommen habt: dass ihr am richtigen Weg seid. Vielleicht gab es ja sogar etwas, das neu für euch war, ein Hinweis auf einen kleinen Stein am Wegesrand, der verborgen ist, den man suchen muss, der aber dem, der ihn findet, einen Glücksmoment verheißt. Vielleicht war es neu für euch, dass es ein Zeichen von Glück ist, wenn ein Kranich vom Himmel fällt (nicht für den armen Kerl, so ungerecht ist das Leben ...). Und wenn ihr irgendwann eine weiße Feder auf eurem Weg liegen seht, wird euch eure Erinnerung ein Lächeln ins Gesicht zaubern. Niemand wird wissen, warum. Eine lächerliche Feder? Vielleicht werdet ihr dann meine Geschichte erzählen. Vielleicht werdet ihr sie so erzählen, als wäre sie dem Cousin eines guten Bekannten von euch passiert, und ihr werdet damit eine moderne Sage erschaffen. Auf jeden Fall – da bin ich mir sicher – habe ich einen Code in euren Köpfen verankert: 3 Sekunden. Das werdet ihr nicht mehr los. Daran werdet ihr euch erinnern und – da bin ich mir sicher – ihr werdet es nicht mehr vergessen. Und zwar nicht, weil ich es geschrieben habe, sondern weil ihr erkannt habt, dass dieses Ding tatsächlich funktioniert. Ich hab's auch nicht glauben wollen, bis ich es über Jahre hindurch bewusst ausprobiert und trainiert habe.

Erinnerung Nr. 46
Ein letztes Mal am Mississippi

Ich komme zum letzten Mal, zumindest für einige Zeit, an den Mississippi – ich muss zurück, in die Wirklichkeit. Astrid wartet und die Kinder auch. Eine Woche Tournee in Indien steht bevor und wir bauen gerade unseren Stall um.

Ich sitze also da und halte eine Hand ins Wasser. Lange. So lange, wie ein Schiffchen aus Weidenholz, das ein Anishinabe-Indianerjunge gebastelt hat, brauchen würde, um vom Itascasee hierherzukommen. Ich würde es aus dem Wasser nehmen (ich hoffe sehr, dass die Strömung es an mein Ufer treibt, denn ich wüsste nicht, ob ich mir die Kleider vom Leib reißen und mich in die Fluten stürzen würde, es zu bergen. Und der Gedanke, es zöge an mir vorüber, wäre unerträglich) und darin etwas von dem Jungen spüren. Das kunstvolle Flechtwerk würde von seiner Fingerfertigkeit erzählen, mit meiner Vorstellungskraft würde ich ihn mir zeichnen. Ich würde versuchen, nachzuvollziehen, mit welchen Gedanken, eher Gefühlen, er es vorsichtig in das Wasser setzt. Er hat viele Stunden daran gearbeitet, er könnte es mit nach Hause nehmen, könnte es auf ein Regal stellen, wo es von allen bewundert werden würde. Es brächte ihm „Erfolg". Aber er setzt es ins Wasser, schubst es sanft hinein, setzt sich auf den Felsen, denselben, auf dem ich, die Frau von Safeway und die alte Indianerin gesessen sind, die vielleicht die Großmutter des Jungen ist, und er sieht seinem Schiffchen nach, bis es hinter der Biegung des Flusses verschwunden ist. Ich will es nicht allein für mich behalten, denkt er sich. Vielleicht denkt er auch, er habe es nun in der Hand, dem Schiffchen seine Sehnsucht zu erfüllen. Denn das Schiff sehnt sich nach seiner Bestimmung, der Fahrt übers Wasser. Vielleicht überlegt er auch, dass er es erschaffen habe, nun muss er es ziehen lassen – so wie Eltern ihre Kinder zu ziehen lassen haben. Und überlegt: Bin ich traurig, dass es nicht mehr mir „gehört", oder bin ich glücklich, dass ich es mit anderen teilen kann? Vielleicht wird er lächeln, wenn ihm seine Fantasie eine Hand zeigt, die, Wochen später, tausend Kilometer von ihm entfernt, nach seinem Werk greift, es herausholt und darüber nachzudenken beginnt, wer dieses Schiffchen wohl geschaffen hat. Und warum hat er es ins Wasser gesetzt, er hat doch sicher viele Stunden daran – und alles beginnt von vorne ...

Ich halte meine Hand ins Wasser, aber kein Schiffchen kommt. Nur Geschichten, immer wieder Geschichten. Es beginnt unaufhörlich von vorne, denke ich mir. Wahrscheinlich könnte ich noch 500 Seiten schreiben, es würde stets damit seinen Anfang nehmen, dass ich hierherkomme (das kann ich ja auch von Piran oder St. Georgen aus machen, dazu muss ich nicht unbedingt live in den USA sein ...), die Hand ins Wasser halte und schon kommt wieder eine Geschichte geflossen.

Aber irgendwann muss auch mal Schluss sein. Zumindest für dieses Mal.

Erinnerung Nr. 47

Der Autor bastelt an einem adäquaten Schluss

Von 4000-mal auf der Bühne stehen weiß ich, dass man sich für den Schluss etwas Besonderes aufheben muss: Kein Showstar und auch kein Autor, die Theatermacher wissen es sowieso, würde mit seiner besten, aufregendsten Geschichte (Musik, Literatur, Drama = Geschichten!) beginnen, würde die größten Emotionen und Überraschungen gleich am Anfang präsentieren, so was hebt man sich für den Schluss auf. Irgendwie logisch: Man will ja, dass die Leute, die vor einem sitzen (die einem *zuhören*!), eine letzte große Emotion mit auf den Weg bekommen, ein letztes großes Geschenk, das du ihnen machst, von dem sie noch lange reden werden – der letzte Blick auf das verweinte Gesicht im Fenster, bevor der Zug sich aus dem Bahnhof schlängelt, das letzte Umdrehen des geliebten Menschen, bevor er sich in Socken durch den Sicherheitstunnel am Flughafen schiebt und es „Piep" macht, weil er das kleine Schweizer Taschenmesser in seiner linken Faust vergessen hat, das du ihm zum Abschied geschenkt hattest, damit er (der Mensch!) überall, schon auf der Flugzeugtoilette, ein Herz mit euren Initialen schnitzen kann. So etwas *muss* am Schluss kommen.

Erinnerung Nr. 48
Der Satz

Als ich damals meinen Schreibtisch in Piran so verrückte, dass ich genau den Hafen, die Bucht und die gegenüberliegende Halbinsel von Savudrija im Blickfeld hatte (ich brauche solche Blicke, die Emotionen hervorrufen, und ich schwöre dir: Dieser Blick ist *sehr* bewegend, er ist einfach ein Hammer ...), meinen Computer in Position brachte (nach 38 Büchern ist dies das erste, das ich gleich in die Maschine tippe und nicht mit dem Bleistift in fuzeliger Schrift zu Papier bringe – blöd für meine Erben, die in 113 Jahren kein echtes *Manus*kript bei Sotheby's versteigern können, tut mir echt leid, Ururenkel ...) und anschließend auch noch mich, dachte ich natürlich keine Sekunde an diesen „Highlight-The-End-Bye-Bye-Satz". Ja, ich muss gestehen, ich dachte nicht einmal vor zwei Seiten daran.

Die Bucht von Piran verwandelt sich in den Golf von Mexiko. Die Dragonja (das ist das Grenzflüsschen, ungefähr fünf Meter breit, zwischen Slowenien und Kroatien, das in den Salinen von Sečovlje ins Meer mündet) wird zum Mississippi (das wird der Dragonja sicher gefallen, wenn ich es ihr das nächste Mal erzähle ...), und wenn ich am Kai beim Teater Café (wo du mich wahrscheinlich treffen wirst, wenn du mal nach Piran kommst) meine Hand ins Wasser tauche, ist die Wirklichkeit zwar „die Adria", aber das Märchen ist „der Mississippi".

Und seine Fluten werden mir sagen: Was da vom Itascasee der Bucht von Piran entgegenzieht, ist ein selbst gemachtes Holzschiffchen und nicht eine große, prahlerische High-Tech-Überdrüberjacht. Ganz sachte schaukelt es dahin. Sein Antrieb sind einfache Sätze, ein Gedankenwind, wie sie auch ein Bauer aus dem Schwarzautal mit acht Klassen Volksschule haben könnte – es braucht keine 2 × 1000-PS-Antriebsmotoren, um es seinem Ziel näher zu bringen. Die Jacht würde sich ein großes Empfangskomitee, Reden und Applaus, staunende Zuseher erwarten, wenn sie sich durch das schmale Dragonja-Tal zwängt, um dann endlich bei den Salinen offenes Meer zu erreichen. Wenn das Holzschiffchen dahertschunkt, wird niemand da sein, es in Empfang zu nehmen – außer die Möwen, die Stelzengänger, vielleicht Astrid, vielleicht Miriam, Ubald und Zorko. Tapfer wackelt es – 3778 Kilometer hat es überstanden! Jetzt ist es am Ziel! Da muss ein einfacher Satz her, sagt der Mississippi, „nothing special“, wie meine slowenischen Freunde immer sagen.

O.k.: Kann man, so denke ich mir, als ich auf meinem Felsen an der Dragonja sitze, ein ganzes Buch in einem einzigen Satz zusammenfassen? Wie muss dieser Satz aussehen, damit die Menschen, die ihn lesen, ihn in ihrer Erinnerung behalten? Er sollte ja auch eine emotionale Botschaft in sich tragen, damit sie ihn jederzeit abrufen können. Ein Satz, so klar und einfach wie ein selbst gemachtes Holzschiffchen, das seine Reise nach Erreichen des Meeres einfach fortsetzt, sich verselbstständigt. Ciao, Folke, es war echt nett mit dir, diese 3778 Kilometer lang, aber ich muss weiter – und ich sehe es als feine Linie, zuletzt in der Richtung, in der Venedig liegt. So ein Satz muss das sein, ja, genau, der Mississippi hat Recht.

Ich schreib ihn jetzt mal einfach hin, nehmt ihn oder vergesst ihn:

Jede unserer Reden, die schönste Geschichte, bedeutet nichts, ist null und nichtig, *zero*, wenn niemand da ist, der ihr zuhört.

(Anleitung! Nimm diesen Satz und durchleuchte ihn. Ersetze den ersten Teil durch folgende Begriffe und überlege dir die daraus entstehenden Konsequenzen: Liebe – Ideen – Krankheit – Prahlerei – Sex – der Mensch.)

Erinnerung Nr. 49
Die Weisheit

Ich bin hungrig nach Weisheit, sagte der Schüler. Wie lange darf ich noch deine Aufmerksamkeit in Anspruch nehmen? Welche Bücher soll ich lesen? Welche Lehren empfiehlst du mir, um von der Quelle ihres Geistes zu trinken?

Höre, antwortete ihm der Meister, wenn es dich drängt, das Wesen, das Geheimnis eines Apfels zu erfahren, so hilft es nicht, wenn ich dir von ihm erzähle, wenn du noch so viele gescheite Bücher liest und dich den Naturwissenschaften hingibst. Du musst von ihm essen. Genauso ist es mit der Weisheit – du musst von ihr kosten. Mach dich also auf den Weg und suche die Frucht der Weisheit!

Aber wohin soll ich mich wenden? Wo finde ich sie?, fragte der Schüler.

Vertraue auf dich, marschiere los und halte deine Sinne bereit für die Zeichen.

So machte sich der Schüler auf den Weg.

Viele Wochen war er schon unterwegs, immer auf der Suche nach den angekündigten Zeichen, als plötzlich, wie von einem Sturm herangetragen, ein wunderbarer Duft in der Luft lag. Ein Duft, wie er ihn nie zuvor gerochen hatte. Betörend, als wär's der Bote des Paradieses.

Dies muss das Zeichen sein, von dem der Meister gesprochen hatte, freute sich der Schüler und rannte in die Richtung, aus der der Duft immer deutlicher wahrzunehmen war.

Nach kurzer Zeit stand er vor einer hohen Mauer – ihm war klar: Diese Mauer musste die Frucht der Weisheit, diese kostbare Frucht, wahrscheinlich der wertvollste Schatz auf Erden, beschützen. Sie war zu hoch, um hinaufzuklettern, und weit und breit war kein Tor zu sehen. Also begann er, an der Mauer entlangzulaufen, irgendwo musste es ja einen Durchlass geben. Er rannte, getrieben von dem unbeschreiblichen Duft, der immer intensiver wurde und sein Verlangen immer stärker werden ließ. Er war schon viele Stunden gelaufen, als ihm allmählich bewusst wurde, dass dieser Garten von der riesigen Mauer kreisrund umschlossen sein musste. Plötzlich entdeckte er ein kleines Loch, gerade groß genug für eine Maus. Der Luftzug, der daraus strömte, ließ den Duft noch betörender erscheinen, wie besessen begann er, mit bloßen Händen Stein für Stein herauszubrechen, das Loch zu vergrößern. So stark war seine Sehnsucht nach der Frucht der Weisheit, dass er seine blutigen Finger, sein wildes Graben gar nicht mehr wahrnahm.

Er wusste nicht mehr, wie lange es gedauert hatte, bis die Öffnung endlich groß genug war, um seinen Körper hindurchschieben zu können. Und endlich hatte er es geschafft! Der Garten mit den Früchten der Weisheit lag vor ihm: Es gab Bäume mit den Früchten der Mathematik und Bäume mit den Früchten der Philosophie. In einer Ecke fand er die Früchte der Architektur und gleich nebenan wuchsen die Früchte der Computerwissenschaften. Glückstrunken rannte er von einer Ecke zur anderen, aß ein bisschen vom Slowenisch und ein bisschen vom Altgriechisch. Kostete von der Anatomie und der Chemie. Ließ sich Physik und Literaturwissenschaft schmecken. Die Mythologie fand er ein bisschen zu süß, die Lehren vom Maschinenbau etwas zu bitter. Nach einem ersten intensiven Kosten legte er sich unter einen der Bäume, es war der mit den Früchten der Religionswissenschaften, und dachte dankbar an seinen Meister, der ihm dieses Geheimnis, diesen Stein der Weisen, dieses höchste Glück verraten hatte. Nach dem ersten Probieren, sagte er sich zufrieden, werde ich meine Lieblingsfrucht erwählen und mich an ihr ordentlich satt essen.

Und so geschah es: Nach ein paar Tagen hatte er alle Weisheit, die er sich erträumt hatte, „gegessen"! Zufrieden lag er im Garten, aß, wenn es schon da war, ein paar Häppchen vom Latein, als Nachtisch gönnte er sich die Lehren des Kamasutra – er dachte ja bereits an die blühende Zukunft – und vor dem Schlafengehen standen noch zwei Früchte Astronomie auf dem Speiseplan – das war silbrig funkelndes, kleines, rundes Obst.

Sein Tag war – neben dem Essen – ausgefüllt mit intensiven Gedankenspielereien: Es war einfach herrlich, all das Wissen zu verknüpfen, Synergien aufzuspüren und Schlüsse zu ziehen.

Nach ein paar Wochen stellten sich jedoch erste Zweifel ein – zuerst dachte er noch, er habe etwas zu viel von den Sozialwissenschaften erwischt und die lägen ihm nun im Magen –, denn er begann eine heftige Diskussion mit sich selbst über die Frage, wem all dieses Wissen nütze, wenn niemand da ist, dem er es mitteilen könne. Und je mehr er darüber nachdachte, desto verzweifelter wurde er: Wie dumm ich doch war, rief er eines Tages, wie dumm zu glauben, dass der Garten der Weisheit dazu da sei, darin zu leben. Man habe, das wurde ihm mit einem Schlag klar, die Früchte zu pflücken und sie dann hinauszutragen, in die Welt, um sie mit anderen zu teilen! Das hatte doch auch der Meister gesagt: Mach dich auf den Weg! Er pflückte noch ein paar seiner Lieblingsfrüchte, dann rannte er so schnell er konnte zu dem Loch in der Mauer, das er vor vielen Wochen so mühsam ausgebrochen hatte. Als er näher kam, atmete er auf: Es war noch unverändert da! Er warf sich auf den Boden und wollte hindurchkriechen – was war denn das? Hatte jemand wieder Steine hinzugeschlichtet? Das Loch war viel zu klein, er passte nicht hindurch! Mühsam kam er wieder auf seine Beine und da erst erkannte er, was geschehen war: Es war nicht die Öffnung, die sich verkleinert hatte, es war sein Körper, der sich vergrößert hatte! Und zum ersten Mal seit Wochen sah er an sich hinab, befühlte seinen Körper und musste mit Schrecken feststellen, dass er dick, dass er richtig fett geworden war!

Naja, die Früchte der Weisheit, sagte er sich, haben eben ihre Spuren hinterlassen. Aber kein Problem, da muss ich nur wieder ein bisschen graben. Doch nach einem Tag und einer Nacht des Grabens, bis seine Finger wieder blutig waren, warf er sich verzweifelt ins Gras – das Loch hatte sich nicht einen Millimeter vergrößert. Und aus der Öffnung strömte mit einem Mal der unwiderstehliche Duft der Freiheit und der Menschen. Wieder versuchte er, nun wie rasend, weil dieser betörende Duft immer stärker wurde, die Steine der Mauer wegzukratzen, zu hacken und hauen, bis er schließlich davon abließ und – davon hatte er ja mehr als genug – sein Gehirn anstrengte. Es gibt nur eine Möglichkeit: Ich muss fasten. Ich darf nichts mehr von den Früchten essen, keine einzige mehr, ab sofort! Strenge Diät!

Getrieben von dem Duft der Freiheit und der Menschen, rannte er nun viele Stunden am Tag durch den

Garten, machte Übungen (Yoga ...) und ernährte sich nur noch von Kräutern, die unter den Bäumen wuchsen.

In den wenigen Stunden, in denen er sich körperliche Ruhe gönnte, versuchte er, all sein Wissen zu konservieren, zu wiederholen, zu verknüpfen, Synergien aufzuspüren und Schlüsse zu ziehen. Doch er spürte bald, dass ihm dies immer schwerer fiel – je dünner er wurde, umso mehr verringerte sich auch all das wunderschöne Wissen, das er sich durch mühsames in sich Hineinfressen angeeignet hatte. Doch immer, wenn er zweifelte, wem er sich nun zuwenden solle, der Weisheit oder der Freiheit und den Menschen, wehte deren Duft herbei und ließ ihn sofort noch ein paar Extrarunden drehen.

Dann kam der Tag, an dem er es endlich geschafft hatte: Er konnte seinen Körper durch die Mauer zwängen, nur noch Zentimeter fehlten, dann war er ganz hindurch. Als er draußen war, traute er seinen Augen nicht: Da standen seine Familie und seine Freunde, alle Menschen, die ihn liebten, die ihn gesucht, seine Spur verfolgt und seit Tagen vor der Mauer auf ein Lebenszeichen von ihm gewartet hatten. Auch sein Meister stand da. Und voll Demut sagte der Schüler: Ich habe deine Antwort verstanden ...

Der Schüler, sein Meister und all die anderen waren schon auf dem Weg zurück, als der Schüler plötzlich stehen blieb und verwundert in seine Hosentasche griff, in der er drei – Äpfel fand. Und er hörte sich sagen, wie aus einer vergangenen Zeit, als er in einem Garten mit den allerschönsten Früchten lebte:

Diesen Apfel hier, seht, wie herrlich saftig und frisch er sich anfühlt, will ich den Menschen schenken, die eine Geschichte erzählen. Um ihnen die Kraft zu geben, niemals damit aufzuhören!

Dieser Apfel hier, seht, wie sein Silber glänzt, gebührt den Menschen, die all den Geschichten, die erzählt werden, zuhören!

Und hier ist der dritte Apfel, geschaffen aus purem Gold. Er ist der wichtigste, wertvollste und bedeutendste von allen. Er ist für all jene, die – verstehen.

Als ich mit dem Meister auf dem Rückweg noch ein bisschen über diese Geschichte plauderte, sagte er mir, dass es übrigens immer genauso viele dieser „goldenen Äpfel“ gebe wie Menschen, die einander zuhören.

Es liegt folglich an *dir*, und nur an dir, ob du nun statt meines Buches einen Apfel, golden, in deinen Händen hältst ...

Erinnerung Nr. 50
Das Glück

Wenn du nun nach 252 Seiten weißt, woran ich dich erinnern wollte, was die Metapher „3 Sekunden" bedeutet, wenn du so ein Gefühl verspürst wie erste blaue Himmelfetzen nach schwerem Regen, wie das erste Wieder-Wärme-Spüren nach einem Streit, wie der erste Blick auf Vertrautes, das man lange hat entbehren müssen – dann kannst du bitte gleich weiterblättern zum Epilog, und ich danke dir hiermit herzlich fürs Lesen, lass dir den goldenen Apfel schmecken, es war sehr nett mit dir, vielleicht sehen wir uns ja mal wieder und auf bald.

Wenn du dir an dieser Stelle aber denkst, „ich hätte die freundliche Einladung in Lektion 1 zur Rückerstattung des Kaufpreises doch annehmen sollen, denn ich habe noch immer KEINE Ahnung, wie man in 3 Sekunden (!!!) glücklich werden kann", müssen wir noch ein paar Sätze lang miteinander verbringen – tut mir leid!

Natürlich weiß auch ich nicht, wie man „Glück" genau definiert.

Und dementsprechend kann ich auch keine Zauberformel zum Erreichen desselben aufstellen.

Aber wenn die Frau des reichsten Mannes der Welt, Melinda Gates, zum Thema Glück meint, es kann sich dabei nur um eine Ansammlung von immateriellen Augenblicken, von Glücksmomenten handeln, kommen wir der Sache schon näher.

Ja, es war ganz o.k., nach New York zu fliegen; ja, es war echt schön, mit Astrid vier Tage in Paris zu verbringen. Aber der wahre Glücksmoment, von dem ich heute, nach so vielen Jahren, noch jedes Detail und meine innersten Gefühle präsent habe, also das, was mir bis heute schon hunderte Male und immer noch ein unbeschreibliches Gefühl von Glück, Zufriedenheit und Weltumarmenwollen bereitet, waren jene 3 Sekunden, in denen einzelne Bilder sich zu einem Ganzen zusammenfügten, in denen ich spürte, dass ich es in der Hand habe, durch *mein* Handeln einen Glücksmoment zu erschaffen.

Was ich dir, dem Menschen, der noch (ein bisschen) zweifelt daran, dass man in 3 Sekunden glücklich werden kann, damit sagen will: Das Glück liegt nicht einfach so in der Gegend herum und wartet auf uns. Natürlich bedeutet Lottogewinn, Orgasmus und Liebe (in umgekehrter Reihenfolge ...) auch Glück.

Aber – Glück ist mehr! Glück ist das Ergebnis unseres Versuches, die Schönheit, das Gute, alles, was uns in Harmonie mit unserer Umgebung versetzt, wahrzunehmen und zu verstehen. Ich weiß, das klingt kitschig. Das klingt nach, „so einfach ist das!" Und es klingt vielleicht in mancher Ohren zynisch, wenn ich es einen Arbeitslosen, die CEO eines Top-100-Unternehmens oder einen Beinamputierten aussprechen lasse, aber, verdammt noch mal, es stimmt. Denn gerade für diese drei Erwähnten ist es der einzige Hoffnungsschimmer, die einzige Motivation, sich auf den Weg zu machen – der Job, die Zeit, das Bein werden nicht von allein kommen. Ich muss mich auf den Weg machen und dabei komme ich, ständig und immerzu, an Labstellen vorbei, an denen Energie und Zuversicht bereitliegen. Und genau diese Labstellen sind jene beschriebenen

Glücksmomente, die ich zu erkennen und zu interpretieren habe.

Lass uns nun eine *Erinnerung Nr. 51* anfügen, nur für dich, die an all jene Momente erinnern soll – und ich bin 100 % davon überzeugt, dass es davon sehr viele gibt –, in denen DU Ähnliches verspürt hast wie ich damals in der kleinen Seitenstraße eines mir unbekannten Arrondissements in Paris ...

> Sei Dir bewusst, dass „Glück" sich nicht als permanenter Zustand manifestiert, sondern als das Erkennen, das Sammeln und das Verstehen von Augenblicken. Schaffen wir es, diese Momente wahrzunehmen, und schaffen wir es, sie zu materialisieren, mit Hilfe von Worten oder auch nur, indem sie in uns ein unbeschreibliches Gefühl hervorrufen, dann erleben wir diesen einzigartigen Zustand, der jenes ganz bestimmte Lächeln, eines, das unserem Inneren entspringt, zu zaubern imstande ist ...

Epilog

Ich liebe die Bücher von Neil Postman (amerikanischer Medienwissenschafter, 1931–2003). Als ich vor rund 20 Jahren das erste Mal seine These las, dass die Erfindung des Buchdrucks hauptverantwortlich war für den Wandel vom akustischen zum visuellen Menschen, ahnte ich nicht, welche Auswirkungen diese paar Seiten in *Wir amüsieren uns zu Tode* für meine Arbeit haben sollten. Denn als ich begann, mich intensiv mit dem Hören zu beschäftigen, begann, mich mit den Ursachen des „Nicht-mehr-zuhören-Könnens" auseinanderzusetzen, da saß Neil (ich hatte das große Glück, ihn im Rahmen eines Gastspiels, das ich an der New York University gab, persönlich kennenzulernen) neben mir am Mississippi und wir entwarfen gemeinsam (natürlich basierend auf seiner Geschichte, ich hörte nur zu ...) ein für mich sehr logisches und faszinierendes Bild.

Betrachten wir unsere Welt, den Kosmos, den wir uns geschaffen haben, der aus der Wahrnehmung unseres direkten (über unsere Sinne dargestellten) und indirekten (über Zweitinformationen wie zum Beispiel durch das Hören einer Geschichte oder mittels Medien) Umfeldes entsteht, wird deutlich, dass wir in einer übervisualisierten Welt leben. Eine Welt, die von Bildern überproportional dominiert wird. Ich will dazu ein paar einfache Beispiele aus unserem Alltag geben: Am Mobiltelefon „sehen" wir den Anrufer (mittels Nummer bzw. eingespeichertem Namen), bevor wir ihn hören. Die alten Telefone gaben uns dazu keine Gelegenheit, wir haben den Hörer abgehoben und waren verbunden, ob wir wollten oder nicht. Heute drücken wir Anrufer, mit denen wir nicht kommunizieren wollen, weg. Noch vor rund 100 Jahren wurde die Hitze am Küchenherd „gefühlt“, in dem man seine Hand über die Herdplatte hielt – heute schauen wir auf ein Display. Die erfolgreichste Form von Fernsehwerbung ist heute die, die aus starken, emotionalen Bildern besteht, die das gesprochene Wort ersetzen, untermalt von ebensolcher Musik. Der sprachliche Dialog wird zu einem klingenden Comic.

SMS, Mail und facebook sind rein visuelle Kommunikationsmedien, die völlig auf das Auge konzentriert sind.

Nicht dass du meinst, ich hätte was gegen Mobiltelefone, moderne Herde, coole TV-Spots und facebook – dies ist keine Wertung. Aber es ist eine Tatsache, dass sich unsere Wahrnehmung ganz einfach mehr und mehr auf Bilder umstellen *musste*. Eine Tatsache, die am (vorläufigen) Ende einer jahrhundertelangen Entwicklung steht und an deren Ende – Leute, seid sicher – wir noch lange nicht angekommen sind ...

Am Anfang unserer Entwicklung (als Mensch) steht, davon habe ich schon erzählt, das Ohr! Die Evolution hat uns mit einem präzisen Instrument ausgestattet und nebenbei hat sie uns auch mit so Großartigem wie dem Auge und der Nase beschenkt. Aber nichts reicht an die Fähigkeiten unseres Ohres heran, es ist uns nur nicht bewusst – klar, weil das Auge es geschafft hat (wie, dazu komme ich gleich ...), sich in den Vordergrund zu drängen. (Für alles, was nun folgt, gilt: Diese Prozesse laufen in unserem Unterbewusstsein ab, nichts davon wird in unserem Alltag von uns „wahrgenommen“, außer wir werden darauf gestoßen – wie jetzt ...)

Als Joachim-Ernst Berendt, der „Hör-Papst", wie er auch genannt wurde, wieder einmal bei uns zu Besuch war und ich meinem Lehrmeister in Sachen „Hören" andächtig lauschte, fiel, eher beiläufig, der Satz: „Das Auge schätzt, aber das Ohr misst." Ich hatte keine Ahnung, was er damit meinte. „Bring mir ein Brett, zwei Nägel und ein Stück Seil und ich werde dir zeigen, was dieser Satz bedeutet!" Er ließ mich mit diesen Bestandteilen das einfachste Musikinstrument bauen. Ein Monochord. Ein Ein-Saiten-Instrument: In das Brett musste ich die Nägel schlagen und zwischen ihnen das Seil spannen. Zupfte man an der Seite, gab es einen Ton. O.k. „Jetzt, Folke", sagte Joachim, „versuche die Mitte zwischen den Nägeln zu schätzen und markiere sie mit einem Stift auf der Schnur." Ich ließ meine Augen ein paar Mal hin- und herpendeln und setzte dann die Markierung.

Als Nächstes musste ich ein kleines Blättchen zwischen Brett und Schnur klemmen, so, dass die Saite nun gespannt und aus dem Monochord (dem Ein-Klang) ein Duochord (ein Zwei-Klang) entstand: Ein Zupfen rechts des Blättchens ergab einen anderen Ton als ein Zupfen links. Jetzt verband mir Joachim die Augen, schaltete also meinen Sehsinn aus, und erklärte mir nun den wichtigsten Teil der Aufgabe: Ich sollte das Blättchen so lange hin- und herbewegen, bis ich mir sicher wäre, dass der Ton, den ich links anschlug, identisch dem Ton war, den ich rechts anschlug. Das war: das Suchen der Mitte durch Hören.

Es war einfacher, als ich dachte: Schon nach wenigen Versuchen, einem geringen Verrücken des Blättchens, klang in meinen Ohren die linke und die rechte Seite völlig identisch.

Ich nahm die Augenbinde ab und sah, dass die gehörte Mitte und die geschaute Mitte ungefähr 1 cm auseinanderlagen. „Und jetzt das Maßband", lachte Joachim. Es war unglaublich: Ich hatte die Mitte mit Hilfe meines Ohres bis auf 1 mm genau „gehört" – das Auge war 11 mm daneben gewesen! Dieses Verhältnis entsprach (das war aber eher Zufall) genau dem Verhältnis der Fähigkeiten dieser beiden Sinne: Das Wahrnehmungsspektrum des Ohres übertrifft jenes des Auges um das Zehnfache! (Siehe Erinnerung Nr. 30.)

Eines unserer wichtigsten – direkten – Ziele ist es, „im Gleichgewicht zu sein": mit uns selbst, mit unseren Nächsten, mit unserer gesamten Umgebung – danach streben wir, weil es *der* Pfad zu dem ist, was wir als „Glück" empfinden. Unser Gleichgewicht, also das ganz reale, das unseres Körpers – dass wir aufrecht stehen, dass wir uns setzen und wieder aufstehen können –, wird gesteuert von unserem Ohr (ich muss dich nur daran erinnern, was auch *du* im Biologie-Unterricht gelernt hast). Im Innenohr sitzt es – unser Gleichgewichtsorgan. Und ist somit letztverantwortlich für alle Bewegungsabläufe unserer Muskulatur.

Nichts von alledem kann unser Auge. (Ich möchte nochmals betonen: Hier geht es nicht darum, das Auge „runterzumachen" – ich wünsche mir keinen einzigen Tag ohne das Wunder meines Augenlichts! – Es geht darum, zumindest gedanklich, ein Gleichgewicht herzustellen. Und es geht darum, aufzuzeigen, wie es dazu kommen konnte, dass *Zuhören* heute ein solches Problem für die Menschen bedeutet. Und ich möchte diese Tatsache nicht anprangern – was würde es nützen! –, sondern versuchen, dieses Unvermögen als einen geradezu logischen Schritt – so seltsam dies auch klingen mag – für unsere Entwicklung zu beschreiben.) Und trotzdem ist es heute wichtiger, „gesehen“ als „gehört“ zu werden. Würde man 100 Menschen fragen, ob der Eimer, in dem alles aufgefangen wird, was wir sehen, oder der Eimer, in den alles kommt, was wir hören, am Ende des Tages voller ist, würden 80 von ihnen antworten: Klar, der mit dem, was wir sehen. Eine logische Antwort in unserer visualisierten Welt, wo wir den Bildern nicht zu entkommen imstande sind: Tafeln, Plakatwände, Fernsehen, Computer, Mobiltelefone, das Bedürfnis (optisch) beachtet zu werden mit Hilfe von Mode oder Schminke. „Kleider machen Leute“ (übersetzt: Äußerlichkeiten beeinflussen unsere Wahrnehmung ...), aber gibt es auch „Worte machen Leute“? Wie sind wir so weit gekommen? Ist es einfach passiert, so wie die Polkappen schmelzen und der Regenwald immer weniger wird (wo wir ja auch nicht wahrhaben wollen, dass *wir* mit unserem Lebenswandel dafür verantwortlich sind)? Oder hat das alles vor 562 Jahren, an einem wunderschönen Sommertag, begonnen ...

(Lies das, was jetzt folgt, einfach als eine gute Geschichte. Ich schreibe das, um allen möglichen Kritikern gleich vorweg den Wind aus den Segeln zu nehmen. Wie zum Beispiel jener Journalist, der mit mir ein Interview über meine „Schule des Zuhörens“ führte und nach wenigen Sätzen nicht mehr an meiner Arbeit, sondern nur noch an seiner eigenen These interessiert war. Deren Kernaussage bestand darin, dass die Menschen schon immer, auch schon vor 3000 Jahren, visuelle Typen gewesen seien und deshalb, was ich da auftische, unlogisch und falsch sei. O.k. Leute, lasst mich einfach eine Geschichte erzählen. Und wenn es euch beruhigt, sag ich einfach: Sie ist frei erfunden ...)

An einem wunderschönen Sommertag des Jahres 1450 saß ich mit meinen Weggefährten Neil, Joachim und Johannes am Mississippi. Johannes erzählte aufgeregt, er würde seit Monaten an einer Maschine basteln, von der er, in aller Bescheidenheit, meine, sie hätte die Macht, die Welt zu verändern. „Wird sie", sagte Neil, zwinkerte uns beiden lächelnd zu und klopfte Johannes auf die Schultern, „wird sie!" Und zu uns gewandt ergänzte er noch, „auch wenn der gute Johannes noch keine Ahnung davon hat, in welchem Ausmaß!"

Und am nächsten Tag dringt ein Schrei aus der Werkstätte des Johannes Gutenberg im Humbrechthof in Mainz: Soeben hatte seine Maschine die ersten gedruckten Seiten eines Buches ausgespuckt! Der Buchdruck war erfunden. Eine großartige Erfindung. Der helle Wahnsinn! Aber kein Mensch der Renaissance und auch nicht der nachfolgenden Jahrhunderte ahnte, dass diese Erfindung nicht nur eine neue Maschine war, sondern dass sie den evolutionären Prozess des Menschen maßgeblich und einschneidend beeinflussen würde.

Überblicken wir kurz das 15. Jahrhundert: Das gesamte Wissen der Menschheit lag gesammelt und gebündelt bei einer Handvoll (das ist natürlich übertrieben, aber im Verhältnis zur Gesamtbevölkerung ein wahrlich verschwindend geringer Teil ...) – ich würde jetzt ja gern schreiben Menschen, aber es waren – Männer. Wissen ist Macht, so war es zumindest damals, und alles Wissen war aufbewahrt in (handgeschriebenen) Büchern, sorgfältig gelagert in Klöstern, Universitäten und Schlössern. Behütet und vor falschem Zugriff geschützt von Männern der Kirche, der Wissenschaft und des Adels. Frauen waren von diesen höchsten Positionen der Macht praktisch ausgeschlossen. (Wie gern würde ich jetzt einen kleinen Exkurs machen, dass die bereits tausende Jahre währende Herrschaft des Patriarchats uns in diese ganze Misere geführt hat, in der wir jetzt stecken – aber ich muss mir ja auch noch was für die Fortsetzung dieses Buches aufheben: Wie man in *einer* Sekunde glücklich wird. Untertitel: Wenn wir endlich die Männer entmachtet haben ...) Dem Volk blieb die Weisheit, die in den Büchern lag, verborgen, da die breite Masse das Lesen nicht beherrschte. Aber Wissen bedeutete Macht: zum Beispiel die Ergebnisse wissenschaftlicher Forschungen auf den unterschiedlichsten Gebieten oder historische Abhandlungen und Aufzeichnungen, die ein Gesamtbild des Lebenskosmos entwarfen. Wer lesen konnte, konnte auch das Leben mitbestimmen!

Dazu im Gegensatz stand das so genannte „Volkswissen", das fast ausschließlich mündlich weitergegeben wurde, wie zum Beispiel Kräuterkunde, okkulte Lehren oder mythische Überlieferungen in Form von Märchen ... Also: Das Volk erzählte und die Mächtigen lasen. (Eine der seltenen Ausnahmen dieses Bildes ist Hildegard von Bingen: Sie war eine der wenigen Frauen des Mittelalters, die es geschafft hatte, diese festgelegten Kreise zu durchbrechen. Zu erwähnen ist jedoch, warum: Erstens mussten ihre – adeligen – Eltern so fortschrittlich gewesen sein, sie im Lesen und Schreiben zu unterrichten, und zweitens – noch viel wichtiger – sie war eine Nonne, Benediktinerin, und erhielt für ihre für diese Zeit höchst ungewöhnlichen Aktivitäten den Segen, einen Freibrief des Klerus'. Wäre sie ein einfaches Mädchen aus dem Volk gewesen, wäre sie wahrscheinlich am Scheiterhaufen gelandet ...)

Das alltägliche Leben war fast zur Gänze auf den mündlichen Austausch ausgerichtet: Einer hatte etwas zu sagen und der andere hörte zu. Dies galt für die Rechtsprechung genauso wie für das Geschäftliche. Das ge- und versprochene Wort galt – gemeinsam mit dem Handschlag. Natürlich gab es Schreiber, die wichtige Dokumente verfassten, aber die Basis allen Zusammenlebens war das gesprochene Wort.

„Genauso war's", sagte Johannes, während das Wasser des Flusses unaufhörlich an uns vorüberzog, als hätten wir ihn zur Metapher für Zeit gemacht.

„Und es liegt klar auf der Hand", erklärte Joachim, „dass, wenn das gesprochene Wort dominiert, damit untrennbar verbunden – ein Ohr da sein muss, das diese Worte hört!"

Das Ohr erfüllte also *die* tragende Aufgabe für das innere und äußere Leben der Menschen, ohne dass ihnen dies bewusst gewesen wäre: für das innere, um das Wort Gottes zu empfangen, das aus dem groben einen besseren Menschen machen sollte, für das äußere, um über das eigene Umfeld etwas zu erfahren.

„Wenn wir den Menschen das erzählen", warf Neil ein, „werden sie sagen: Das ist doch klar, wozu darüber reden. Und sie werden sagen: Ihr tut gerade so, als ob die Menschen wie Fledermäuse nur auf ihre Ohren konzentriert und dazu blind waren!"

Das waren sie natürlich nicht. Betrachten wir jedoch die Gegenwart im Vergleich zum Mittelalter, kommen wir der Sache schon näher: Das Allermeiste, was das Volk des Mittelalters *wusste*, hatten sie über das Ohr aufgenommen. Die Augen dienten vor allem dazu, das Gehörte, also das Wissen, mit der Wirklichkeit zu vergleichen und sie, die Wirklichkeit, dadurch zu verstehen. Man sah Gefahr und Schönheit, man sah, was es zu bearbeiten galt, und man sah Dinge, die unverständlich waren (Sterne, Mond, Naturschauspiele).

Simples Beispiel: Wenn ein Reiter oder eine Kutsche dahersprengte, verzog man sich hinter einen Baum. Man hatte erzählt bekommen, dass dies gefährlich sei. Gefahren zu erkennen, rührte also zum Teil von einem durch Hören erfahrenen Wissen her.

Heute leitet sich fast unser gesamtes Wissen aus visuellen Eindrücken ab: Wir werden auf Gefahren durch Straßenschilder aufmerksam gemacht. Natürlich wird in den Fahrschulen auch mündlich unterrichtet, aber es wäre geradezu absurd, würde man ein Verkehrsschild nur beschreiben, ohne es als Bild zu zeigen. Wir sehen im Fernsehen, was wir unter „Welt" und „Leben" verstehen, wir sehen auf Plakaten, welcher der Mächtigen sich am besten um uns kümmern würde. Wir sehen am Mobiltelefon den Anrufer, bevor wir ihn hören. Das, was wir wissen, bekommen wir fast ausschließlich durch das Auge vermittelt: durch Bücher, durch Fernsehen, durch das Internet.

Ich tauchte meine Hand ins Wasser und brachte damit zwölf Zentimeter Mississippi zum Stoppen. „Und niemand ahnt etwas davon", sagte ich nachdenklich. „Bis zu dem Moment, wo man ‚die Geschichte', also die Historie, kennt. Indem man den Fluss der Zeit stoppt, zurückblickt und versteht."

Plötzlich gibt es eine Methode, mit deren Hilfe sich Bücher beliebig oft vervielfältigen lassen. Natürlich die Bibel! Die Kirche ist begeistert. Das Wort Gottes als gedrucktes, immer wieder nachlesbares Wort für jedermann! Stellt euch diesen revolutionären Gedanken vor: Gebt dem Volk die Fähigkeit des Lesens! Gebt den Menschen Wissen! Beteiligt sie an der Macht! Hätten die Leutchen, die damals diesen Startknopf drückten, geahnt, was sie damit auslösen würden – sie hätten

Johannes in den Kerker geworfen und seine Maschine als Werkzeug des Teufels begraben. Aber – und stellen wir uns nun gemeinsam diesen faszinierenden Moment vor, der sich vielleicht wahrhaftig so abgespielt hat – da sitzen an irgendeinem Abend bei einem Gläschen Wein ein paar gewichtige Herren zusammen und sagen: O.k., machen wir's!

Und sie haben es gemacht. Das Buch als Massenware war erfunden. Jetzt brauchte man nur noch Menschen, die die Bücher lesen konnten. Was als Privileg der Mächtigen galt, wurde nach und nach zur Volkssache, zum Brot für jedermann: Lesen als Basis für die Teilnahme an gesellschaftlichen Prozessen. Lesen als Grundvoraussetzung für den geistigen und damit gesellschaftlichen Aufstieg. Wer des Lesens fähig war, konnte Wissen aufnehmen und es für sich nützen. Und so wandelte sich der stets umherirrende, Gefahr voraussehende Blick des jagenden Menschen zum konzentrierten Blick des lesenden Menschen.

„Genauso war's", sagte Johannes, während das Wasser des Flusses unaufhörlich an uns vorüberzog.

„Aber jetzt kommt der entscheidende Punkt in der Geschichte" – und Neil taucht ebenfalls seine Hand ins Wasser – „ein Punkt, der zwar völlig logisch ist, der uns aber kaum bewusst ist. Dass die Grundvoraussetzung für den Akt des Lesens – das Auge ist!"

Plötzlich (und wenn ich, im Angesicht des Mississippi, der hier unverändert seit tausend Jahren seine Bahn zieht und wo auch noch in tausend Jahren Neils und Joachims und Folkes sitzen werden, „plötzlich" sage, meine ich „dutzende, hunderte Jahre" ...) wurde das Auge wichtig. Nicht, dass Sehen nicht immer schon wichtig gewesen wäre, so wie Hören und Riechen und Schmecken und Fühlen, aber nun musste der Sehsinn für eine völlig neue Aufgabe geschärft werden und so verlagerte sich die Konzentration der Menschen zunehmend auf das Auge.

Die Menschheit war – pah, das klingt jetzt ziemlich pathetisch, aber so war es, sagen zumindest wir drei Burschen und der Fluss – an einer entscheidenden Kreuzung angelangt und der Richtungspfeil wies eindeutig den Weg zum visuellen Menschen.

Ich will nun nicht jedes Blümchen auf diesem Weg benennen, aber erlaubt mir, von drei – weil das Märchen es so will – weiteren, scheinbar harmlosen, auf den ersten Blick (!) nichts mit diesem Weg zu tun habenden, faszinierenden Beispielen zu erzählen. (Was für ein Satz!, rufen Neil und Joachim, Johannes schaut ungläubig und hat nichts verstanden ...)

Es ist ein Herbsttag. 1860. Zu unserer gemütlichen Runde am Wasser gesellt sich ein netter Herr mit grauem Bart, stellt sich höflich vor: „Gestatten, Philipp Reis. Komme aus Friedrichsdorf in der Nähe von Frankfurt am Main." – „Nice to meet you", sagt Neil. „Telefon", sagt Joachim. Philipp lächelt bescheiden, und auch ein wenig stolz, dass wir ihn erkannt haben.

Kein iPhone 4S ohne Philipp! Ein epochaler Schritt in der Entwicklung der Kommunikation! Man stelle sich vor: nach Rauchzeichen, Trommeln, Depeschenreitern und Morsezeichen spricht jemand in Hier in eine Muschel, die mittels Draht mit einem Hörer (einem künstlichen Ohr) in dem 50 Kilometer entfernten Dort verbunden ist, und die beiden reden miteinander. Übermitteln nicht etwa Aufmarschpläne oder geheime Anweisungen, sondern plaudern, tratschen, lachen miteinander! Johannes hat keine Ahnung, wovon wir sprechen, murmelt nur: „Das kann es nicht geben! Das ist wider die Natur!“, aber hört weiter interessiert zu – erfinderische Geister sind immer hellwach und offen für Neues.

Das Telefon – eine heute aus unserem Alltag nicht mehr wegzudenkende Errungenschaft. Klar. „Aber Leute“, sage ich, „habt ihr mal drüber nachgedacht, was Philipps Erfindung für den Wandel vom akustischen zum visuellen Menschen für Folgen hatte?“ Neil sieht mich an, Joachim denkt nach. Johannes schweigt und Philipp himself sagt: „Nö, wat denn?“

Zum allerersten Mal in der Menschheitsgeschichte wurde der sprechende vom hörenden Menschen getrennt – Zehntausende von Jahren bildeten die beiden eine feste Einheit, der eine funktionierte nicht ohne den anderen. Nun war das Element der Körpersprache aus der Kommunikation eliminiert, allein die Klangfarbe und die Sprachfärbung konnten als emotionaler Zusatz zum Informationsgehalt gewertet werden. Ein ungeheurer Schritt: Weder der eine noch der andere hatte die Möglichkeit, über Augenkontakt eine ganzheitliche Beurteilung der Rede und der Reaktion darauf zu entwerfen. Das klassische Bild, wie man es aus Filmen kennt: Ein Mädchen, umgeben von einem Schwarm kichernder Freundinnen, spricht in ein Telefon. Am anderen Ende: ganz offensichtlich ein heißer Verehrer. Das, was sie sagt, und wie sie es sagt, täuscht Ernsthaftigkeit und Aufrichtigkeit vor und steht im krassen Gegensatz zu ihrer Körpersprache und der ihrer Freundinnen – die sich ob der Flunkereien zerkugeln, welche das Mädchen ganz unschuldsvoll dem armen Burschen durch das Telefon ins Ohr flüstert.

Wieder war ein Stückchen dessen, was den Menschen in seinem Menschsein ausmacht – das Herstellen einer Verbindung zu einem Gegenüber mittels verbaler und nonverbaler Kommunikation – verloren gegangen.

„So hatte ich das bisher nicht gesehen“, sagt Philipp nachdenklich, „aber du hast Recht ...“

Zu dieser Überlegung gibt es übrigens eine interessante Episode aus unserer Zeit: Vor ein paar Jahren wurde in Wien einem jungen muslimischen Ehepaar der Prozess gemacht wegen angeblicher terroristischer Aktivitäten. Die Frau wurde in den Zeugenstand gerufen, wo sie in ihrer Burka, dem Ganzkörperschleier, erschien. Der Richter bat sie, den Gesichtsschleier abzunehmen, um ihre Aussage zu machen. Als sie sich weigerte, verwies sie der Richter des Saales – mit der Begründung, weder er noch die Geschworenen könnten sich ein ganzheitliches Urteil über ihre Worte bilden, wenn nur ein schwarzer Körper mit zwei Augen zu sehen sei.

Es ist kalt geworden am Mississippi. Wir sitzen zu fünft da und erzählen uns Geschichten – ich natürlich die neuesten von 2012, vieles dabei, was die anderen, vor allem Johannes, zum Lachen bringt. Die Erfindungen, von denen wir bisher sprachen, der Buchdruck und das Telefon, waren klassische Leistungen einzelner Genies. Nun beschleunigt sich die Entwicklung, geht es Schlag auf Schlag – auch dank des Informationsaustausches durch Bücher und der schnellen Übertragung von Rede über alle Landesgrenzen hinweg. Gedanken bündeln sich und so kommt es, dass nicht mehr ein Einzelner *die* Megaidee hat, sondern mehrere, die sich an unterschiedlichen Orten auf der Welt aufhalten, durch die neuen Möglichkeiten der „Gedankenübertragung“ über ein kollektives Basiswissen verfügen, aus dem sich dann Neues entwickeln kann. Deshalb kommen jetzt auch gleich mehrere den Weg herunter zum Ufer marschiert: Von gleich um die Ecke, aus St. Louis, erscheint aus dem Jahr 1893 der phänomenale Nikola Tesla, Alexander Popow kommt aus Russland, 1895. Aus Italien stößt von 1896 Guglielmo Marconi dazu. Der Brasilianer Roberto Landell de Moura schlendert aus 1900 herbei und 1906, auch gleich hier in der Nähe, in Massachusetts, ist es dann soweit: Am Heiligabend wird die erste Radiosendung ausgestrahlt: Geigenklänge und – klar – Worte aus der Bibel. (Johannes strahlt!) Und 1920 wird schließlich das erste reguläre Radioprogramm in Detroit gesendet.

Nun sind wir schon eine nette Runde von Herren (klar, keine Damen weit und breit ...), die andächtig zuhören, was der Mississippi zu erzählen hat – wie die Vorherrschaft des Ohres der Vorherrschaft des Auges weichen musste.

„Jetzt deine Geschichte, Neil“, sage ich. „Deine Aussage, dass das Fernsehen der (vorläufige) Höhepunkt auf diesem Weg sei, dass dieses faszinierende Medium das Auge endgültig als ‚König der Sinne‘ inthronisierte, war für mich – in dieser präzisen, klaren Schilderung (große Empfehlung: Lesen Sie Neils Buch!!!) – geradezu ein Initiationserlebnis.“

Fernsehen. Würden wir nun alle zu uns ans Ufer einladen, die an dessen Entwicklung mitgearbeitet haben, gäbe es ein schönes Gedrängel. Holen wir also nur den Deutschen Paul Nipkow zu uns, für den wir die Zeitmaschine auf das Jahr 1883 zurückdrehen, und vielleicht noch Max Dieckmann, den wir aus 1906 zu uns bitten.

Als sie kommen, sehen sie sich sechs höchst interessierten und vier sehr reservierten Herren gegenüber (unschwer zu erraten, wer die vier sind). „Dürfen wir uns feiern lassen, oder müssen wir uns rechtfertigen?“, erkennen sie sofort die Lage ...

Zum ersten Mal in der Menschheitsgeschichte kann „Wirklichkeit“ nicht mehr eindeutig definiert werden. Denn unsere Wahrnehmung – Wirklichkeit bearbeiten, verarbeiten und verstehen – wird durch das Medium Fernsehen, drücken wir es vorsichtig aus, beeinflusst. Fernsehen strebt danach, die Realität möglichst wirklichkeitsgetreu abzubilden.

Wir nehmen dabei in Kauf, dass es uns nicht möglich ist, mit Hilfe unserer Sinne zu überprüfen, ob der Baum, der uns gezeigt wird, tatsächlich ein Baum ist oder vielleicht nur eine perfekte Kopie aus Styropor. Komplizierter wird es, wenn es um konkrete Verhaltensmuster, um Mechanismen zwischenmenschlicher Beziehungen geht. Im Schnitt verbringt jeder Erwachsene in Europa 210 Minuten *täglich* mit dem Fernseher! Aktiv – er sitzt davor und schaut – und passiv – der Fernseher läuft, daneben werden allerhand andere Tätigkeiten durchgeführt und der Augenkontakt ist nur sporadisch. 210 Minuten täglich sind wir also einer permanenten Abfolge von Darstellungen unterschiedlichster Wirklichkeiten ausgesetzt. Die US-Soap wird uns unmittelbar vor den Nachrichten aus aller Welt, die Dokumentation über Naturereignisse in Papua-Neuguinea vor der „Reality-Show“ präsentiert. Eine ungeheure Herausforderung für unsere Wahrnehmung (bitte erinnere dich, was „wahrnehmen“ bedeutet: die Wirklichkeit nehmen, sie bearbeiten, verstehen und reagieren), der wir nur begegnen können, indem wir während des Fernsehens vermeintlich „wahrnehmen“, in Wirklichkeit aber nur „schauen“. Diese im Schnitt täglichen dreieinhalb Stunden „Schautraining“ haben natürlich Auswirkungen auf die Wahrnehmungsfähigkeit in unserem Alltag. Für mich ist das logisch, was meint ihr dazu, meine Herren?

Vor allem dann, wenn man sich noch eine andere Zahl vor Augen führt: Untersuchungen haben ergeben, dass Paare in einem gemeinsamen Haushalt täglich im Schnitt – 8 (in Worten: *acht*) Minuten miteinander kommunizieren. Nicht eingerechnet wurden dabei die reinen Informationsübermittlungen wie „Wann kommen die Kinder nach Hause?“, „Was gibt es heute zu essen?“ etc. Fassen wir zusammen: Mit dem Fernseher kommunizieren wir 210 Minuten, mit einem anderen Menschen 8 Minuten – 26-mal kürzer. Das hat *natürlich* in vielfältiger Weise Auswirkungen auf unser gesamtes Kommunikationsverhalten.

Ich erzähle euch dazu eine Geschichte – ich brauche nicht (mehr) extra zu erwähnen, dass ich sie genauso erlebt habe –, um aufzuzeigen, welche Auswirkungen die verschobenen Wahrnehmungsebenen vor allem auf unsere Kinder haben.

2007 erhielt ich einen Anruf von einem befreundeten Grundschuldirektor: Es hätte an seiner Schule einen Vorfall gegeben, an dem ich sicher interessiert sei. Es ging um einen Drittklässler, gerade mal neun Jahre alt, ein liebes Kind, das noch nie zuvor auffällig geworden war. In der Pause war es zu einem Streit, eher zu einer Diskussion über eine Jause gekommen. Und plötzlich und unvermittelt hatte der Junge zugeschlagen: gestreckte Faust. Mitten ins Gesicht eines Klassenkameraden. Die Folgen: Das Nasenbein war gebrochen, eine Augenbraue aufgeplatzt, Rettung, Krankenhaus, riesige Aufregung. Nicht nur in der Schule, sondern im ganzen Ort – was war da passiert?

Als bald darauf eine Psychologin kam, um mit dem „Täter“ ein Gespräch zu führen, lud man mich ein, an dem Gespräch teilzunehmen. Der Bub, ein nettes Kind, dem man eine solch brutale Tat nie zugetraut hätte, stand völlig unter Schock. Mit viel Geschick konnte ihn die Psychologin dazu bewegen, über die Ereignisse chronologisch zu berichten. Und für uns beide höchst erstaunlich, schaffte es dieser neunjährige Knirps, das Geschehen sehr präzise darzustellen. Zuerst sagte er, er hätte nicht gewusst, was er da macht, er hätte es einfach getan, ohne nachzudenken. Dann sagte er, er hätte keine Ahnung gehabt, dass, wenn er *das* tut – mit der Faust einem anderen einen Schlag versetzen –, er ihm damit eine *echte* Verletzung zufügen würde. Und zum Abschluss sagte er: „Ich habe das ja so oft gesehen, hunderte Male, und da war nie etwas passiert!“

Was hatte der Junge hunderte Male gesehen? Was sieht *dein* Kind, wenn es vor dem Fernseher sitzt? Wir können wohl mit großer Sicherheit davon ausgehen, dass genau *das* jeden Tag zu sehen ist, wenn man sich nur lange genug durch die Kanäle zappt: Dein Kind sieht jemanden, der einem anderen zehnmal nacheinander ins Gesicht drischt, und – nichts passiert! Vielleicht rinnt dem Geschlagenen nach dem zehnten Mal ein Blutstropfen aus der Nase, das ist alles.

Und das wird unseren Kindern im Fernsehen als Wirklichkeit verkauft. Und es ist niemand da, der ihnen erklärt, dass dies *nicht* die Wirklichkeit ist.

Kleines Insert auf deinem Kopfbildschirm: In Europa verbringen Kinder zwischen sechs und zehn

Jahren im Schnitt 180 Minuten täglich vor dem Bildschirm.

Diese Kinder haben, bis sie zehn Jahre alt sind, rund 8000-mal Gewalt in verschiedensten Formen am Bildschirm gesehen.

Kinder im Vorschulalter, also zwischen zwei und sechs Jahren, verbringen bereits durchschnittlich 100 Minuten mit dem Fernseher – täglich. (Die gleiche Altersgruppe bekommt übrigens im Schnitt 60 Minuten erzählt oder vorgelesen – im Monat! Das sind zwei Minuten täglich ...) Und 80 % davon werden – im wahrsten Sinn des Wortes – allein gelassen mit dem Bildschirm.

Stellen wir folgendes Gedankenspiel auf: Was passiert mit einem Fünfjährigen, würde er jeden Tag, sieben Tage die Woche, 365 Tage im Jahr, 60 Minuten lang ein Krafttraining absolvieren, zum Beispiel Hanteln stemmen, Liegestütze machen? Wir hätten nach einem Jahr einen kleinen Arnold Schwarzenegger. Und was ist das Ergebnis von täglich 60 Minuten „Schautraining der besonderen Art"?

Langzeitstudien in den USA haben gezeigt, dass bei Kindern mit hohem Fernsehkonsum die Ganglien (Nervenverbindungen) bereits Veränderungen aufweisen.

Wenn du die Gelegenheit dazu hast, beobachte ein Kleinkind, zum Beispiel drei Jahre alt, wenn es vor dem Fernseher sitzt: Es wird bewegungs- und atemlos auf den Bildschirm starren und es hat den Anschein, als sei das Kind fasziniert und begeistert von dem, was es sieht. Das Kind sieht fasziniert und begeistert aus von dem, was es sieht. In Wahrheit ist es der Beginn einer Art Suchtverhalten nach Reizen. Denn schau dir einen Kleinkinderfilm (zum Beispiel eine japanische Serie) einmal genau und bewusst an: Du wirst alle zwei bis fünf Sekunden einen Bildschnitt sehen – pausenlos folgt ein Bild auf das nächste. Die Programmmacher setzen diese Technik bewusst ein, um die Kinder am Bildschirm zu halten: Denn jeder Schnitt bedeutet einen Reiz im Gehirn des Kindes, was wiederum seine Aufmerksamkeit aufrechterhält. Du kannst dir das so vorstellen, als würdest du dem Kind alle paar Sekunden mit einem Finger auf den Kopf tippen. Und das jeden Tag 100 Minuten lang. „Schautraining der besonderen Art". Und dieses Kind sitzt dann in der Schule vor der Tafel und mit einem Mal ist alles, was sich dort abspielt, extrem „langsam" – da gibt es keine Drei-Sekunden-Schnitte. Aber das Gehirn ist durch das intensive Langzeittraining darauf konditioniert. Es verlangt nach einem Reiz – der aber nicht kommt. Also muss es mit seiner (Sehn)Sucht danach, nach irgendetwas, das passiert, auf das Körperliche ausweichen: das berühmte Zappeln, unruhig sein. Nun könnte man einwenden, „Zappelphilipps" gab es schon immer, auch als der Fernsehkonsum noch nicht so extrem war. Stimmt. Aber unterhalte dich mit Grundschullehrerinnen oder Kindergartenpädagoginnen. Sie werden von einer stetig steigenden Zahl von verhaltensauffälligen Kindern berichten. Kinder, deren Konzentrationsfähigkeit bereits nach 10 bis 15 Minuten rapide sinkt, und bei denen es eines großen Aufwandes bedarf, sie wieder an konsequentes Arbeiten heranzuführen.

(Kaum jemand, der nicht in den Schulbetrieb, von der Grundschule bis zum Gymnasium, involviert ist, kann sich eine Vorstellung davon machen, welchen Anforderungen und Belastungen LehrerInnen heutzutage ausgesetzt sind. Alle, die sich voreilig über „die

Lehrer" aufregen, sollten einmal den Versuch unternehmen, nur einen Tag, einen Vormittag lang, fünf Stunden zu unterrichten – sie würden sich wundern, was sich da abspielt ...)

Das Fernsehen hat nicht nur in unseren Wohnungen einen zentralen Platz eingenommen, sondern auch in unseren Köpfen. Dank Menschen wie Neil und Joachim wissen wir heute, dass die Entwicklung vom akustischen zum visuellen Menschen nichts so sehr beeinflusst und vorangetrieben hat wie das Medium Fernsehen.

Ich sage das ohne zu werten. Ich finde dieses Medium unfassbar gut. Was ihr, Paul und Max und all die anderen, die an seiner Entwicklung beteiligt waren, geschaffen habt, ist ein wahr gewordenes Märchen! Wenn wir in den alten Märchenbüchern von Hexen und Zauberern lesen, die ihre Glaskugeln hervorholen und darin mit einem Zauberspruch weit Zurückliegendes erscheinen lassen, haben die Märchenerzähler den Fernseher vorausgesehen! Nach wie vor ist diese Erfindung eigentlich etwas Unglaubliches. Aber wir haben dieses Wunder längst zur Gewohnheit verkommen lassen, seine wirklichen Vorzüge nehmen wir nicht mehr wahr, es hat uns in den Bann seiner Bilderwelt gezogen und hat, von den allermeisten unbemerkt, damit unser Kommunikationsverhalten radikal und nachhaltig verändert.

Aber wir können etwas tun: Wir können die Bilder, mit denen wir nichts anfangen können, außer sie passiv zu betrachten, und die unsere Fantasie nur wenig anregen, ersetzen durch jene Bilder, die entstehen, wenn wir uns aufmachen, das zugleich wichtigste und schönste Spiel zu spielen: Einer erzählt, der andere hört zu ...

Wir stehen auf und machen uns auf den Weg zurück in unsere Wirklichkeiten: Neil, Joachim, Johannes, Philipp und die anderen in das Universum unserer Erinnerung, ich zu Astrid und den Kindern. Zu meinen Freunden. Den Menschen, die mir begegnen. Sie alle warten auf Geschichten …

Gewidmet allen, die zu meinem unfassbaren Glück beigetragen haben – und das waren ziemlich viele! Hier ein kleiner Auszug:

Grete, Franz, Astrid, Tessa, Sophie, Kira, Floris, Guy, Andy, Feri, Ilse, Uschi, Hannes, Helga, Karl, Heinz, Jürg, Barbara, Peter, Niki, Kathrin, Michael, Andreas, Edmund, Susy, Mick, Mechthild, Veronika, Florian, Kunchok, Kornelia, Doris, Doris, iPad, iPhone, Pera, Balou, Ajka, Jojo, Lü, Milton, Charles, Ulla, Alan, Whitney, Zorko, Miriam, Ubald, Polona, Dusan, Tonska, Jasna, Janez, Arachon, Uli, Feri, Paul, Thomas, Erwin, Hermann, Martin, Martin, Jack (Nicholson), Apple, Marie, Donatus, Jaguar, Piran, Nikkis Nest, Pavi, Seema, Ayurveda, Malvasija, Gerhard, Michaela, Branzino, Thunfisch, Himbeeren, Lipnik, Prada, Gänseblümchen, Vulcano, Vulcana, Daniel, Schulschwestern, Christine, Winfried, Podlanica, Dorothea, Graz, Pink Floyd, Jankele, Antonio, Shosha, Huda, Francesca, Alvaro, Alan Parson, Hans-Christian, Silberberg, Dieter, Ste, Sountopia, David, Georg, Lego und noch weitere 239 Menschen, die hier aber leider keinen Platz mehr finden ...

In 3 Sekunden glücklich werden – das Seminar

Zwölfmal im Jahr öffnen Folke & Astrid Tegetthoff für jeweils 16 Menschen exklusiv die Tore ihres Hauses, eines ehemaligen Klosters in der Südsteiermark, um dort in einem wahrlich märchenhaften Ambiente ein Wochenende lang nichts als Glück zu verbreiten! Alle Informationen unter www.3sekunden.com.

Inhalt